Vorwort

Handlettering – das ist die Kunst des Schreibens und Malens schöner Buchstaben. Eine Kunst, die gar nicht so schwer zu erlernen ist! Das Einzige, was du neben Papier und Stiften mitbringen solltest, ist die Lust, dich mit Schrift kreativ auseinanderzusetzen und die Vorfreude auf selbst gestaltete Letterings.

Dieses Buch versammelt unzählige Inspirationen, damit du eigene Spruch-Kunstwerke entwickeln und umsetzen kannst – egal, ob du Lettering-Neuling oder bereits fortgeschritten bist. Suche dir unter **50 Alphabeten** die schönsten für deine Zwecke aus, lasse dich von über **160 Sprüchen** inspirieren und wähle unter mehr als **900 Schmuckelementen** diejenigen aus, die dein Lettering ganz individuell zur Geltung bringen.

Vielleicht möchtest du ein größeres Lettering-Projekt starten? **20 Step-by-Step-Anleitungen** für kreative Ideen regen dazu an, deine Buchstabenformen weiterzuentwickeln und deinen eigenen Lettering-Stil zu kreieren.

AF626636

Inhaltsverzeichnis

Handlettering

DIE ULTIMATIVE SAMMLUNG

HEUTE IST MEIN Lieblingstag

für DICH

Vorlagen und Design Paper

Alle Vorlagen und das Design Paper zu diesem Buch stehen in deiner Digitalen Bibliothek unter **www.topp-kreativ.de/digibib** für dich bereit. Den Freischaltcode findest du im Impressum auf Seite 208.

Grundbegriffe

Beim Handlettering geht es darum, Schrift kreativ in Szene zu setzen. Im Gegensatz zur Kalligrafie, bei der es um akkurate Schönschrift geht, werden Buchstaben gemalt und dekorativ gestaltet. Dennoch ist es ganz hilfreich, ein paar Grundbegriffe zu kennen und ein wenig darüber zu wissen, wie Schrift aufgebaut ist, um dann Variationen zu malen und kreativ damit umgehen zu können.

Grundsätzlich gliedert sich Schrift in verschiedene Teile, die durch die Lineatur vorgegeben werden.

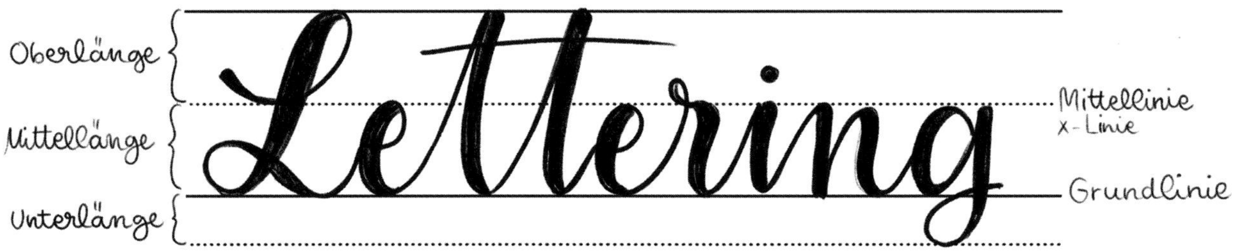

Durch das Ändern der Mittellänge kannst du beispielsweise deiner Schrift einen anderen Look verleihen.

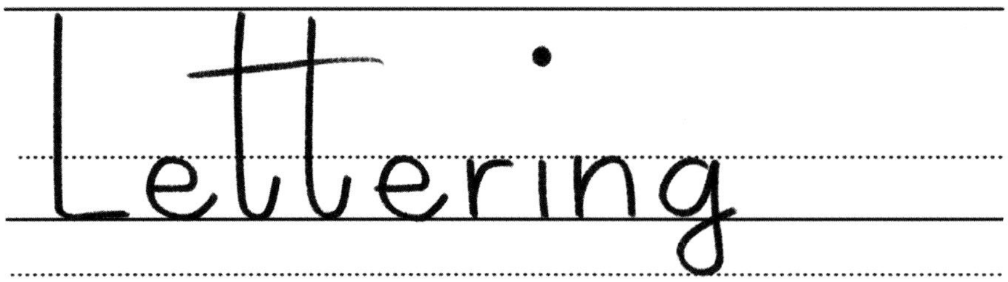

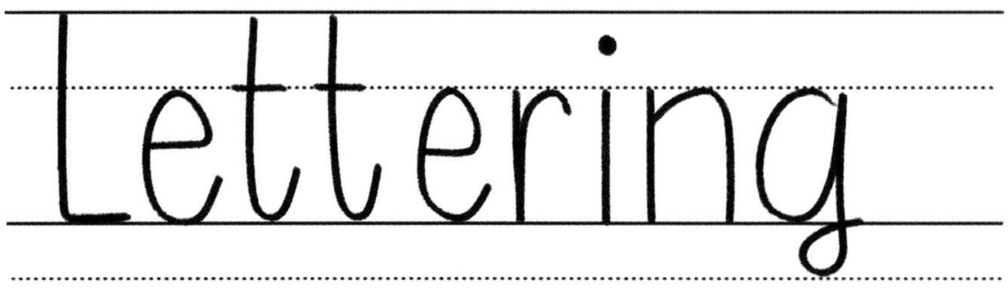

Schriften lassen sich in verschiedene Gattungen unterteilen.

Wir verwenden vor allem diese Varianten:

SERIFENLOSE SCHRIFTEN:
Diese Schriften sind sehr klar und wirken modern.

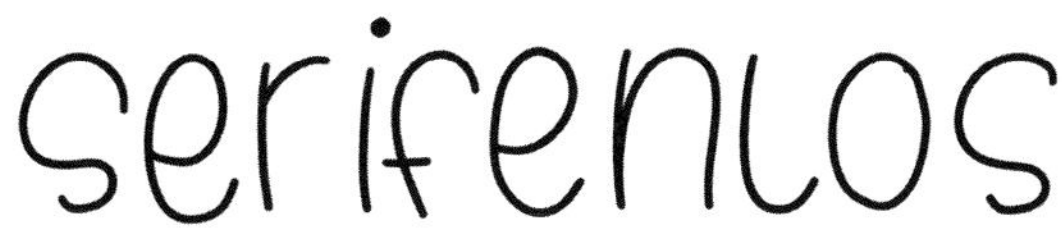

SERIFENBETONTE SCHRIFTEN:
Serifen sind die kleinen Füßchen an den Strichenden der Buchstaben. Sie können unterschiedlich gestaltet werden. Schriften mit Serifen wirken klassisch.

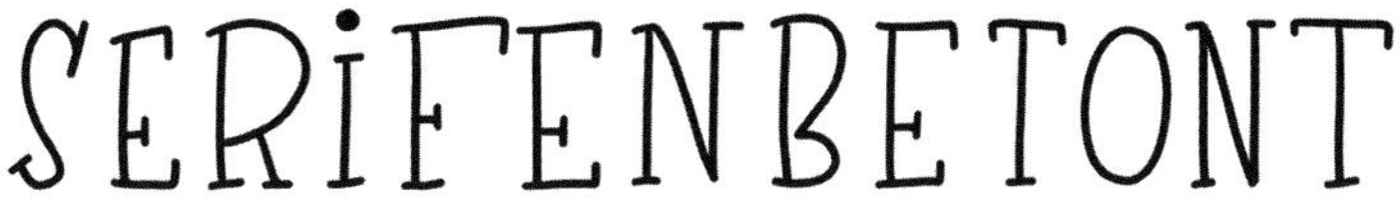

SCHREIBSCHRIFT:
Die Buchstaben einer Schreibschrift werden verbunden geschrieben.

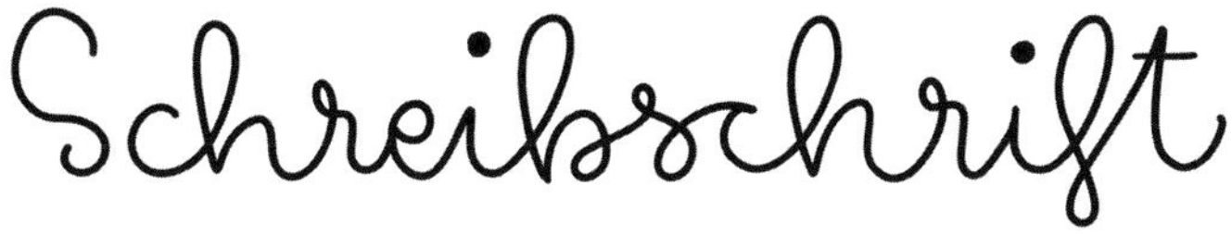

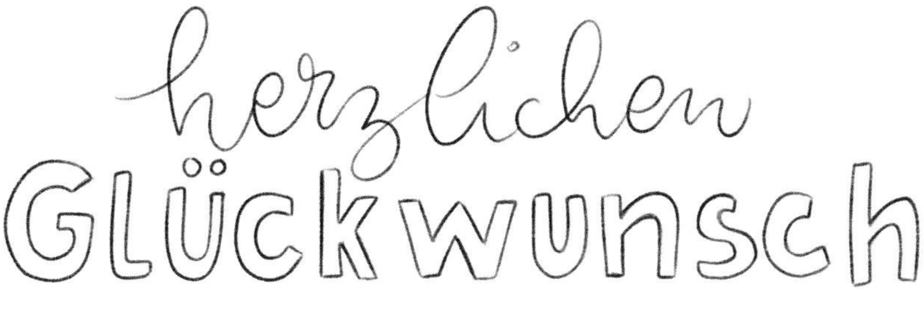

Wenn du ein Lettering entwirfst, kannst du diese Varianten sehr unterschiedlich kombinieren oder auch nur eine Schrift verwenden.

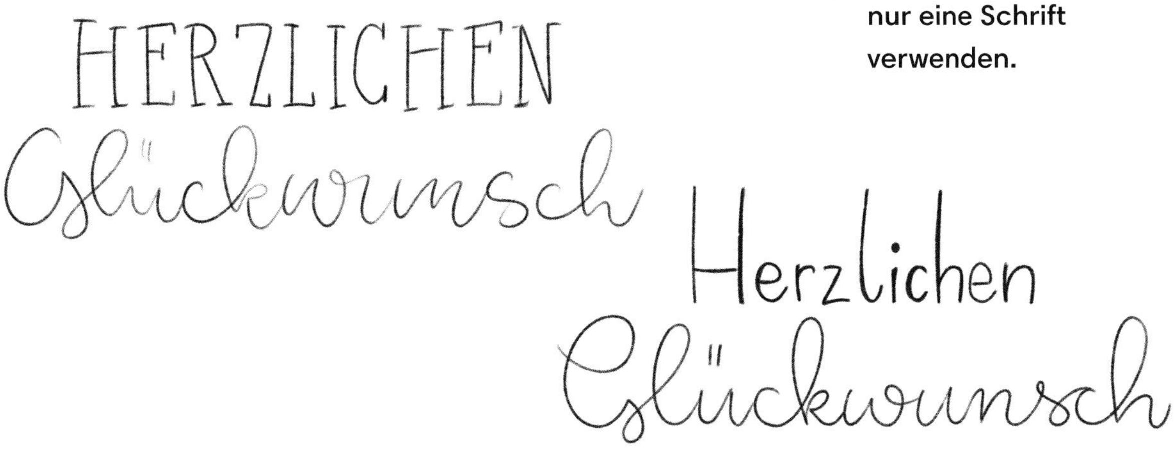

Eine weitere Möglichkeit zur Variation bietet dir der Schriftschnitt. Variiere die Stärke, die Laufweite oder die Lage deiner Buchstaben.

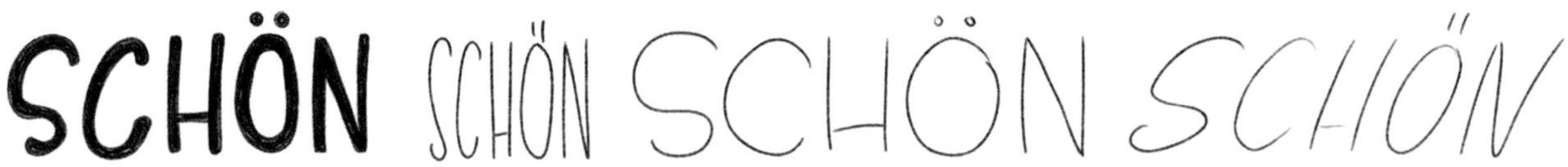

Du kannst Schriften auch dekorativ als Zierschriften gestalten, zum Beispiel mit Schattierungen, Ornamenten, Farben oder besonderen Elementen.

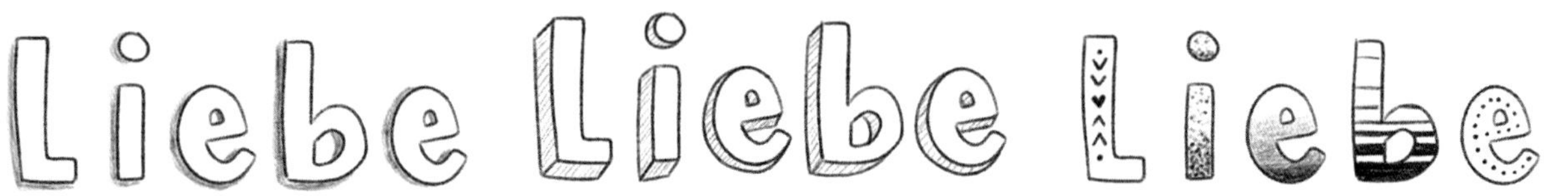

Auch bei den einzelnen Buchstaben gibt es einige Bezeichnungen, um die Bestandteile zu kennzeichnen.

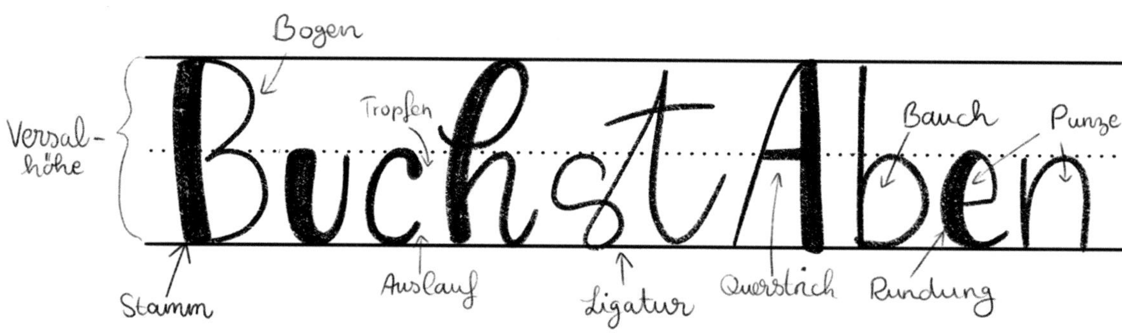

Einen tollen Effekt erhältst du, wenn du deine Buchstaben nicht gleichmäßig auf der Grundlinie platzierst. Das „Bouncy Lettering“ ist sehr effektvoll und gibt deiner Schrift Schwung. Dabei gibt es kein Richtig oder Falsch. Wenn du dich an der Strichrichtung orientierst, wirkt ein Bouncy Lettering immer flüssig. Das bedeutet: Wenn du einen Abstrich malst, ziehst du ihn einfach etwas weiter nach unten und umgekehrt.

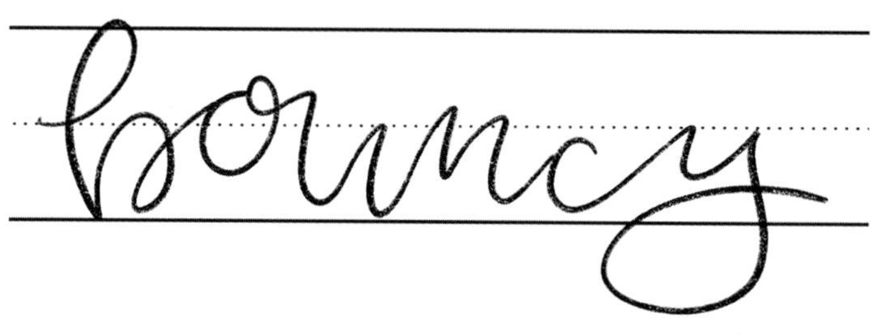

RASTER ENTWERFEN

Wenn du ein Lettering gestalten möchtest, überlege dir zunächst, welche Wörter deines Spruches besonders betont werden sollen. Solche Betonungen kannst du zum Beispiel durch eine andere Schriftart, die Größe oder durch Schmuckelemente erreichen. Überlege dir dann, was du mit deinem Lettering ausdrücken möchtest. Harmonische Sprüche kannst du gleichmäßig und ohne viele Variationen gestalten. Für lustige Sprüche kannst du hingegen durchaus viele verschiedene Elemente verwenden. Gestalte dir ein entsprechendes Grundraster mit Hilfslinien. Eine vertikale Linie hilft dir, deine Wörter zentriert auszurichten.

Mit horizontalen Linien und Rechtecken kannst du die Größe und Lage deiner Wörter festlegen. Achte darauf, ein ausgewogenes Bild zu erreichen, indem du nicht zu große Abstände zwischen Wörtern lässt und große Weißräume vermeidest.

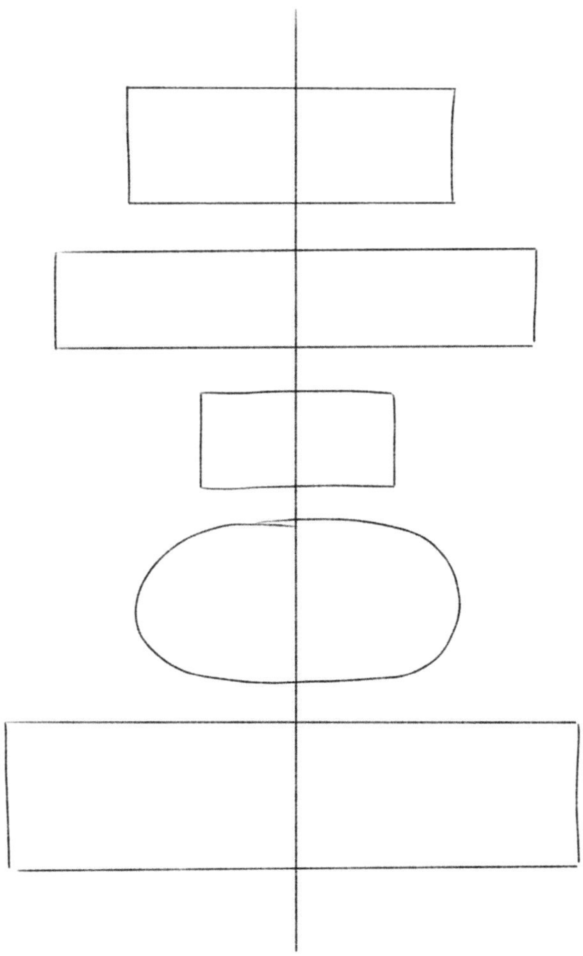

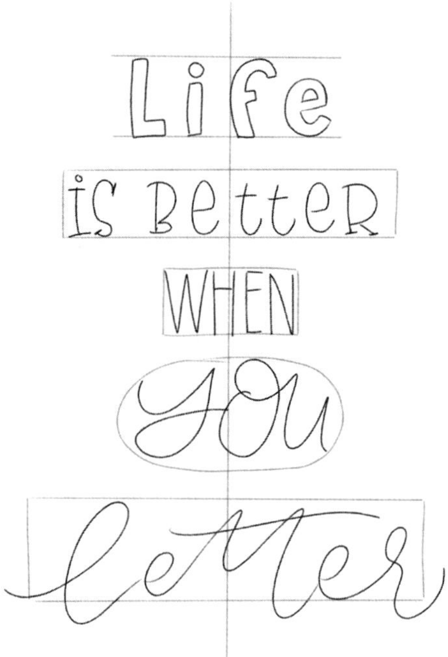

WÖRTER PLATZIEREN

Male deine Wörter in das Raster. Verwende zum Beispiel Outline-Buchstaben, Serifen oder geschwungene Buchstaben. In Büchern oder im Internet findest du viele verschiedene Schriftarten. Lass dich davon inspirieren, um deine Vorlieben zu entdecken und zu sehen, wie Schriften gestaltet sind. So findest du zum Beispiel Ideen zur Variation von Buchstaben, verschiedene Positionen und unterschiedliche Gestaltungen von Serifen.

DAS LETTERING GESTALTEN

Im letzten Schritt kannst du deinen Entwurf weiter verfeinern. Ergänze Schmuckelemente, Dekorationen oder den Faux-Calligraphy-Effekt. Die Möglichkeiten sind hier vielfältig. Schau dir verschiedene Letterings an, um dich inspirieren zu lassen und herauszufinden, was dir gefällt. Probiere verschiedene Varianten aus. Mit der Zeit entwickelst du so deinen eigenen Stil und mit etwas Übung gelingen deine Entwürfe auch viel schneller.

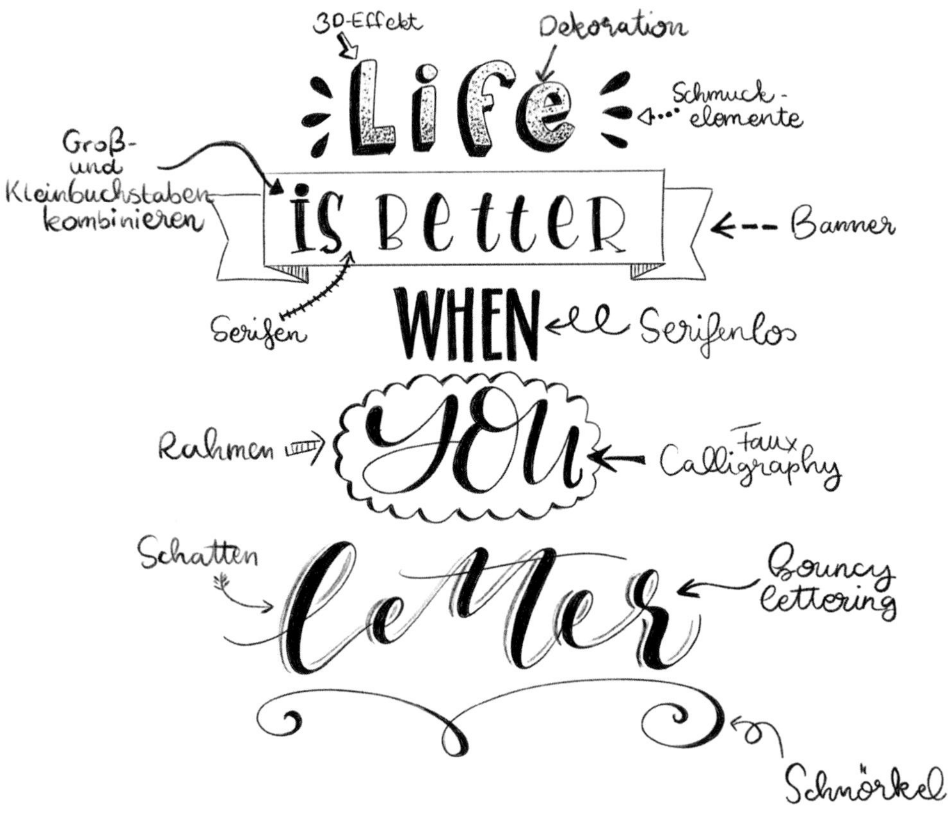

Einige Projekte in diesem Buch kannst du mit der Faux-Calligraphy-Technik gestalten.

Mit dieser Technik fügst du deiner normalen Schrift einen Effekt hinzu, der an die Kalligrafie erinnert. Auf diese Weise kannst du mit jedem Stift und auf jedem Untergrund dekorative Letterings malen – ob mit Bleistift, Kugelschreiber oder Filzstift auf Papier, mit Gelstift auf Kraftpapier, mit dickem Marker auf Karton oder Textilstift auf Stoff. Die Möglichkeiten sind unbegrenzt und vielfältig, was das Thema Handlettering eben so spannend macht.

Bei dieser Technik ist es wichtig, anfangs genau auf deinen Bewegungsablauf beim Malen der Buchstaben zu achten. Mit etwas Übung geht das aber bald wie von selbst. Verläuft der Strich nach oben, bleibt er dünn und unbetont. Das sind die Aufstriche. Die Abstriche dagegen – das sind die Striche, die abwärts laufen – werden betont, indem man sie dicker zeichnet.

Male zuerst die Buchstaben ganz normal. Du kannst dafür eine Schreib- oder Druckschrift verwenden. Achte darauf, die Buchstaben nicht zu eng anzulegen, damit du noch Platz für die Betonungen hast.

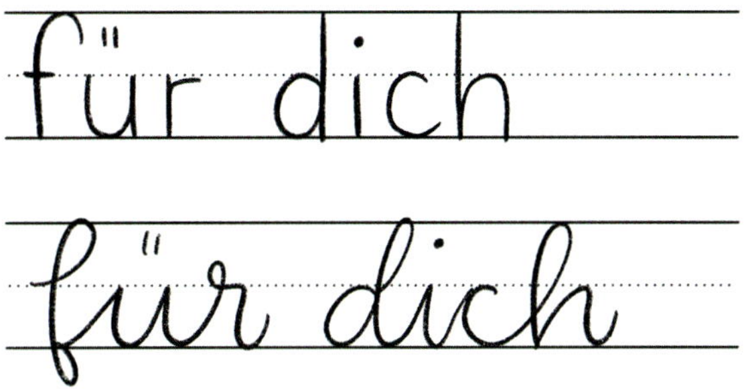

Diese fügst du dann als Nächstes Schritt für Schritt an den Abstrichen hinzu. Passe die Betonungen harmonisch an die Rundungen an.

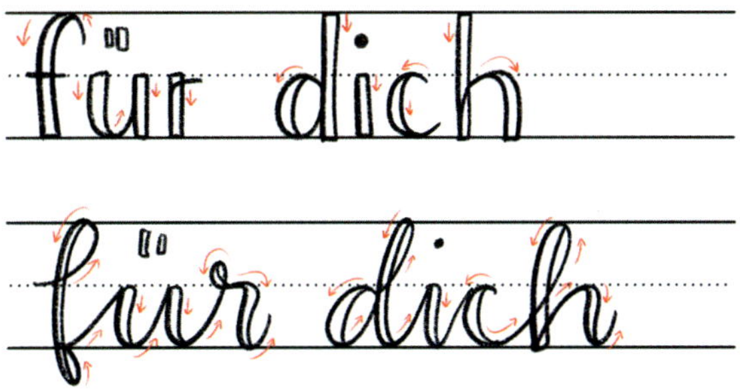

Anschließend kannst du die Betonungen ausmalen, sie farbig gestalten, Muster hinzufügen … ganz wie es dir gefällt. Falls du Muster und Farben nutzen möchtest, zeichne deine Buchstaben am besten zunächst mit Bleistift vor, damit du keine störenden Überschneidungen der Linien hast.

für dich

für dich

Je dicker du die Abstriche malst, umso stärker wird der Kontrast zwischen den Ab- und Aufstrichen.

wunderbar

wunderbar

Achte darauf, die Betonungen gleichmäßig zu malen, also in der Regel auf die gleiche Seite der Buchstaben. Manchmal musst du aber auch davon abweichen, damit das Gesamtbild gleichmäßig bleibt.

SEI Kreativ

TIPP

Um eine neue Technik zu üben, ist es wichtig, erst einmal alle Vorgaben einzuhalten, später kann man diese dann ganz nach eigenem Geschmack variieren.

Das Besondere am Brush Lettering sind die Brush Pens, also Pinselstifte, die es in vielen verschiedenen Ausführungen im Handel gibt. Viele Brush Pens besitzen eine Pinselspitze, die an einen Filzstift erinnert, allerdings ist diese Spitze flexibel. Durch den Druck, den du beim Malen auf den Stift ausübst, entstehen unterschiedlich breite Striche. Striche, die aufwärts laufen, werden dünn und mit wenig Druck gemalt. Das sind die Aufstriche. Striche, die abwärts gemalt werden, sind die Abstriche. Bei diesen Strichen verstärkst du den Druck auf den Stift, sodass eine breite Linie entsteht.
Das Malen von Buchstaben mit einem Brush Pen ist zunächst ungewohnt und

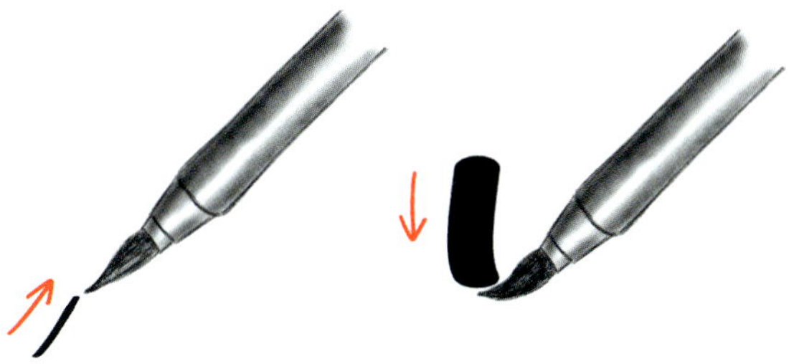

erfordert etwas Übung. Vor allem die Übergänge in den Rundungen muss man ein wenig üben, um ein gleichmäßiges Schriftbild zu erreichen und zu verinnerlichen, wann Druck ausgeübt werden muss und wann dieser gelöst werden kann.

Besonders schön wirkt das Brush Lettering, wenn es einen deutlich sichtbaren Kontrast zwischen dünnen und breiten Linien gibt. Empfehlenswert ist es für Anfänger, Buchstaben langsam und bewusst zu malen und nicht zu schreiben.

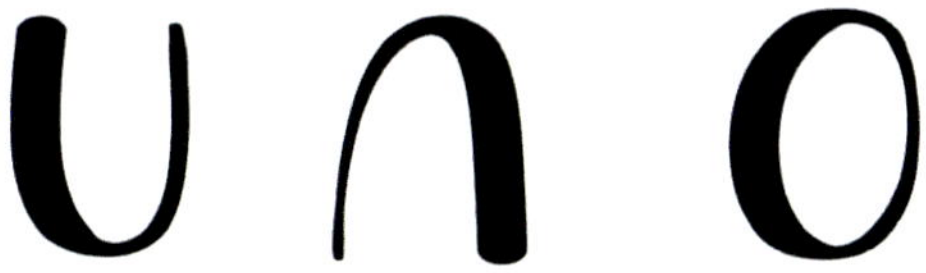

Wenn du einen richtigen Pinsel verwendest, ist das Prinzip das gleiche. Male die Aufstriche mit wenig Druck auf den Pinsel und erhöhe den Druck, wenn du einen Abstrich malst.

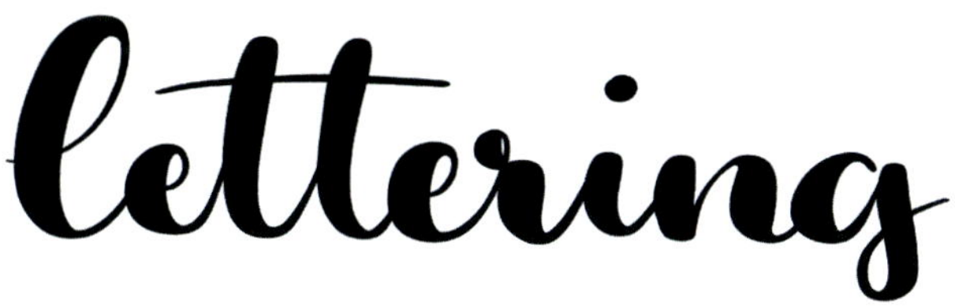

Beim Malen mit Aquarellfarben und einem Pinsel kann es effektvoll sein, wenn die einzelnen Pinselfasern sichtbar werden. Diesen Effekt erreichst du, indem du wenig Wasser verwendest und der Pinsel eher trocken ist.

Outline-Alphabet

Für die 3D-Optik ist es hilfreich, Outline-Buchstaben zu konstruieren. Diese kannst du zum Beispiel färben, mit Mustern versehen oder schattieren. Verwende zum Entwerfen deines Alphabets einen Bleistift (H oder HB), Kästchen- oder Millimeter-Papier, ein Radiergummi und – wenn du möchtest – ein Lineal oder ein Geodreieck. Da es oft nicht so einfach ist, Outline-Buchstaben gleichmäßig zu zeichnen, wenden wir einen kleinen Trick an.

1 Zeichne zunächst einen ganz einfachen Buchstaben. Zeichne nicht zu klein, damit du Raum für die Ergänzungen hast, und achte darauf, die Ausgangsbuchstaben möglichst gleichmäßig zu gestalten.

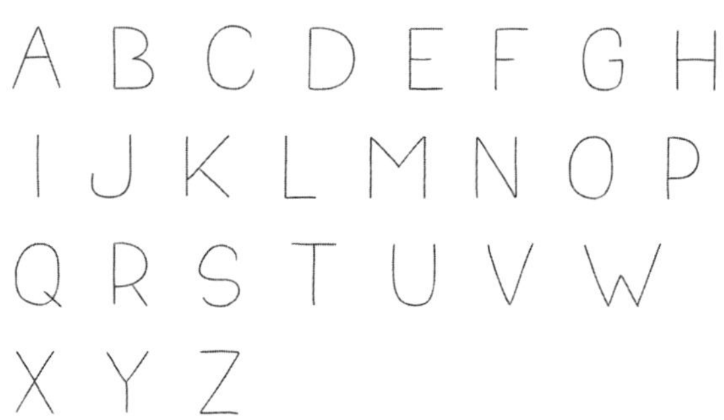

2 Nun zeichnest du im gleichmäßigen Abstand eine Umrisslinie um deinen Buchstaben herum. Die Buchstabenform kannst du dann mit einem Fineliner nachzeichnen und die Hilfslinien wegradieren.

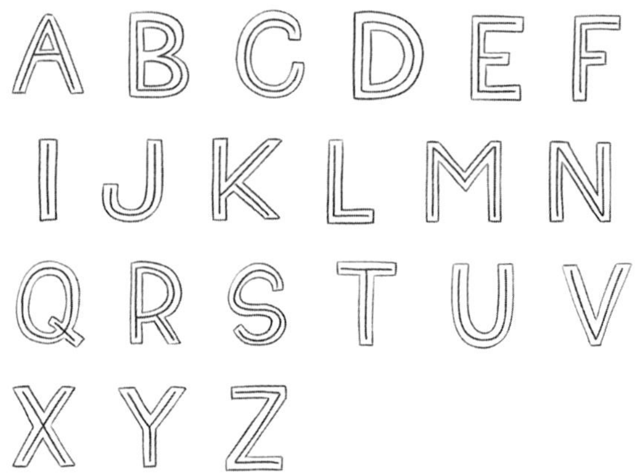

3 Probiere verschiedene Varianten aus, zum Beispiel mit runden Linien, Serifen …

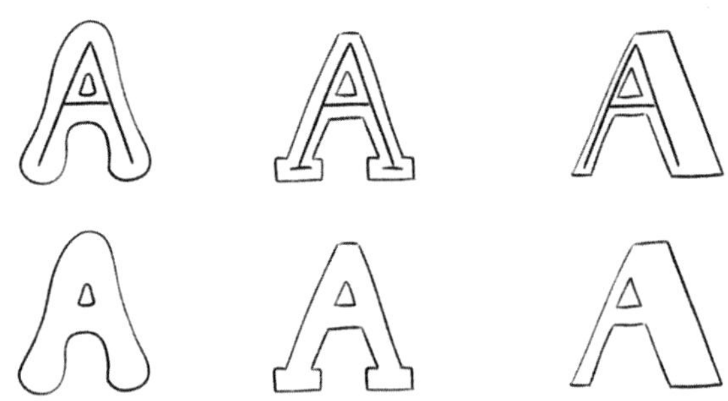

Einen 3D-Effekt ohne perspektivische Verzerrungen kannst du ganz einfach konstruieren. Dafür brauchst du auch nicht unbedingt ein Lineal, je nachdem, wie präzise deine Zeichnung sein soll.

1 Zeichne zunächst einen einfachen Outline-Buchstaben. Zeichne nun an jede Ecke des Buchstabens eine kurze Linie (Tiefenlinie). Diese Linien sollten alle den gleichen Winkel und die gleiche Länge besitzen. Beachte: Nicht alle Linien sind anschließend sichtbar, da manche durch die Grundfläche verdeckt werden.

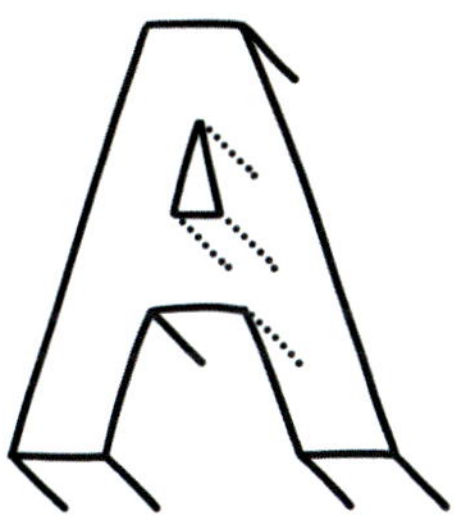

2 Stelle den Buchstaben fertig, indem du die entstandenen Punkte verbindest. Die Verbindungslinien verlaufen parallel zur Grundform des Buchstabens.

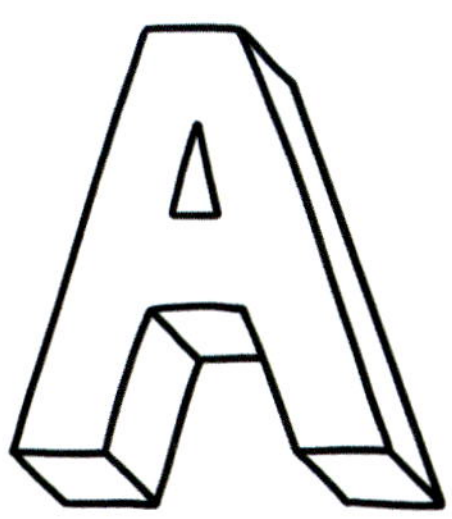

3 Bei runden Buchstaben setzt du die Linien ebenso an die Kante. Wenn du magst, kannst du vor allem bei Rundungen noch zusätzliche Hilfslinien einzeichnen, die dir die Fertigstellung erleichtern.

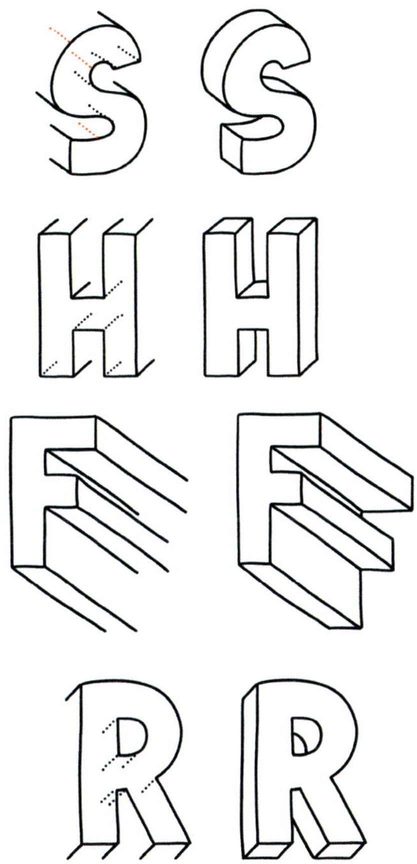

TIPP

Die Tiefenlinien kannst du in verschiedene Richtungen sowie in verschiedenen Winkeln und Längen zeichnen, je nachdem, welche Perspektive du zeigen möchtest.

Material

BLEISTIFTE

Bleistifte in verschiedenen Stärken eignen sich für zeichnerische Projekte, um unterschiedliche Schattierungen zu malen. Mit weicheren Bleistiften (z. B. 2B oder 4B) entstehen dunkle Schattierungen, während du für hellere Schattierungen eher härtere Bleistifte (z. B. 2H) verwenden solltest. Achte darauf, mit harten Bleistiften nicht zu stark aufzudrücken, sondern lass die Stifte leicht über das Papier gleiten.

FINELINER UND GELSTIFTE

Mit Finelinern zeichnest du beispielsweise Umrisse oder dekorierst deine Buchstaben mit Linien, Punkten oder Mustern. Fineliner gibt es in verschiedenen Stärken und Farben. Verwende vorzugsweise Stifte mit wasserfester und lichtechter Tinte. Gelstifte kannst du auf die gleiche Weise verwenden. Helle Töne eignen sich auch wunderbar für Lichtpunkte auf den Buchstaben. Falls sie nicht beim ersten Auftragen decken, verwende mehrere Schichten.

BRUSH PENS

Brush Pens sind Stifte mit einer flexiblen pinselartigen Spitze, die für Handlettering genutzt werden. Es gibt sie in vielen verschiedenen Farben, Stärken und Größen. Für die Projekte in diesem Buch wurden wasserbasierte Brush Pens verwendet, die man mit etwas Wasser aquarellieren kann. Mit einem farblosen Blending-Stift kannst du die Farben direkt auf dem Papier vermischen.

BUNTSTIFTE

Buntstifte gibt es in vielen verschiedenen Qualitäten. Wenn du viel mit Buntstiften malen möchtest, empfiehlt es sich, gute Künstler-Buntstifte zu verwenden. Diese besitzen einen weichen Farbabrieb, sodass du mit wenig Druck bereits viel Farbe auf das Papier auftragen kannst. Wenn du zudem lichtechte Farbstifte verwendest, hast du länger Freude an deinen Bildern.

ACRYLFARBE UND ACRYLMARKER

Acrylfarbe ist sehr vielseitig. Sie kann mit Wasser verdünnt werden, trocknet sehr schnell und ist nach dem Trocknen wasserfest. Du kannst die Farbe mit einem Pinsel auftragen oder eine Variante in Markerform verwenden. Acrylmarker gibt es in vielen verschiedenen Größen, sodass du feine, aber auch große Letterings gestalten kannst. Der Vorteil dieser Farbe ist, dass du mit ihr ein deckendes Ergebnis erzielen und somit auch auf dunklere Untergründe malen kannst.

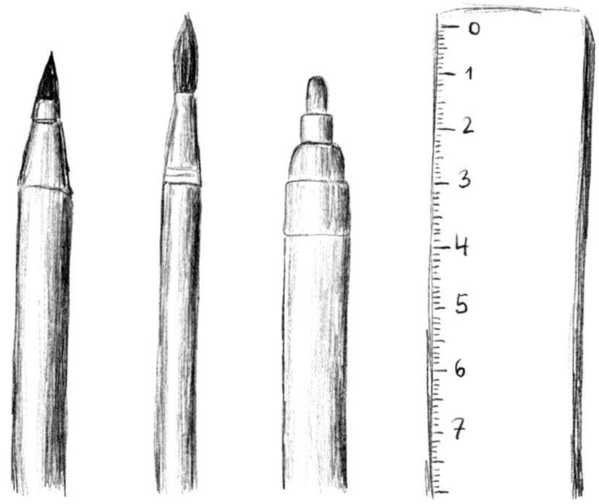

RADIERGUMMI, GEODREIECK, LINEAL UND PAPIERWISCHER

Für einige 3D-Effekte ist es hilfreich, Buchstaben mit einem Geodreieck oder Lineal zu konstruieren. Gute Radiergummis sind ebenfalls hilfreich. Sie sollten weich sein und mit wenig Druck radieren. Für punktgenaues Radieren sind zudem Radiergummis mit feinen Spitzen besonders zu empfehlen. Mithilfe von Papierwischern kannst du zum Beispiel Bleistift-Schatten schön verwischen.

SKIZZENPAPIER

Für einige Projekte ist es hilfreich, spezielles isometrisches Papier mit einem Raster aus gleichseitigen Dreiecken zu verwenden, was die Konstruktion von verschiedenen dreidimensionalen Buchstaben erleichtert. Auch Millimeterpapier kann für den Entwurf deiner Buchstaben hilfreich sein. Für das Entwerfen deiner Letterings mit einem Bleistift kannst du zudem einfaches Zeichenpapier verwenden. Das muss nicht besonders glatt oder stark sein.

TRANSFERPAPIER

Transferpapier erleichtert es dir, deine Entwürfe zum Beispiel auf Karton, Kraftpapier, Holz … zu übertragen. Verwende Transferpapier, das nicht zu stark schmiert, sodass dein Untergrund nicht verschmutzt. Für dunkle Untergründe gibt es spezielles farbiges Papier. Mit Masking Tape lässt sich Transferpapier einfach fixieren und anschließend wieder abnehmen.

TRANSPARENTPAPIER

Transparentpapier kannst du ebenfalls verwenden, um deine Letterings auf verschiedene Untergründe zu übertragen. Zeichne dafür die Linien deiner Schrift auf der Rückseite des Papiers mit groben Bleistiftstrichen oder kleinen Schraffuren nach und lege es anschließend auf den Untergrund. Ziehe die Linien zum Beispiel mit einem Kugelschreiber noch einmal nach. Auf diese Weise wird das Graphit auf den Untergrund übertragen. Eine weitere Anwendungsmöglichkeit ist die Konstruktion von 3D-Buchstaben (siehe Seite 15).

TIPP

Probiere auf den verschiedenen Untergründen zunächst aus, wie stark du auf das Papier drücken musst. Die Linien sollten nicht zu dick, aber auch nicht zu dünn sein.

LEUCHTTISCH

Ein besonders zu empfehlendes Hilfsmittel ist ein Leucht- oder Lichttisch. Das ist eine beleuchtete Platte, auf die du deine Vorlage legst. Anschließend positionierst du dein Zeichenpapier darüber und kannst nun deine Vorlage ganz einfach übertragen. So vermeidest du auf jeden Fall unschöne Bleistift- oder Transferpapierspuren. Je nach Leuchtkraft des Tisches kannst du sogar dickeres Aquarellpapier verwenden. Ähnlich funktioniert es, wenn du deine Vorlage und dein Zeichenpapier ans Fenster hältst. Diese Malposition funktioniert aber nicht mit allen Stiften oder Farben.

Motive übertragen

In diesem Buch findest du Schriftzüge und Sprüche, die auf den unterschiedlichsten Untergründen aufgebracht wurden – von Papier über Holz und Porzellan bis hin zu Pappe. Um dein Lettering auf die Untergründe zu übertragen, gibt es verschiedene Varianten. Wähle die Variante, die für dich am besten funktioniert.

FREI HAND

Wenn du schon viel Übung hast und dich sicher fühlst, kannst du dein Lettering frei Hand mit feinen Bleistiftlinien auf den Untergrund malen. Achte aber darauf, einen nicht zu weichen Bleistift zu verwenden (zum Beispiel Stärke HB oder H) und auch nur ganz feine Linien ohne Druck zu zeichnen, die du gut wieder radieren kannst. Wenn du einmal mit durchscheinender Farbe darüber gemalt hast, kannst du diese Linien oft nicht mehr radieren. Benutzt du allerdings deckende Farben, ist das nicht notwendig. Wenn dein Bleistift außerdem zu hart ist und du fest aufdrückst, erhältst du unschöne Abdrücke, die du nicht mehr entfernen kannst.

Für das Vorzeichnen auf Oberflächen wie Glas, Porzellan oder Metall eignen sich unter anderem spezielle Fettstifte. Vorzeichnungen auf Stoff gelingen mit Stoffkreide oder mit einem selbstlöschenden Stift für Textilien.

DURCHPAUSEN

Eine einfache Möglichkeit, deinen Entwurf auf Papier zu übertragen, ist das Durchpausen. Mithilfe eines Leuchttisches, der von unten dein Papier durchleuchtet, gelingt das sogar bei festerem Aquarellpapier. Bei dickerem, farbigem Karton oder anderen Materialien funktioniert das natürlich nicht.

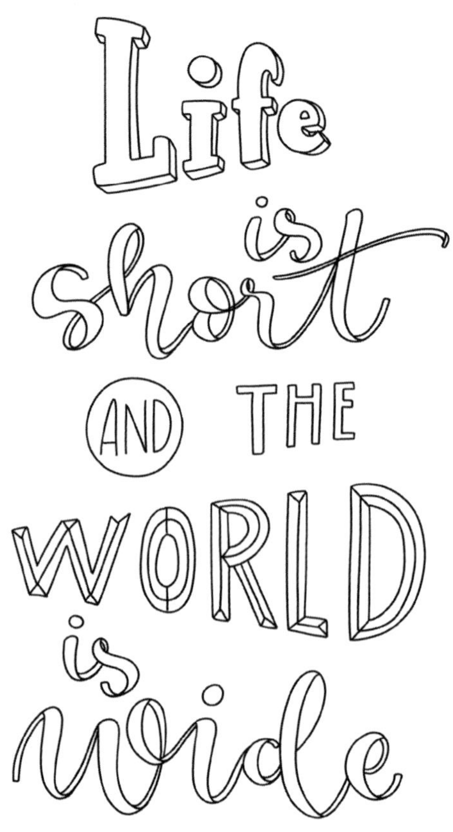

TRANSFERPAPIER

Als weitere Möglichkeit bietet sich daher auch das Abpausen mit Transferpapier an. Das gibt es in verschiedenen Farben und auch für unterschiedliche Untergründe. Hilfreich ist es bei dieser Technik, deinen Entwurf und auch das Transferpapier auf die passende Größe deines Motivs zuzuschneiden, da du es so viel leichter platzieren kannst.

Lege das Transferpapier mit der beschichteten Seite auf den Untergrund. Lege dann deine Vorzeichnung darauf. Mit etwas Masking Tape kannst du beides befestigen, sodass beim Malen nichts mehr verrutscht. Mit einem spitzen Bleistift oder einem Kugelschreiber fährst du nun alle Linien nach. Achte darauf, deinen Handballen nicht zu stark auf dem Transferpapier abzulegen, da es leicht zu Verunreinigungen kommen kann. Probiere diese Technik am besten zuerst einmal aus, um zu schauen, wie stark der Druck beim Nachzeichnen sein sollte. Zu starke Linien sind oft auch ungünstig. Beachte auch die Produkthinweise deines Transferpapiers. Einige Papiere lassen sich radieren, was besonders zu empfehlen ist.

TRANSPARENTPAPIER

Ähnlich wie beim Transferpapier funktioniert auch die Transparentpapier-Technik, die allerdings mehrere Schritte erfordert. Übertrage zunächst dein Motiv auf Transparentpapier. Hilfreich ist es, einen farbigen Stift zu verwenden, damit man später den Überblick hat, welche Stellen schon abgepaust sind. Drehe das Papier um und male nun mit einem weichen Bleistift die Linien grob nach. Drehe nun das Papier wieder um und platziere es auf deinem Untergrund. Befestige deine Vorlage mit etwas Masking Tape, um ein Verrutschen zu verhindern. Zeichne nun deine Linien noch einmal mit einem härteren Bleistift oder Kugelschreiber nach. Probiere auch hier die Technik zunächst einmal aus und kontrolliere, ob ausreichend Farbe von den Bleistiftlinien auf den Untergrund abgegeben wird.

Für Vorzeichnungen auf Stoff kannst du auch Schneiderkreide verwenden und auf dunkleren Untergründen verwende ich zum Beispiel einen feinen Kreidestift. Probiere aber immer erst aus, ob die Technik funktioniert, bevor du auf deinen Untergrund malst.

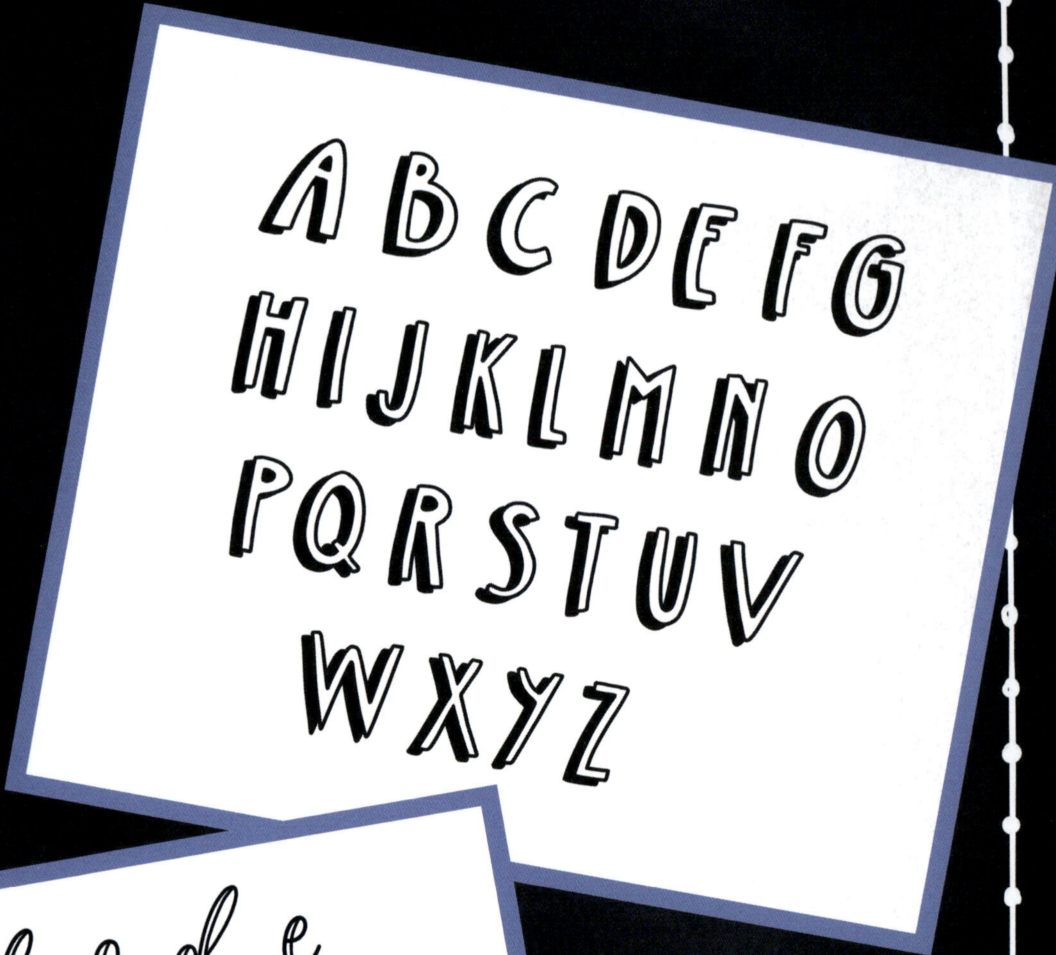
A B C D E F G
H I J K L M N O
P Q R S T U V
W X Y Z

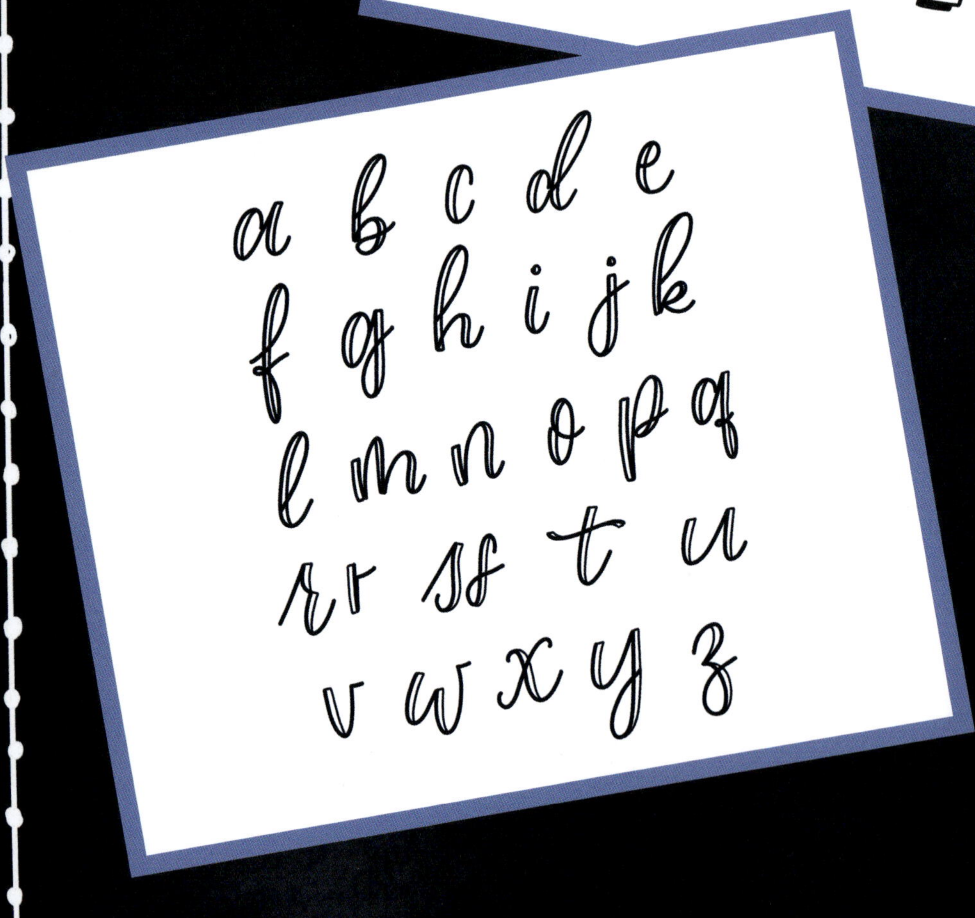
a b c d e
f g h i j k
l m n o p q
r r s s t u
v w x y z

50 Alphabete

SIE SIND DIE BASIS JEDES LETTERINGS. IN DIESEM KAPITEL VERSAMMELT SICH EINE BUNTE MISCHUNG AUS KLASSISCHEN, KREATIVEN UND ORIGINELLEN ALPHABETEN, OB MIT ODER OHNE SERIFEN, MIT DEM BRUSH PEN GELETTERT ODER LIEBEVOLL DEKORIERT. DER FUNDUS AN SCHÖNEN BUCHSTABEN LÄDT ZUM INDIVIDUELLEN KOMBINIEREN FÜR DEIN NÄCHSTES LETTERING EIN.

A B C D E F G

H I J K L M N

O P Q R S T

U V W X Y Z

a b c d e f g h

i j k l m n o p q

r s t u v w x y z

A B C D E

F G H I J K

L M N O P

Q R S T U

V W X Y Z

a b c d e f g

h i j k l m n

o p q r s t u v

w x y z

ABCDEFGHIJK
LMNOPQRSTU
VWXYZ
abcdefghijkl
mnopqrstu
vwxyz

ABCDEFG
HIJKLMNO
PQRSTUV
WXYZ
abcdefghi
jklmnop
qrstuvw
xyz

A B C D E F
G H I J K L
M N O P Q
R S T U V
W X Y Z
a b c d e f
g h i j k l m
n o p q r s
t u v w x y z

A B C D E F G
H I J K L M N
O P Q R S T
U V W X Y Z
a b c d e f g h
i j k l m n o p q
r s t u v w x y z

ABCDEF
GHIJKL
MNOPQR
STUVW
XYZ
abcdefg
hijklmn
opqrstu
vwxyz

A B C D E F G

H I J K L M N

O P Q R S T

U V W X Y Z

a b c d e f g

h i j k l m n

o p q r s t u

v w x y z

ABCDEFGH
IJKLMNO
PQRSTUV
WXYZ
abcdefgh
ijklmno
pqrstuv
wxyz

A B C D E F G
H J J K L M N
O P Q R S T
U V W X Y Z
a b c d e f g
h i j k l m n
o p q r s t u
v w x y z

A B C D E

F G H I J

K L M N O

P Q R S T

U V W

X Y Z

A B C D E

F G H I J

K L M N O

P Q R S T

U V W

X Y Z

A B C D E F
G H I J K L
M N O P Q
R S T U V
W X Y Z

A B C D E

F G H I J

K L M N O

P Q R S T

U V W

X Y Z

a b c d e

f g h i j k

l m n o p q

r r s s t u

v w x y z

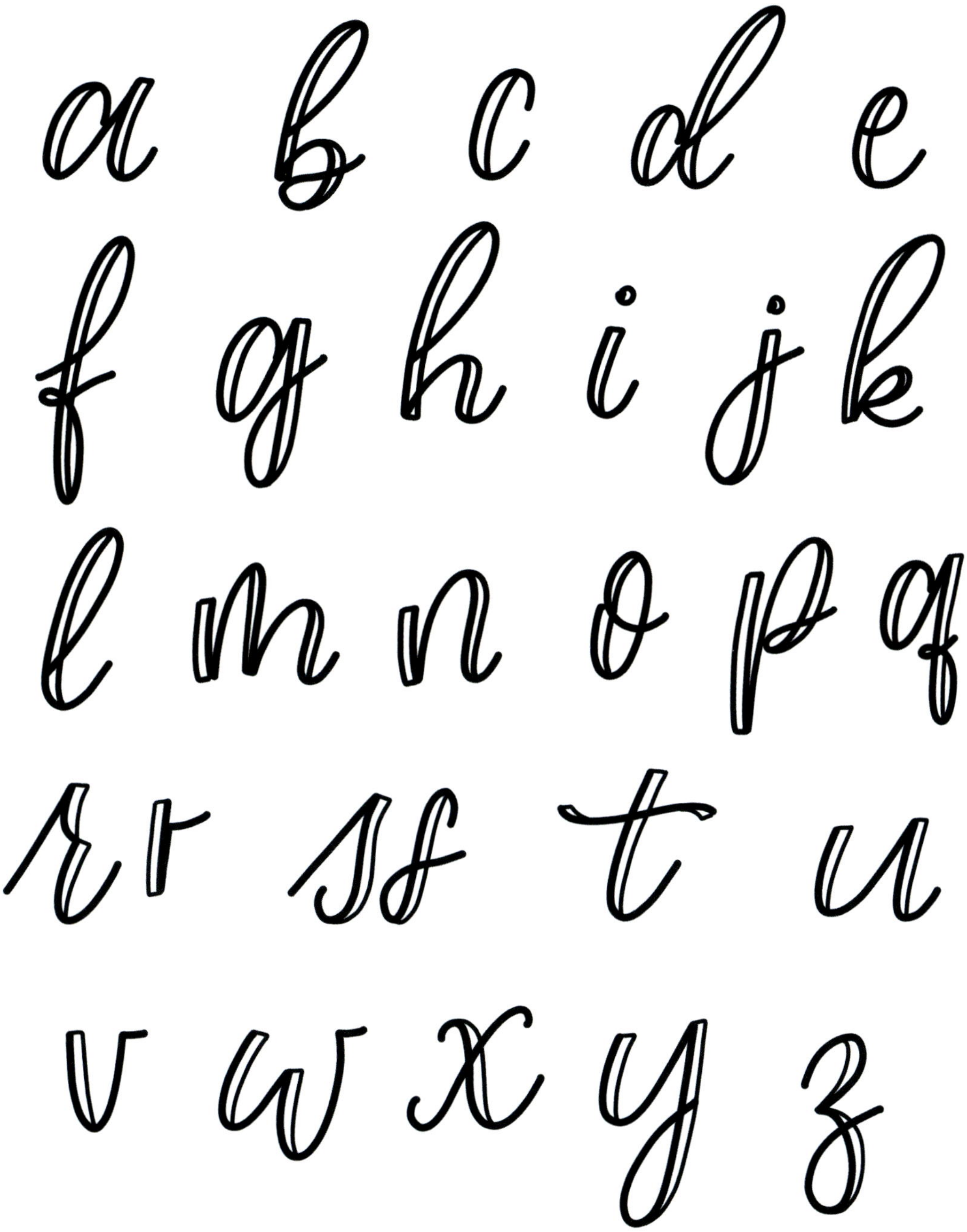
a b c d e
f g h i j k
l m n o p q
r r s s t u
v w x y z

a b c d e

f g h i j k

l m n o p

q r s t u

v w x y z

A B C D E

F G H I J

K L M N

O P Q R S

T U V W

X Y Z

abcdefghi
jklmnopqr
stuvwxyz

Aa Bb Cc Dd Ff

Gg Hh Ii Jj Kk Ll

Mm Nn Oo Pp Qq

Rr Ss Tt Uu Vv

Ww Xx Yy Zz

A B C D E F G H I J

a b c d e f g h i j

K L M N O P Q R

k l m n o p q r

S T U V W X Y Z

s t u v w x y z

A B C D E F G H I

J K L M N O P Q

R S T U V W X

Y Z a b c d e f g

h i j k l m n o p q

r s t u v w x y z

A B C D E F G

a b c d e f g

H I J K L M N

h i j k l m n

O P Q R S T U

o p q r s t u

V W X Y Z

v w x y z

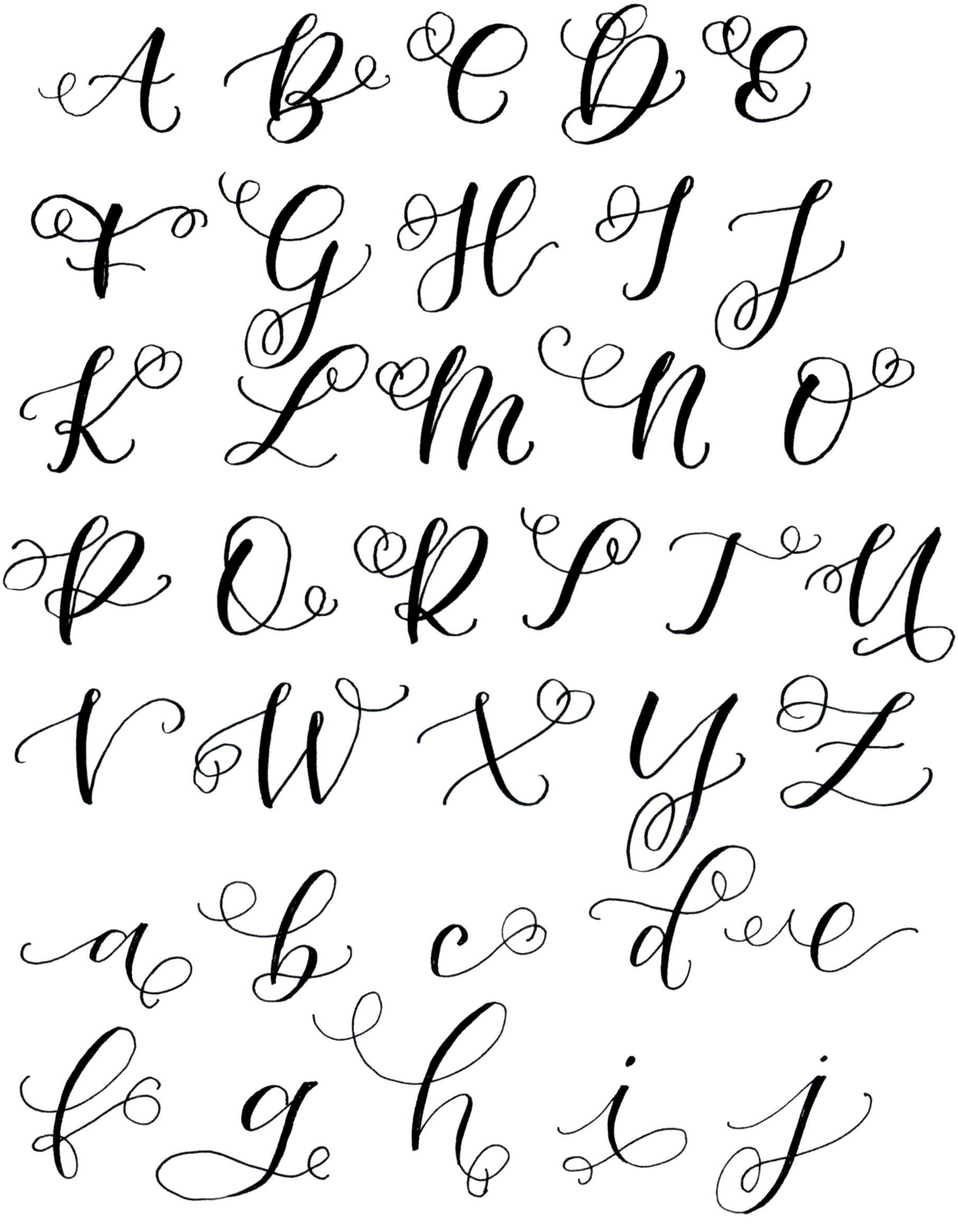
A B C D E
F G H I J
K L M N O
P Q R S T U
V W X Y Z
a b c d e
f g h i j

A B C D E F

a b c d e f

G H I J K L

g h i j k l

M N O P Q R

m n o p q r

S T U V W

X Y Z

s t u v w

x y z

A B C D E F G

a b c d e f g

H I J K L M

h i j k l m

N O P Q R S T

n o p q r s t

U V W X Y Z

u v w x y z

A B C D E F

G H I J K L M

N O P Q R S T

U V W X Y Z

a b c d e f g h i

j k l m n o p q r

s t u v w x y z

A B C D E F

a b c d e f

G H I J K L

g h i j k l

M m N n O o

P Q R S T U V

p q r s t u v

A B C D E F G H

a b c d e f g h

I J K L M N O P

i j k l m n o p

Q R S T U V W X

q r s t u v w x

Y Z y z

ABCDEFGHIJKL
MNOPQRSTUV
WXYZ
abcdefghijk
lmnopqrstu
vwxyz

Aa Bb Cc Dd

Ee Ff Gg Hh

Ii Jj Kk Ll

Mm Nn Oo Pp

Qq Rr Ss Tt

Uu Vv Ww

Xx Yy Zz

Aa Bb Cc Dd

Ee Ff Gg Hh

Ii Jj Kk Ll

Mm Nn Oo

Pp Qq Rr Ss

Tt Uu Vv Ww

Xx Yy Zz

Aa Bb Cc Dd
Ee Ff Gg Hh
Ii Jj Kk Ll
Mm Nn Oo Pp
Qq Rr Ss Tt
Uu Vv Ww
Xx Yy Zz

Aa Bb Cc Dd Ee

Ff Gg Hh Ii Jj

Kk Ll Mm Nn

Oo Pp Qq Rr

Ss Tt Uu Vv

Ww Xx Yy Zz

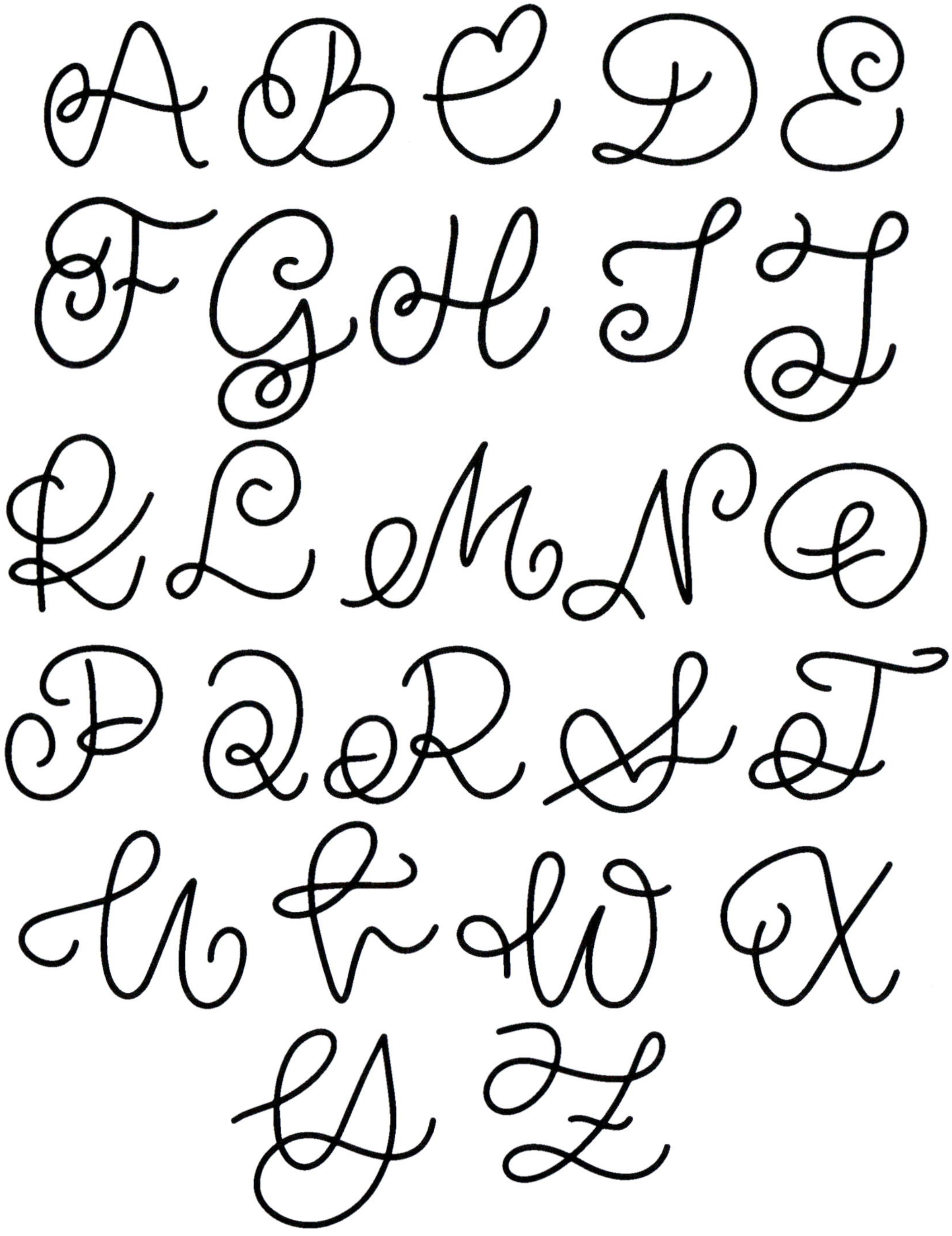
A B C D E
F G H I J
K L M N O
P Q R S T
U V W X
Y Z

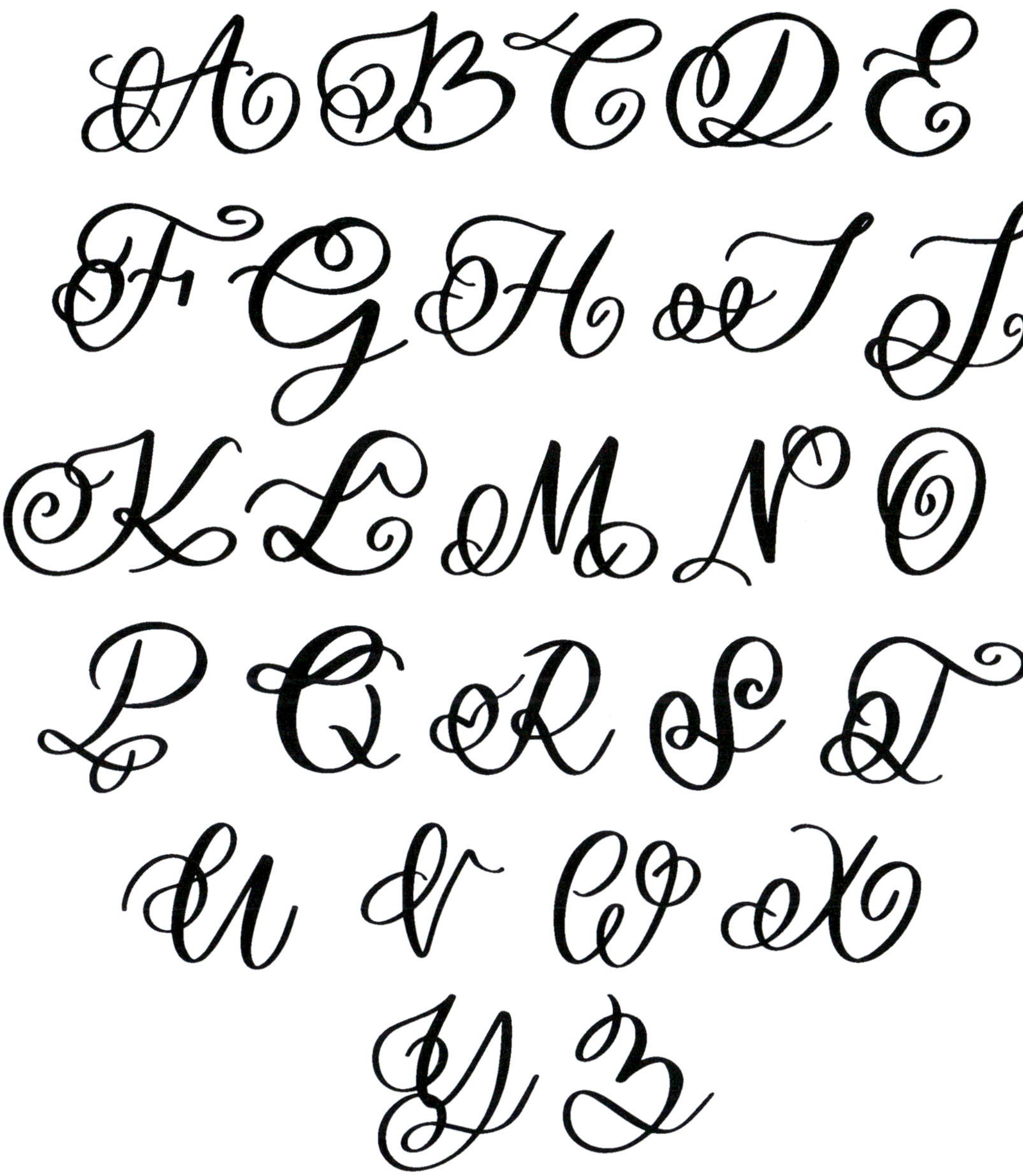
A B C D E
F G H I J
K L M N O
P Q R S T
U V W X
Y Z

abcdefg

hijklmn

opqrstu

vwxyzß

A B C d e f G

h i j k l M n

O P Q R S t U

V W X y z ß

A B C D E F G H I J K
L M N O P Q R S T U
V W X Y Z

a b c d e ee f ff g h i j k
f ff g h i j k l ll m n o oo
p q r s ss t u v w x y z ß

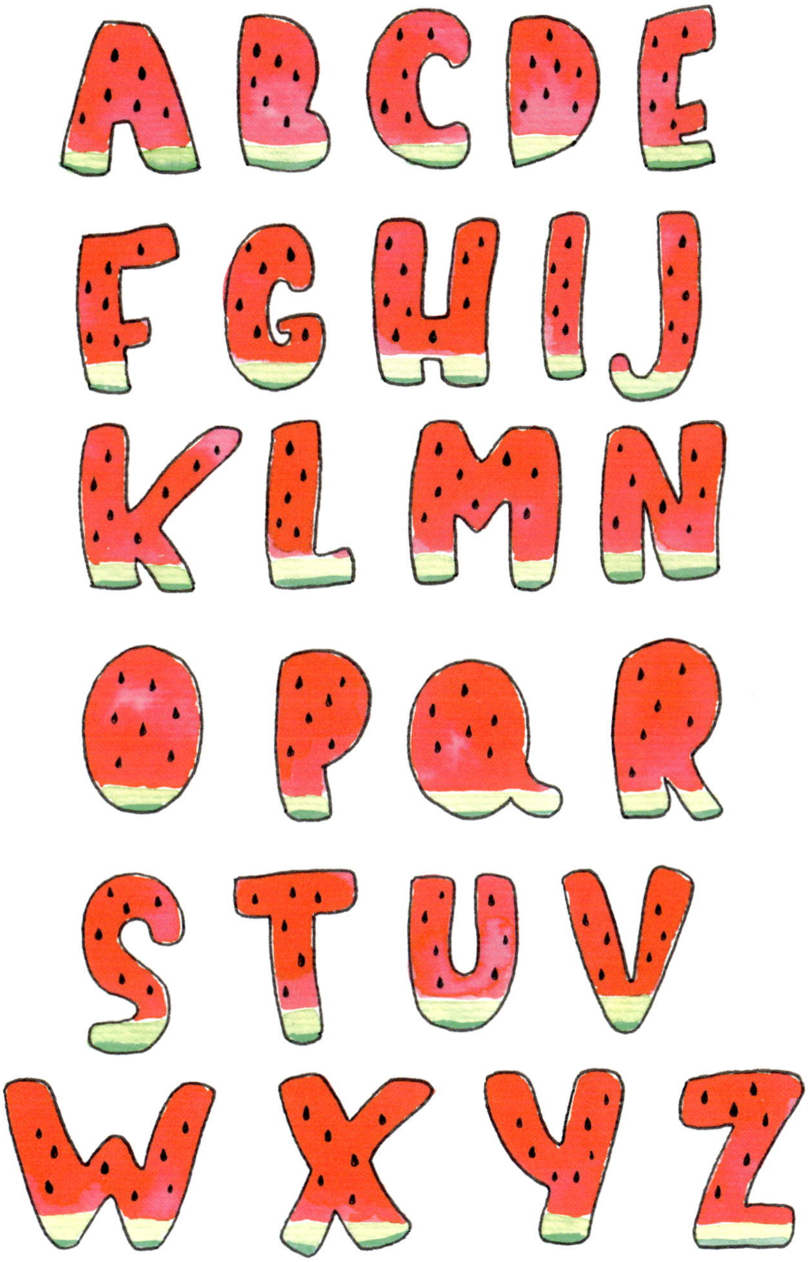
ABCDE
FGHIJ
KLMN
OPQR
STUV
WXYZ

a b c

d e f

g h i

j k l

m n o

p q r

s t u

v w x

y z

hand

lettering

A B C D E F
G H I J K L
M N O P Q R
S T U V W
X Y Z

Aa Bb Cc Dd Ee

Ff Gg Hh Ii Jj Kk

Ll Mm Nn Oo Pp

Qq Rr Ss Tt Uu Vv

Ww Xx Yy Zz

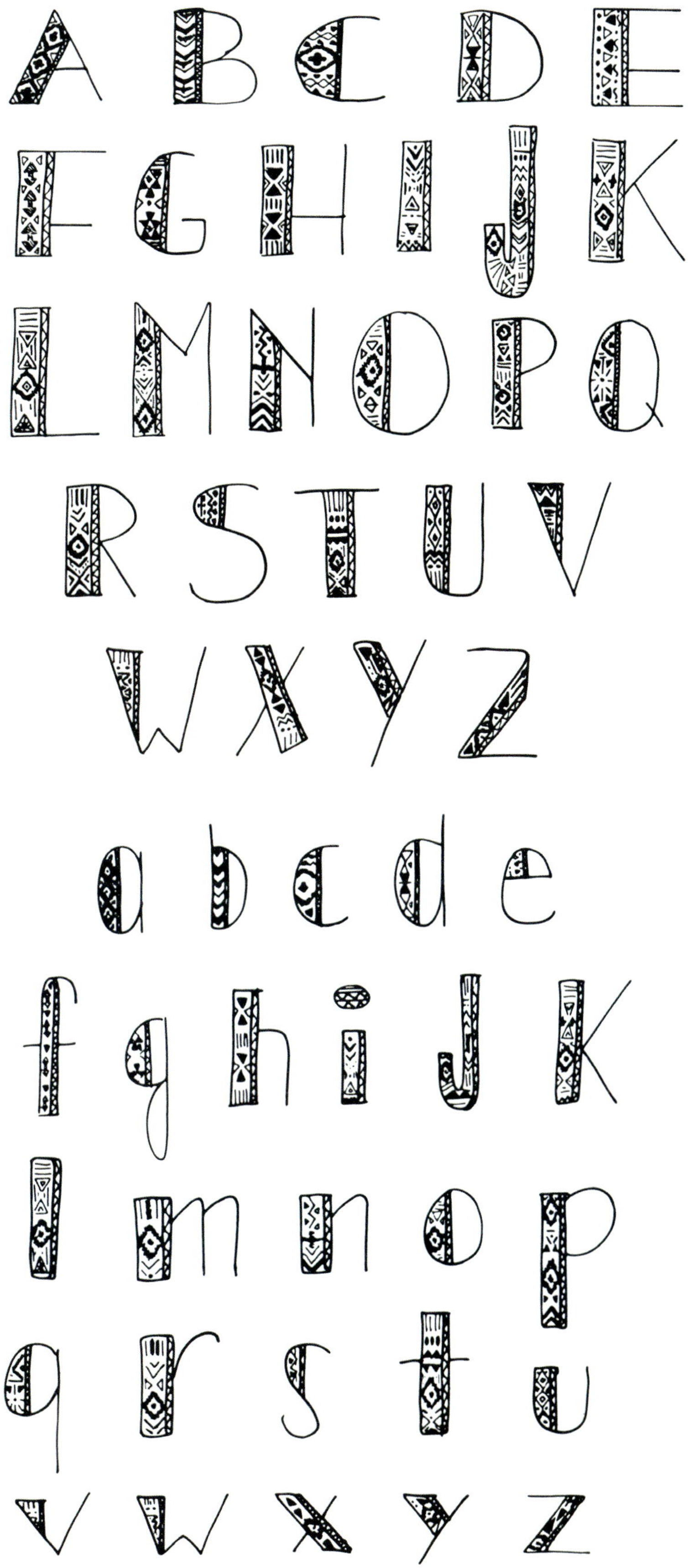
ABCDE
FGHIJK
LMNOPQ
RSTUV
WXYZ
abcde
fghijk
lmnop
qrstu
vwxyz

Handlettering

0 1 2 3 4 5

6 7 8 9

A B C D E

F G H I J K

L M N O P

Q R S T U

V W X Y Z

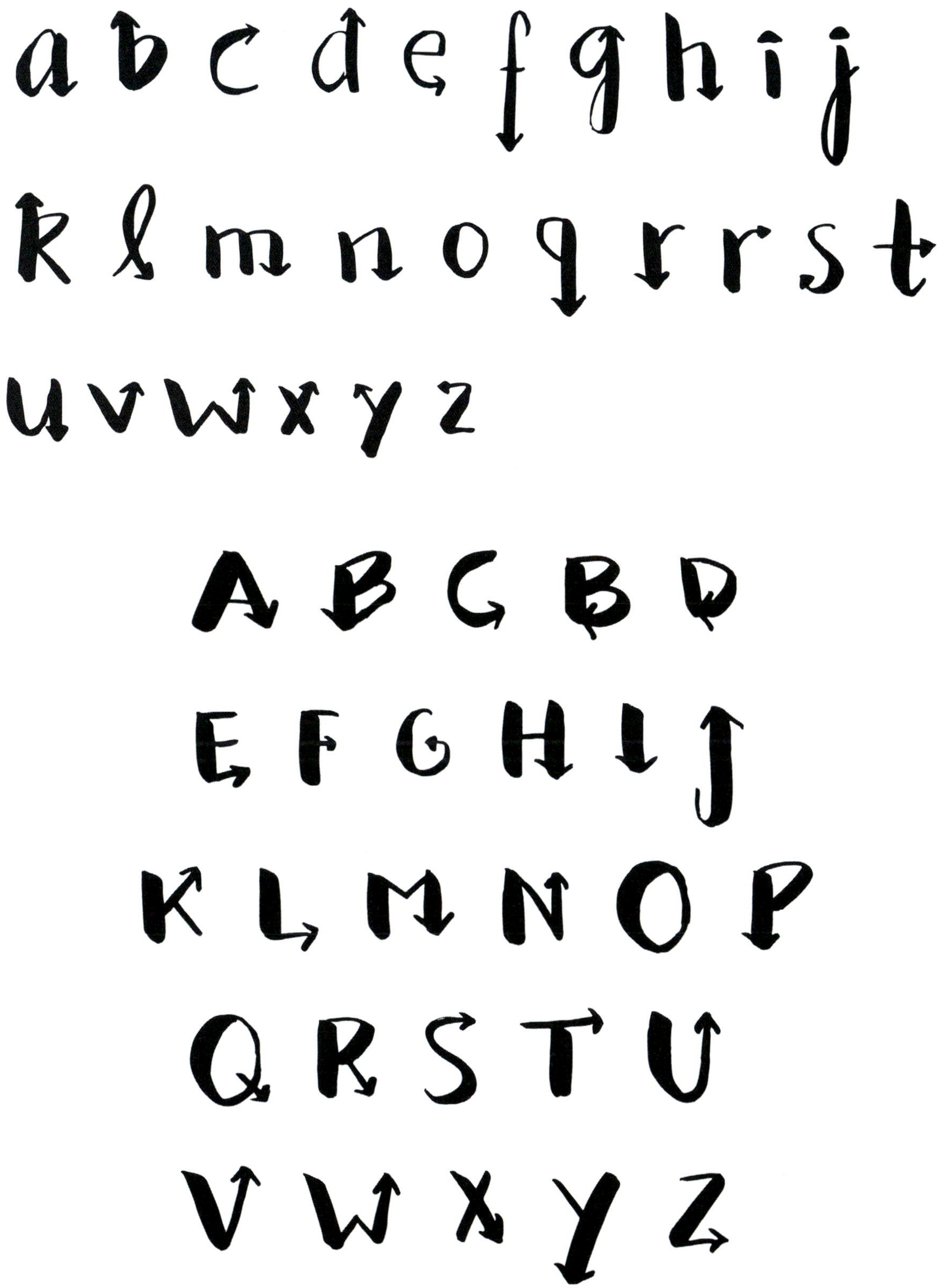

Handlettering

a b c d e f g h i j k l

m n o p q r s t u v

w x y z

A B C D E

F G H I J

K L M N O

P Q R S T U

V W X Y Z

ABCDEFGHIJK
LMNOPQRSTU
VWXYZ

abcdefghij
klmnopqrstu
vwxyz

1234567890

Aa Bb Cc Dd d Ee

Ff Gg g Hh h Ii Jj Kk

Ll Mm Nn Oo Pp Qq

Rr Ss Tt Uu Vv Ww

Xx Yy Zz

1 2 3 4 5 6 7 8 9 0

ABCDEFGHIJ

KLMNOPQRST

UWXYZ

1234567890

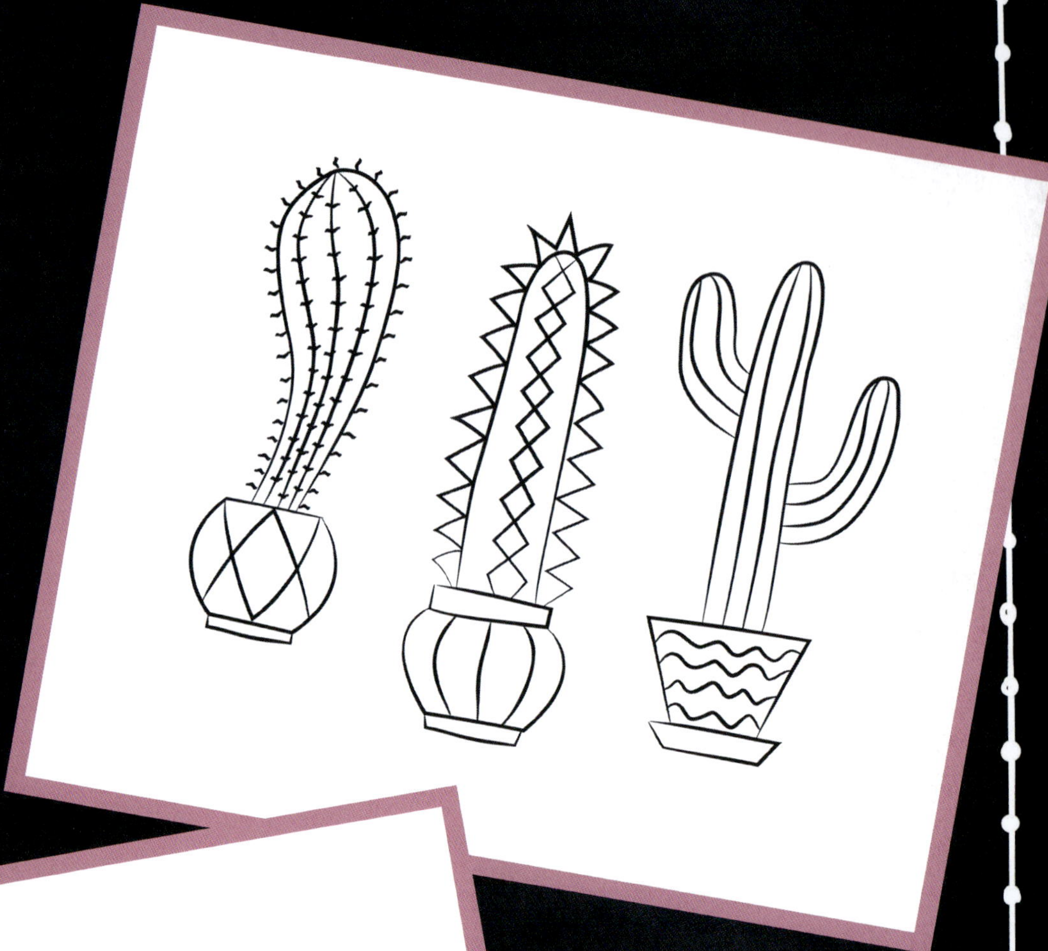

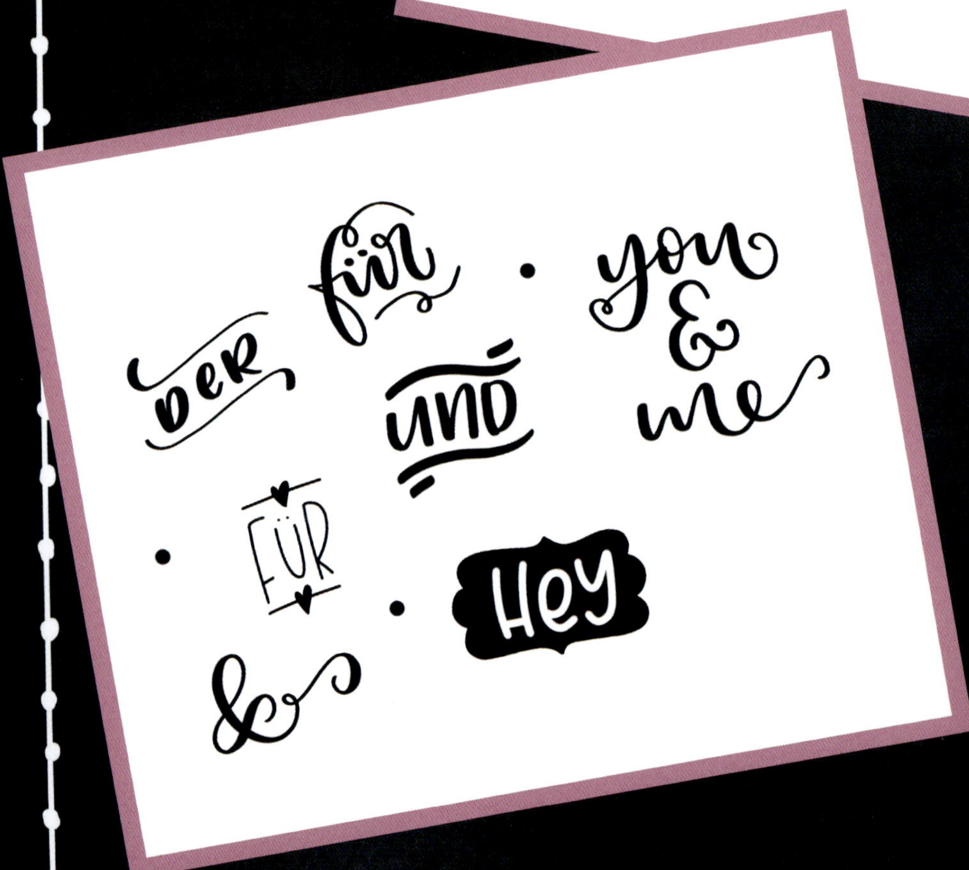
für
you
&
me
der
und
FÜR
Hey
&

900 Schmuckelemente

SCHMUCKELEMENTE SIND DAS KRÖNENDE TÜPFELCHEN AUF DEM I DEINER LETTERINGS UND GEBEN IHNEN DEN LETZTEN SCHLIFF. UND NICHT NUR DAS: DIE ZIERELEMENTE KÖNNEN AUCH LÜCKEN ZWISCHEN DEN WORTEN FÜLLEN ODER ALS RAHMENGESTALTUNG DIENEN. DIE WELT DER SCHMUCKELEMENTE IST GROß – TAUCHE HIER EIN IN EINEN REICHEN FUNDUS, VON DEKORATIVEN LINIEN ÜBER FLORALE ILLUSTRATIONEN UND KLEINE SKETCHNOTES BIS HIN ZU OPULENTEN SCHNÖRKELN.

Rahmen

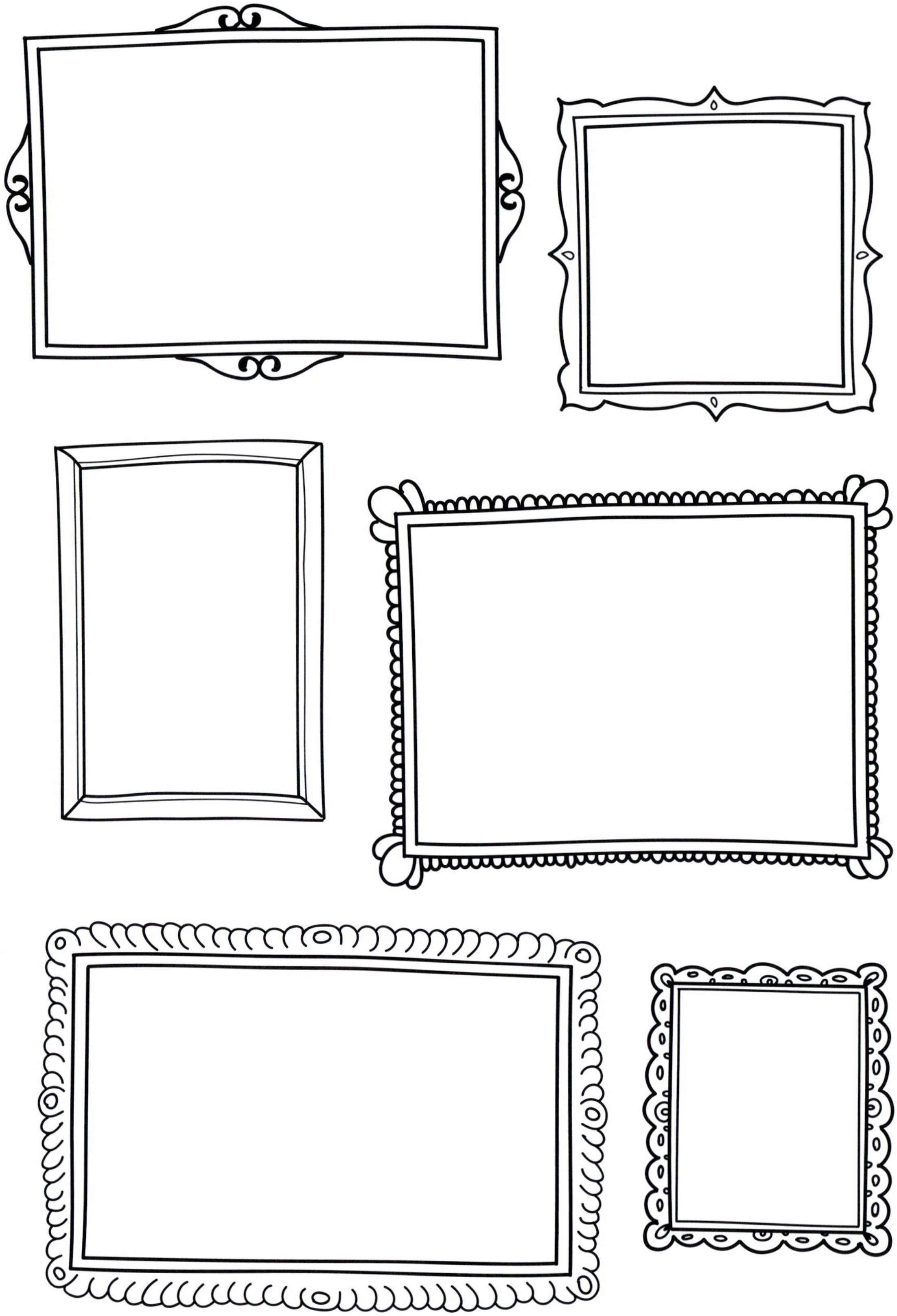

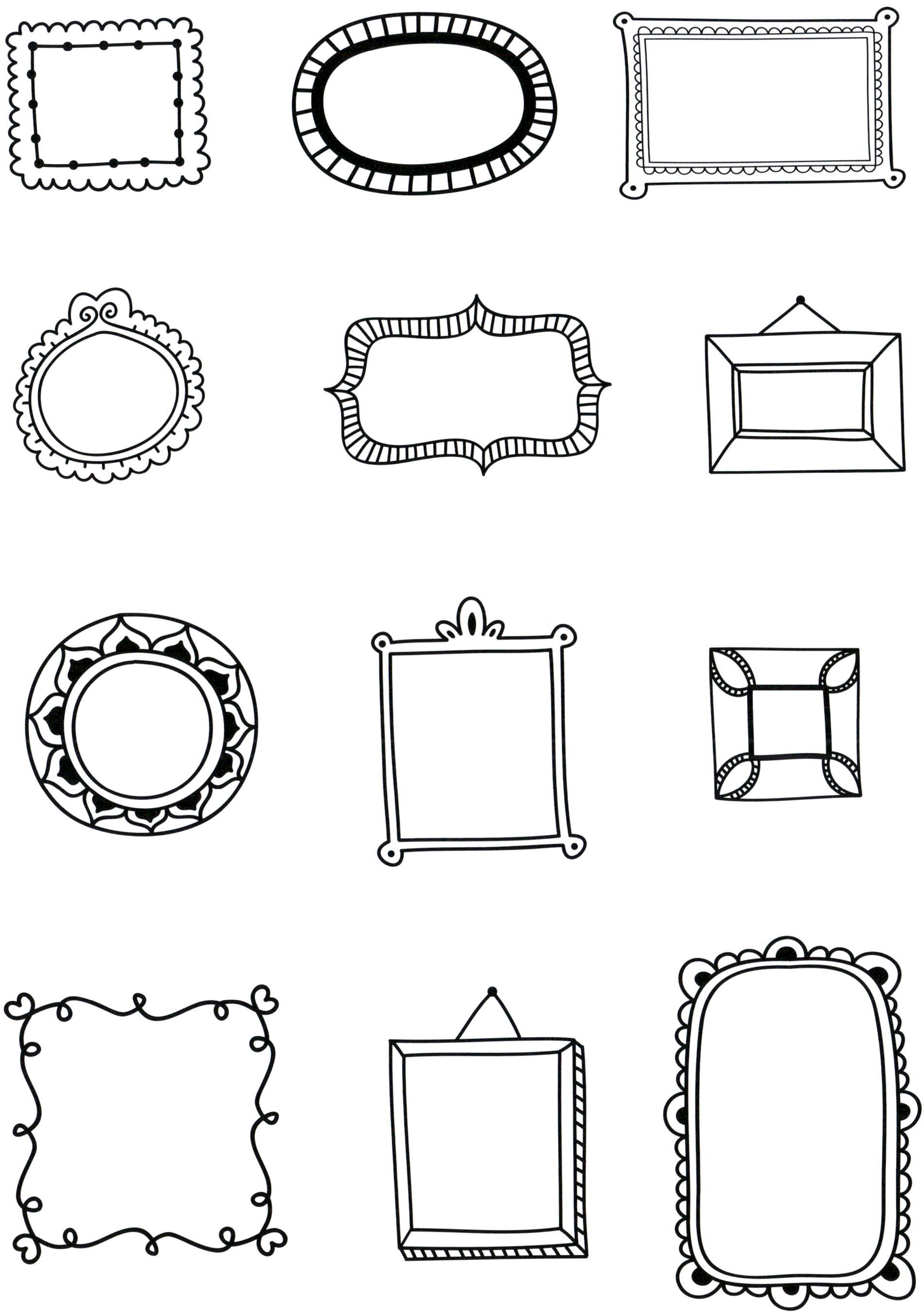

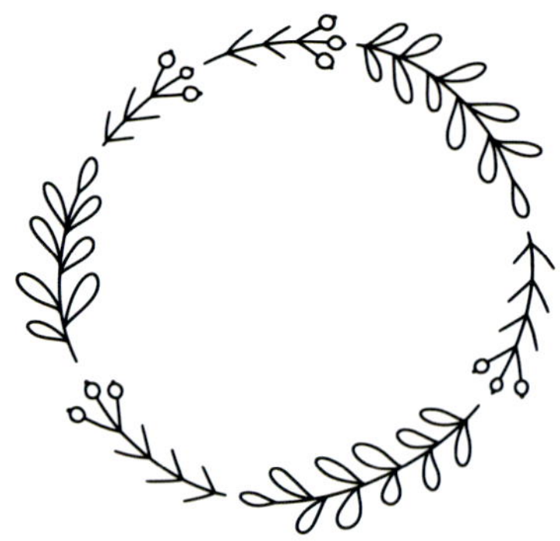
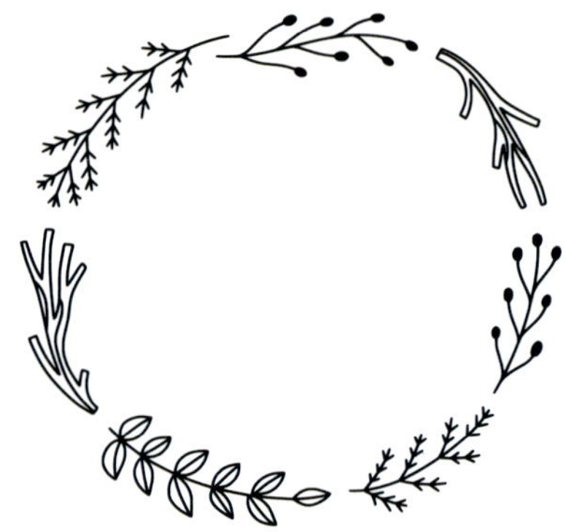

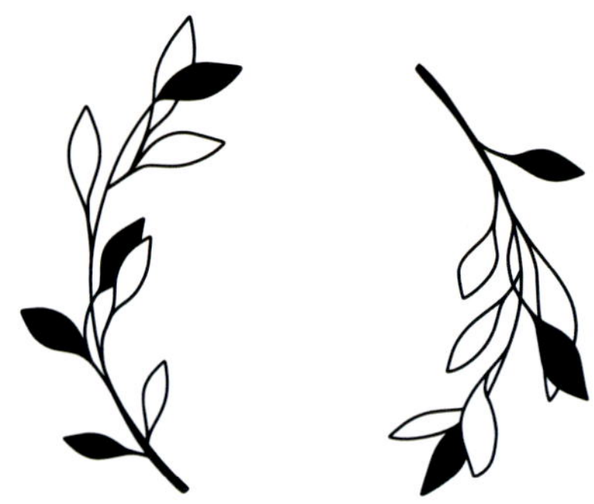
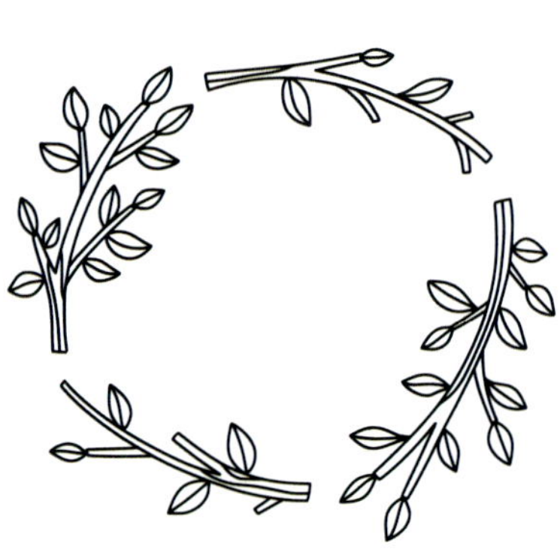
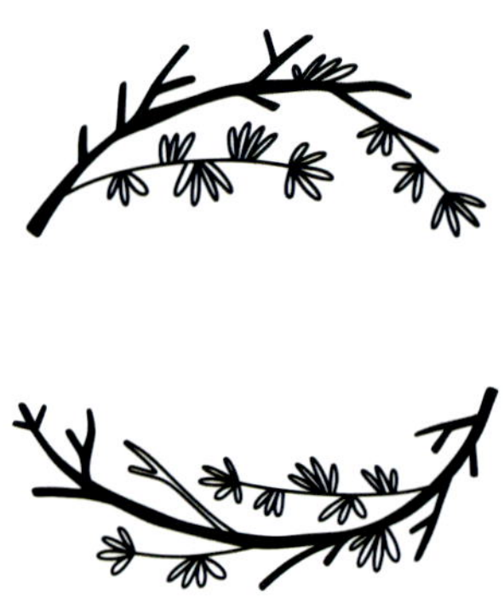
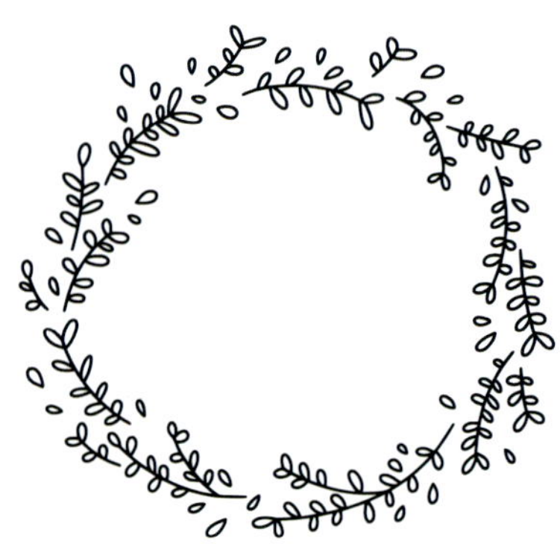

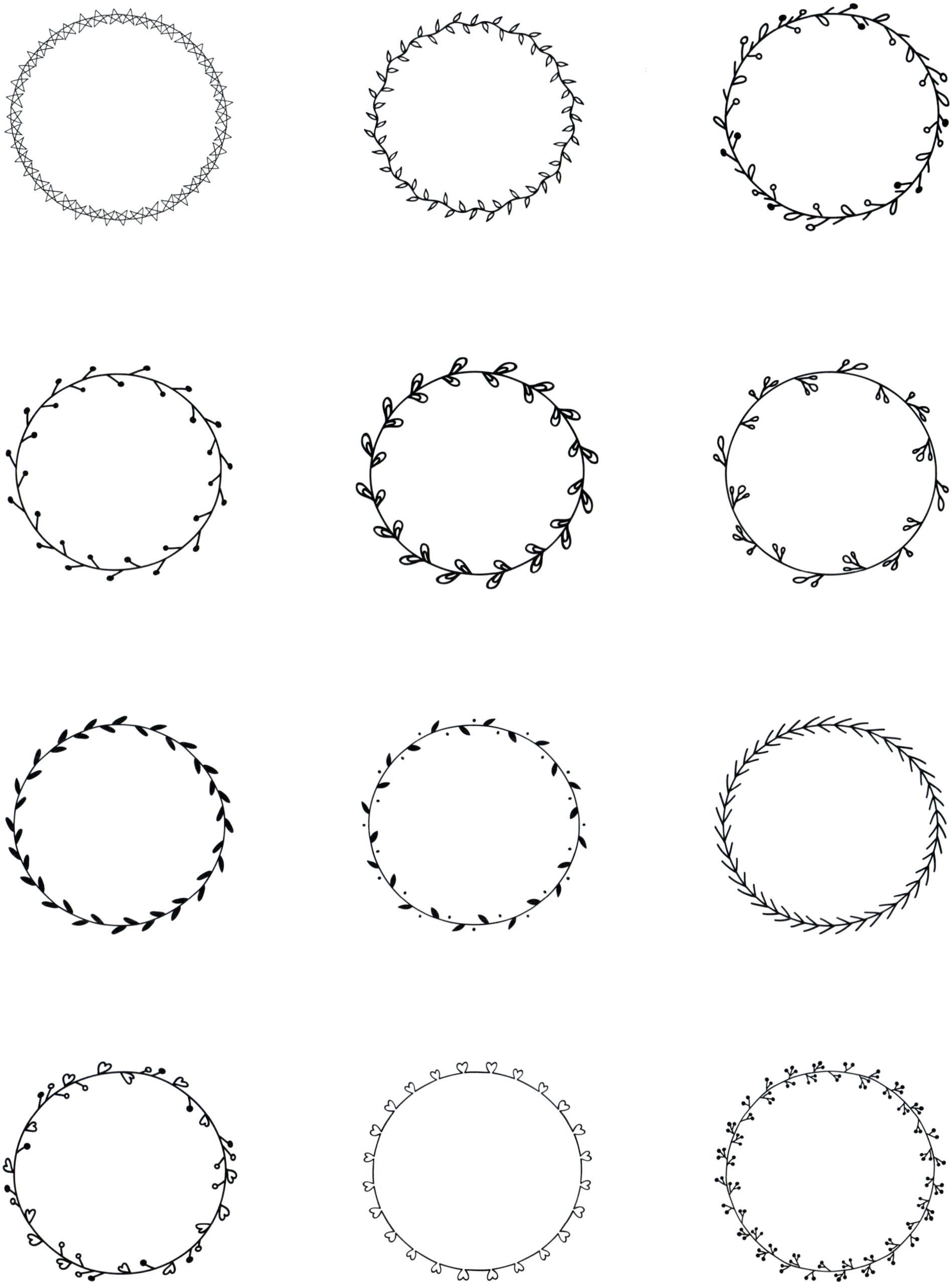

Dekorative Linien

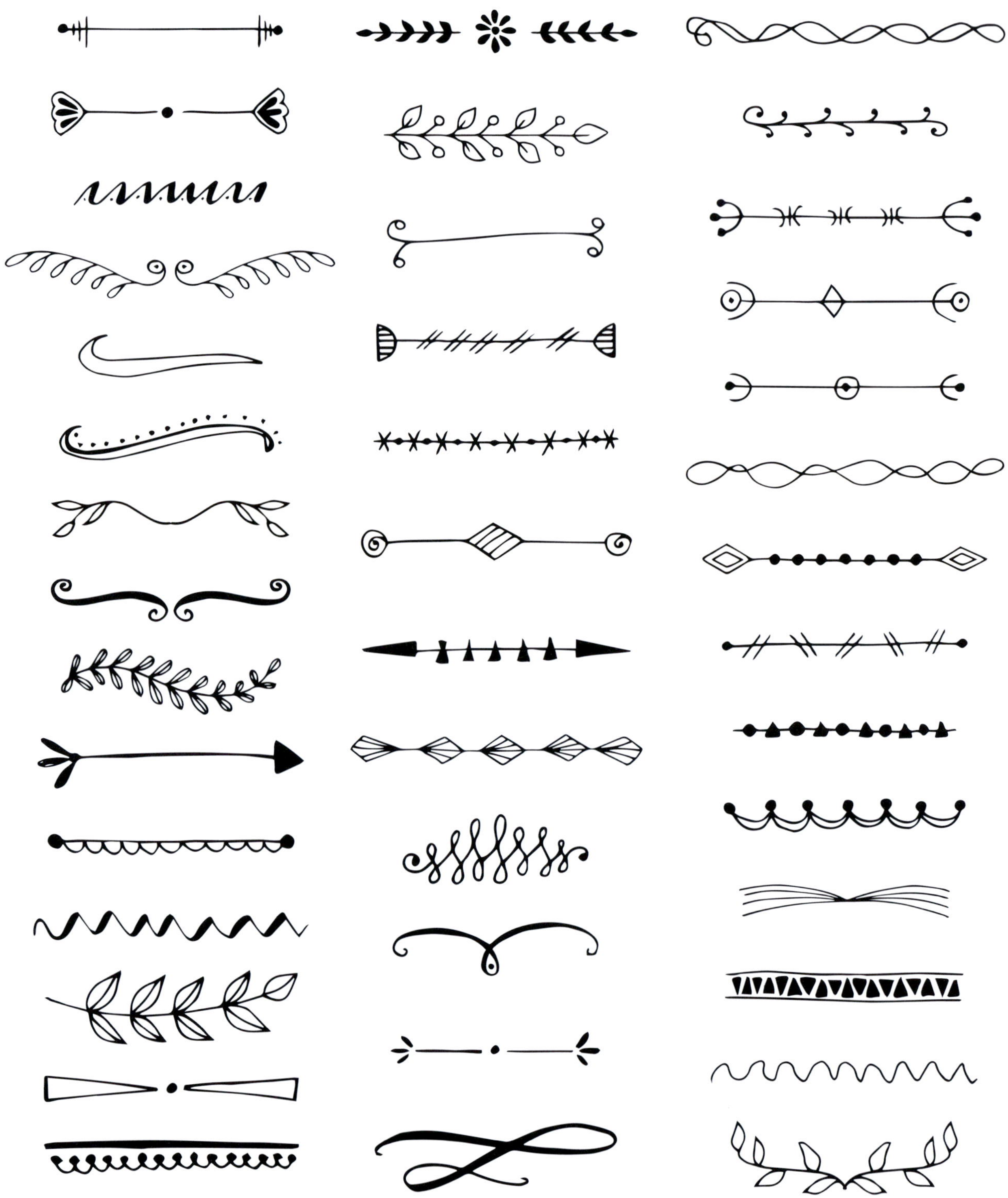

Ecken

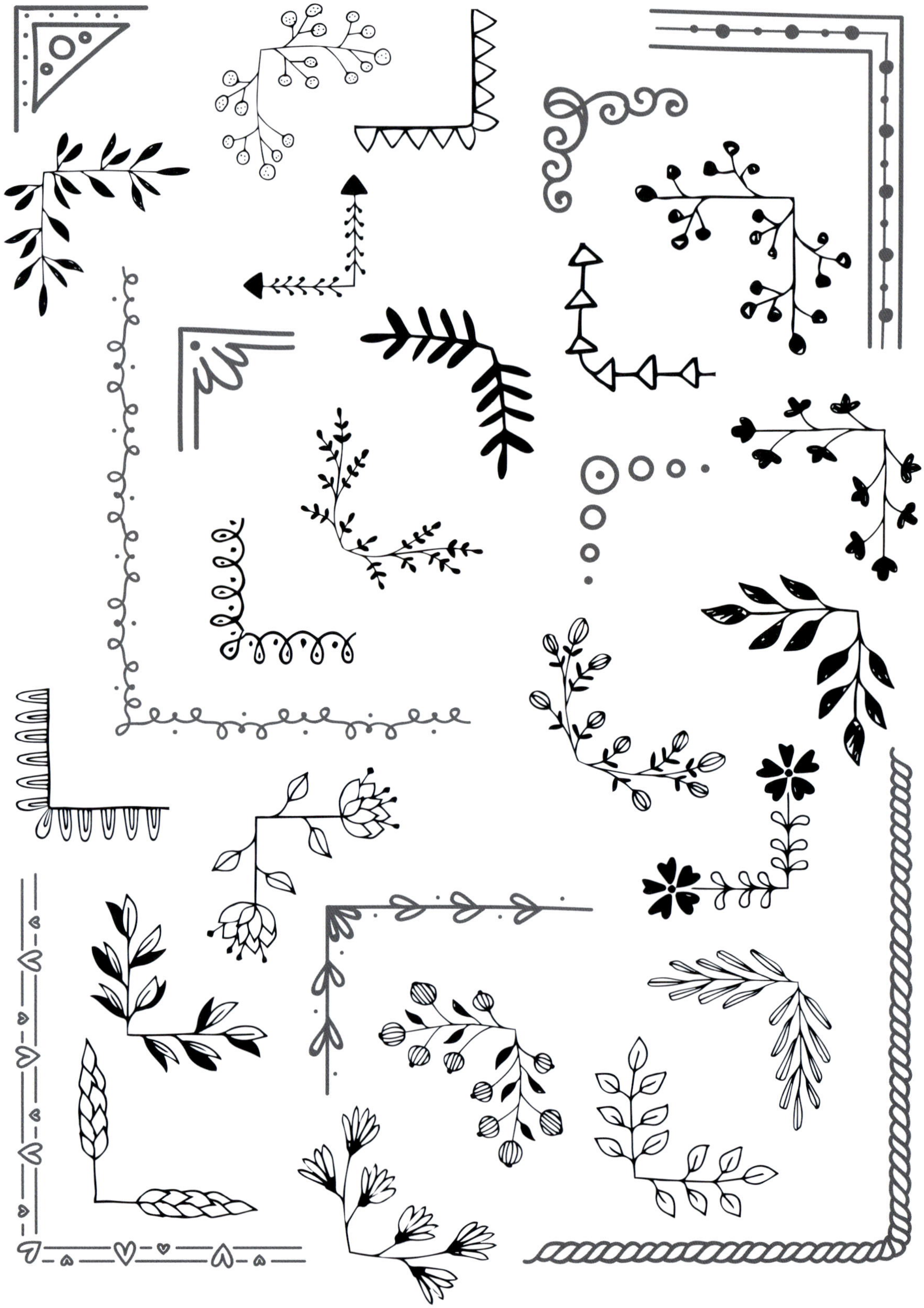

Banner

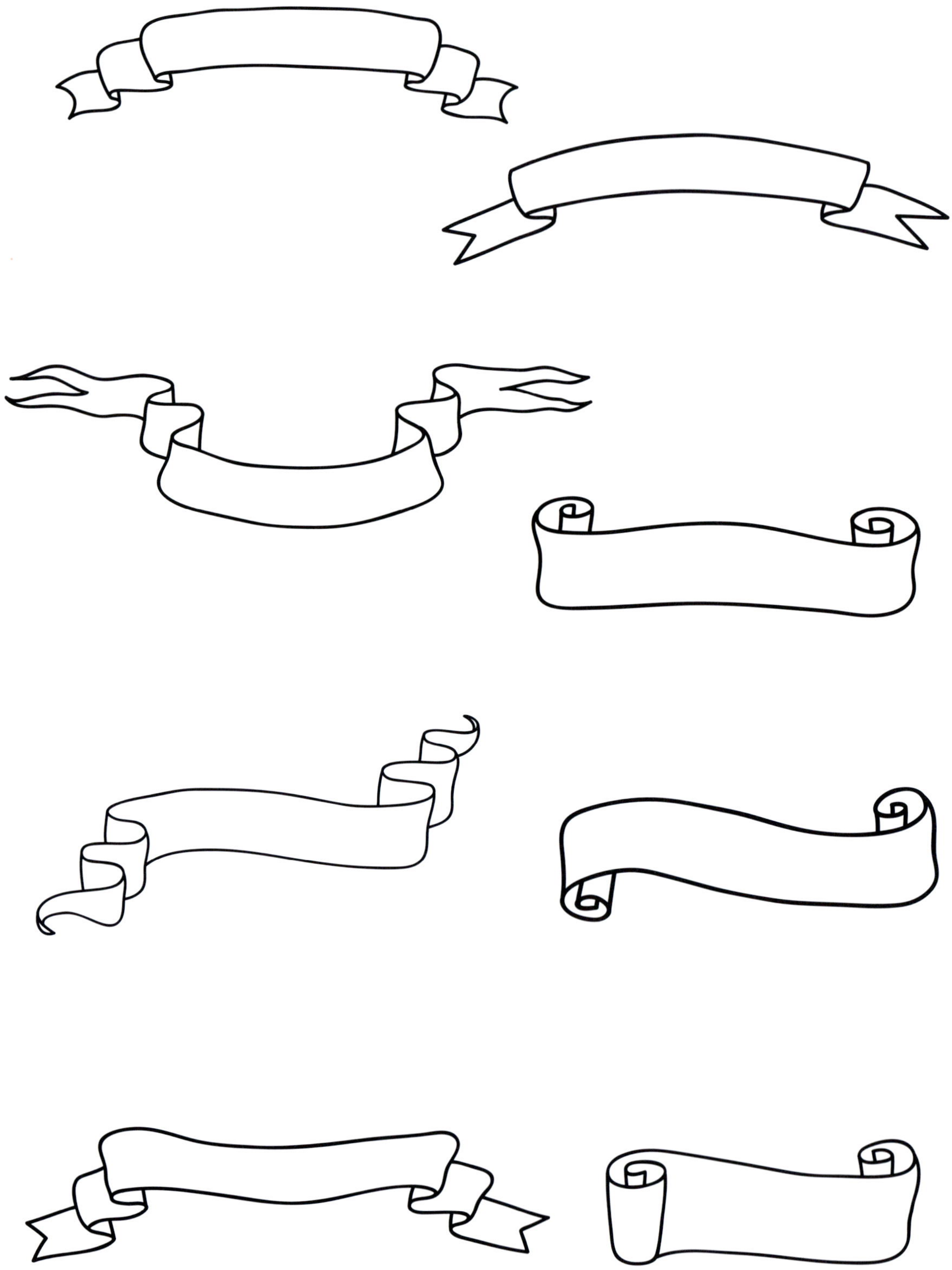

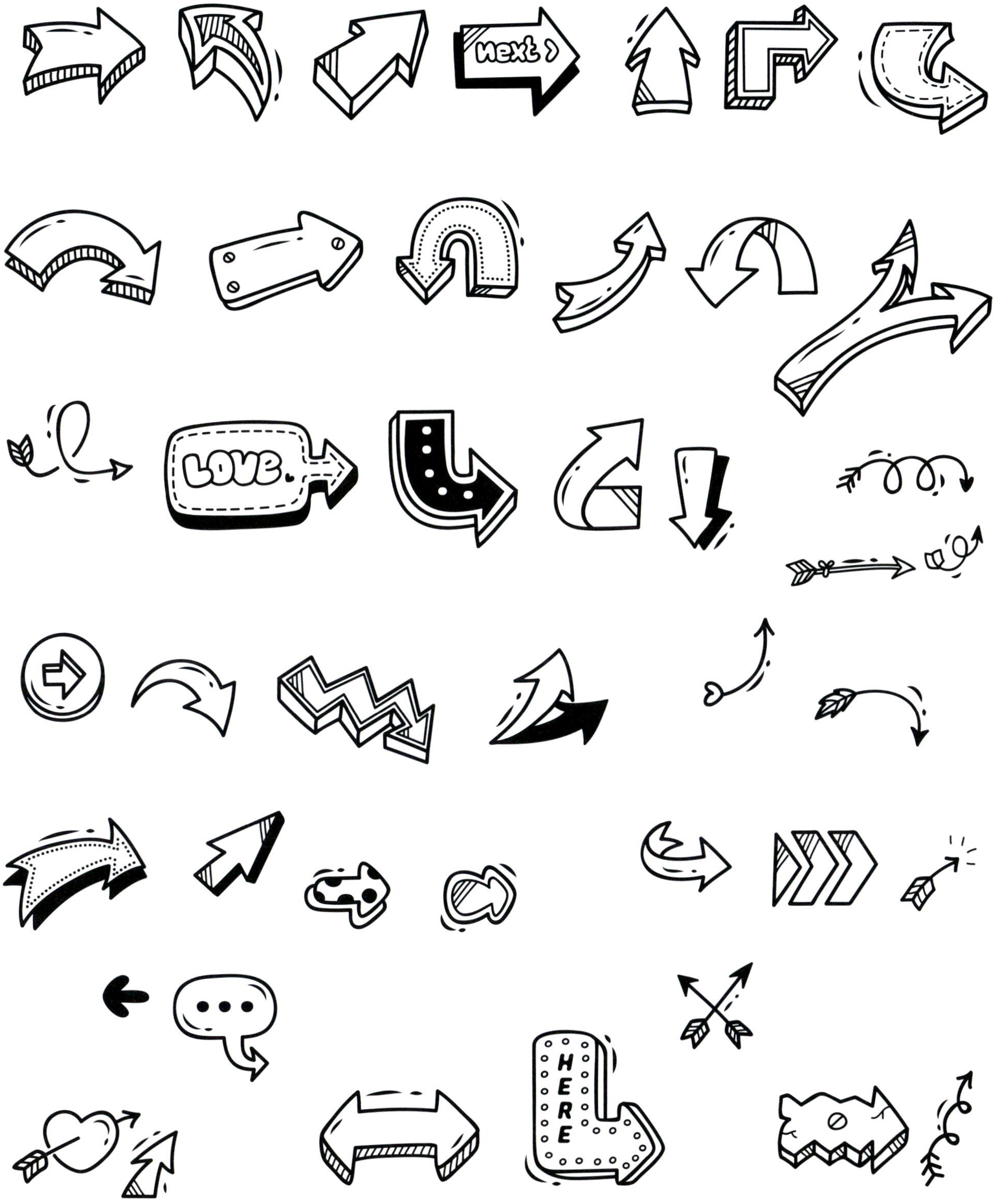
next
LOVE
HERE

Sprechblasen

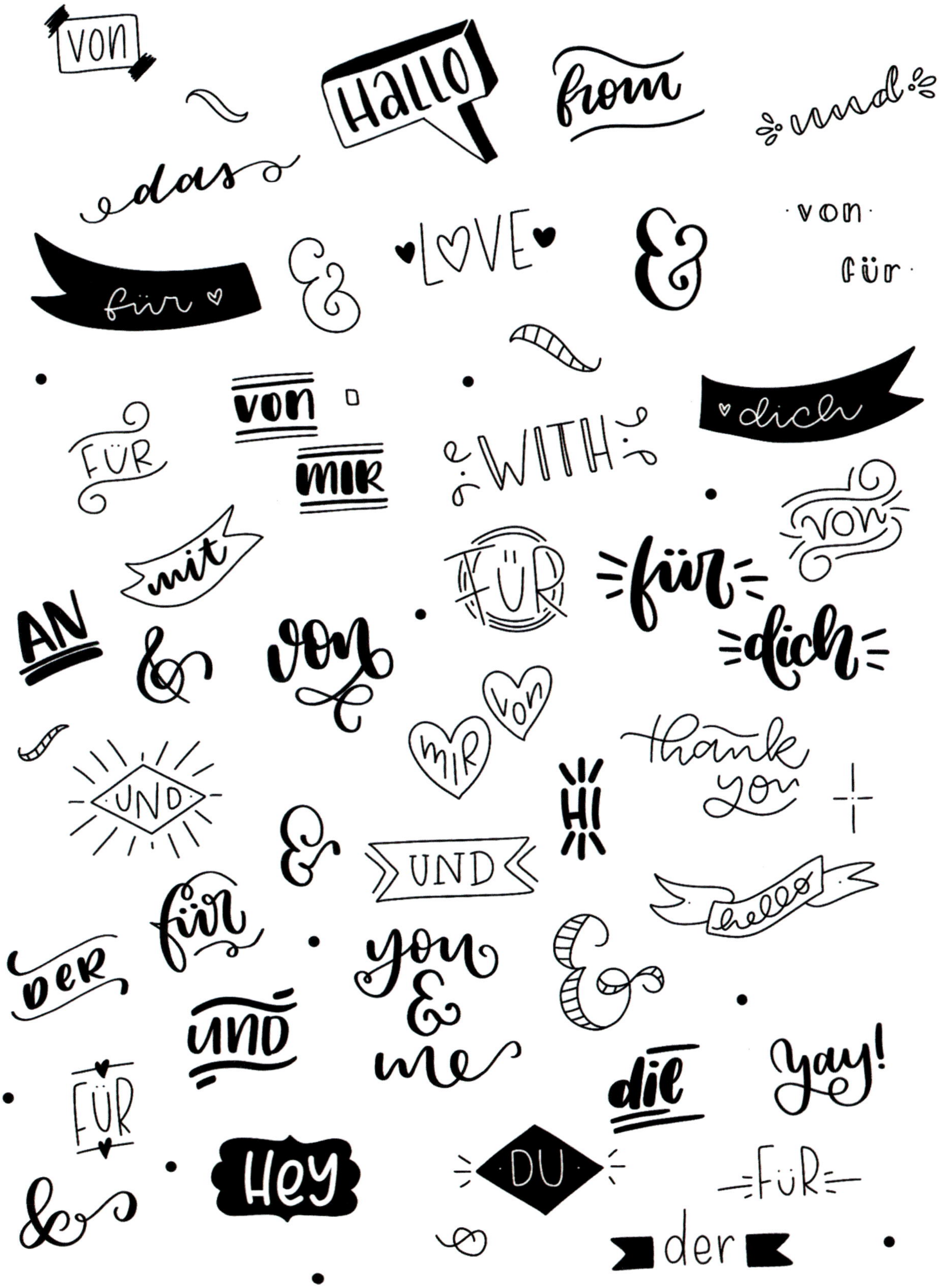
von
Hallo
from
und
das
LOVE
von
für
für
dich
FÜR
von
mir
WITH
von
mit
FÜR
für
AN
von
dich
von
mir
thank you
UND
HI
UND
hello
für
der
you & me
und
die
yay!
FÜR
Hey
DU
FÜR
der

Muster

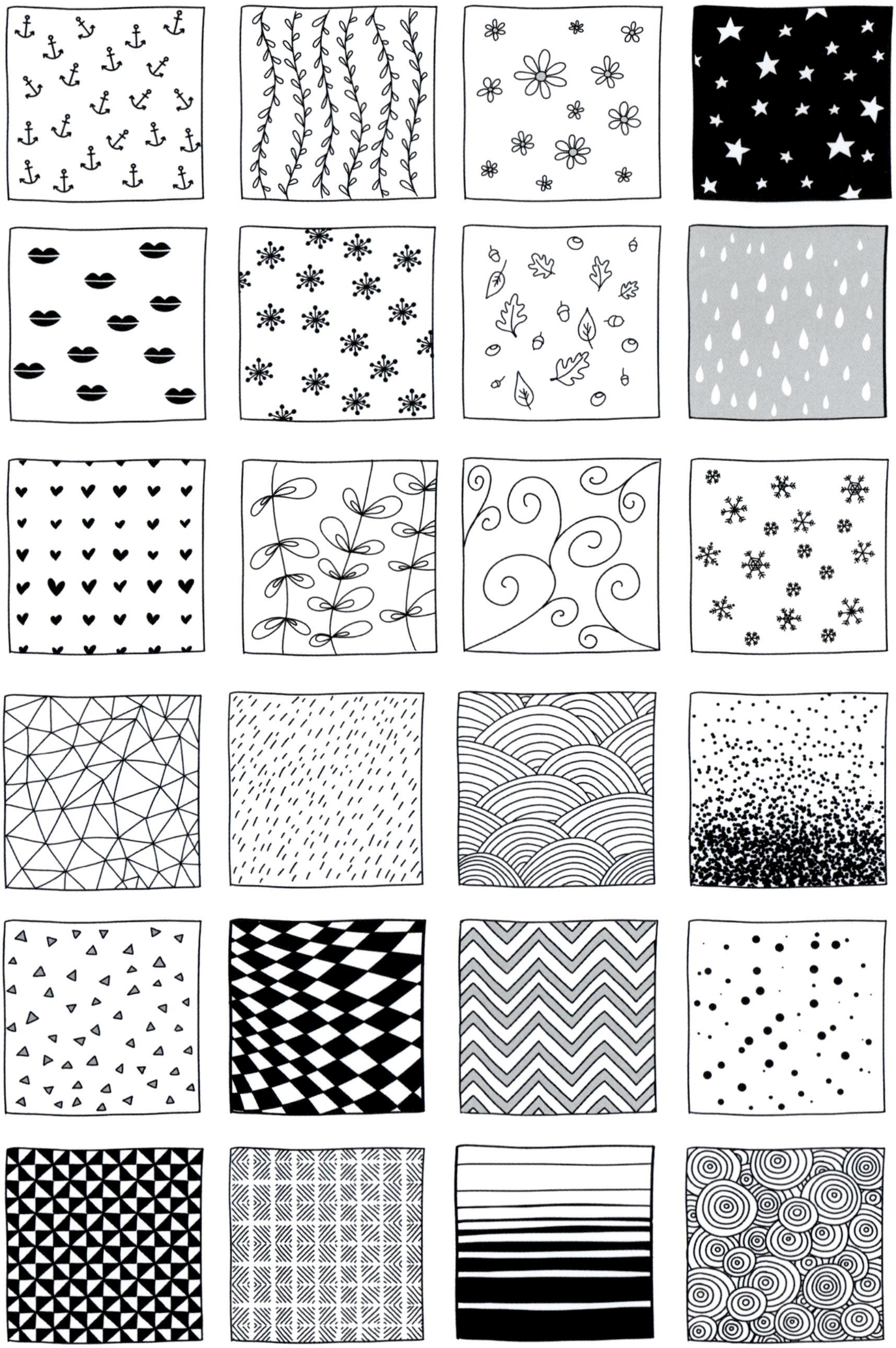

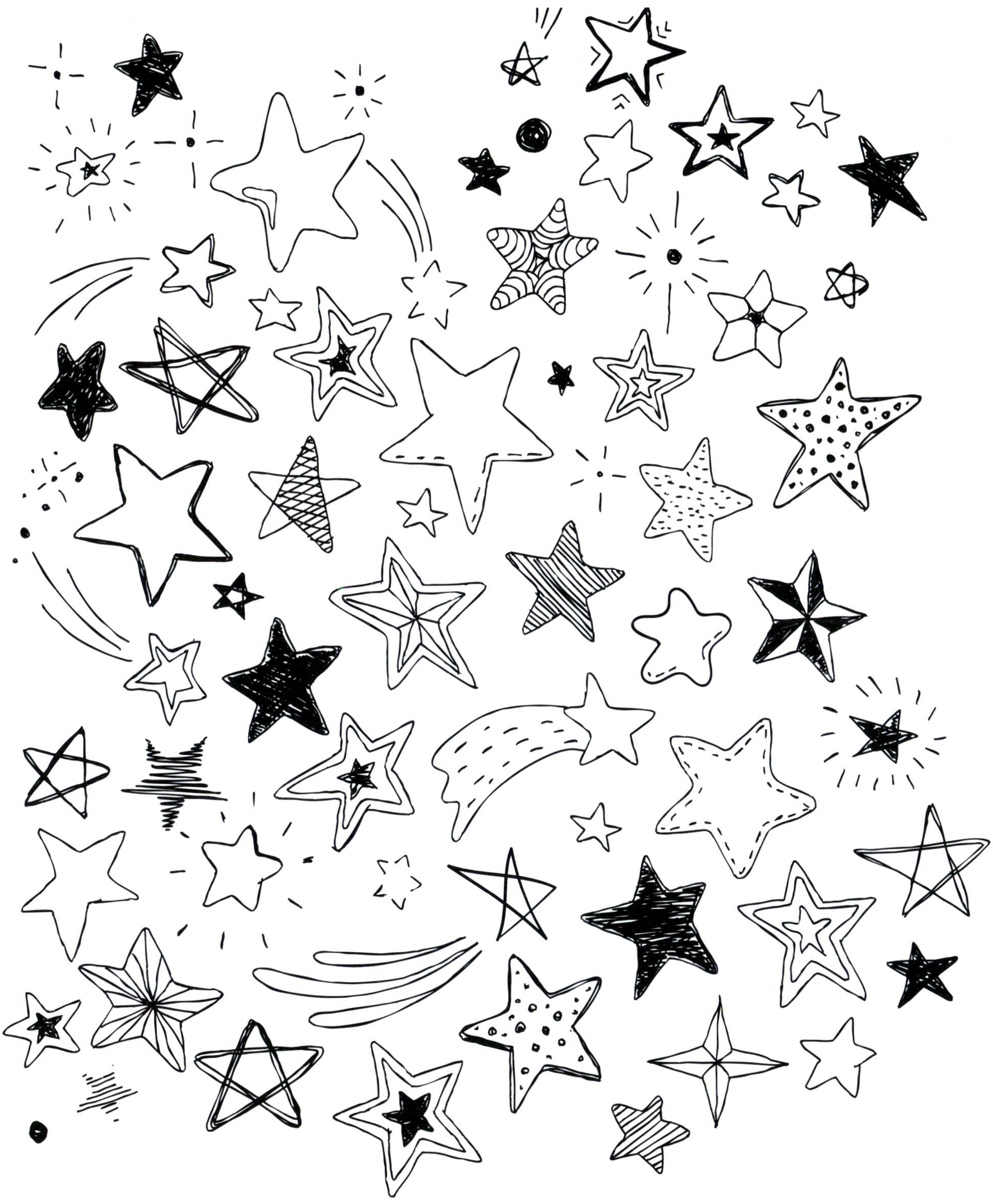

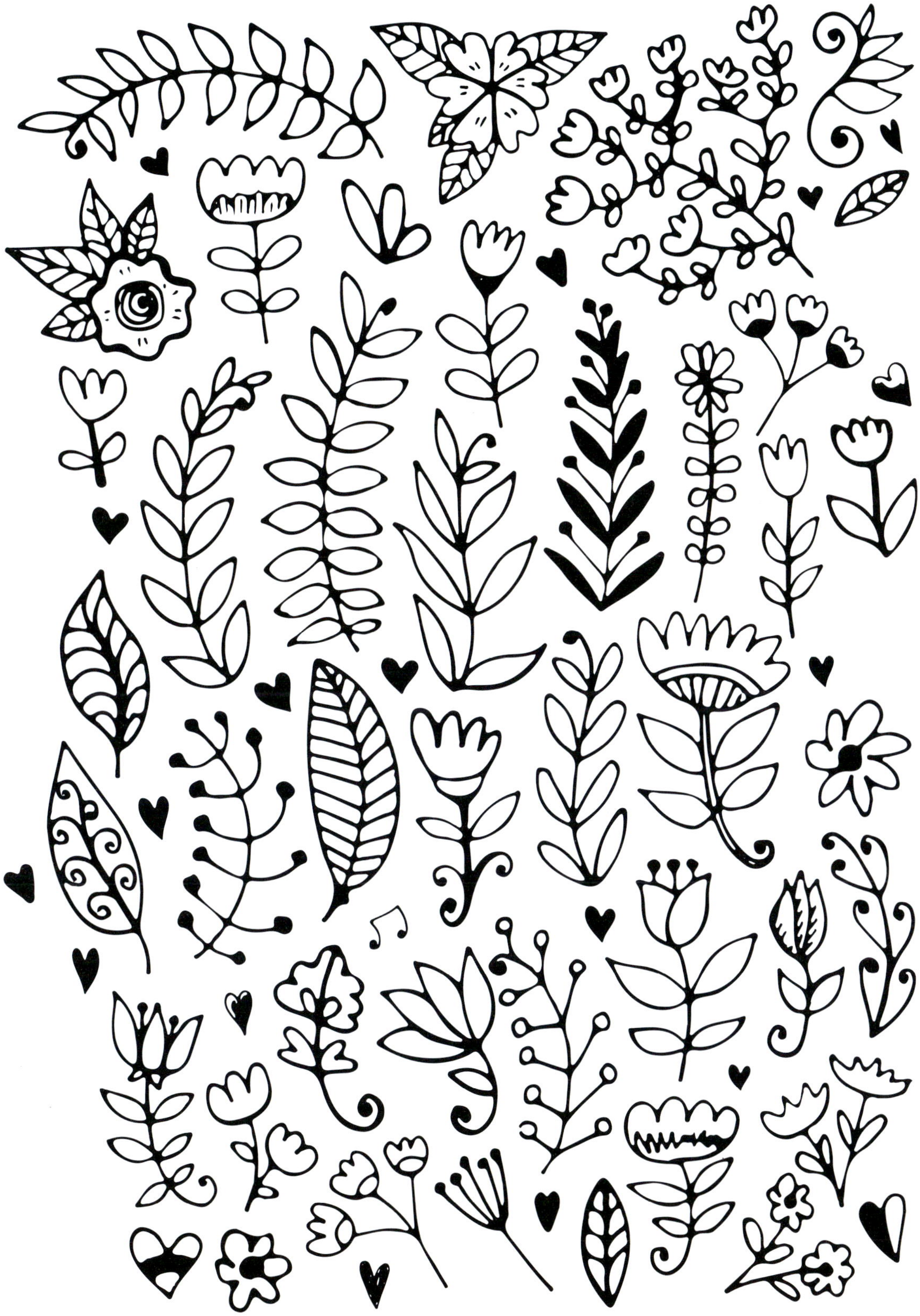

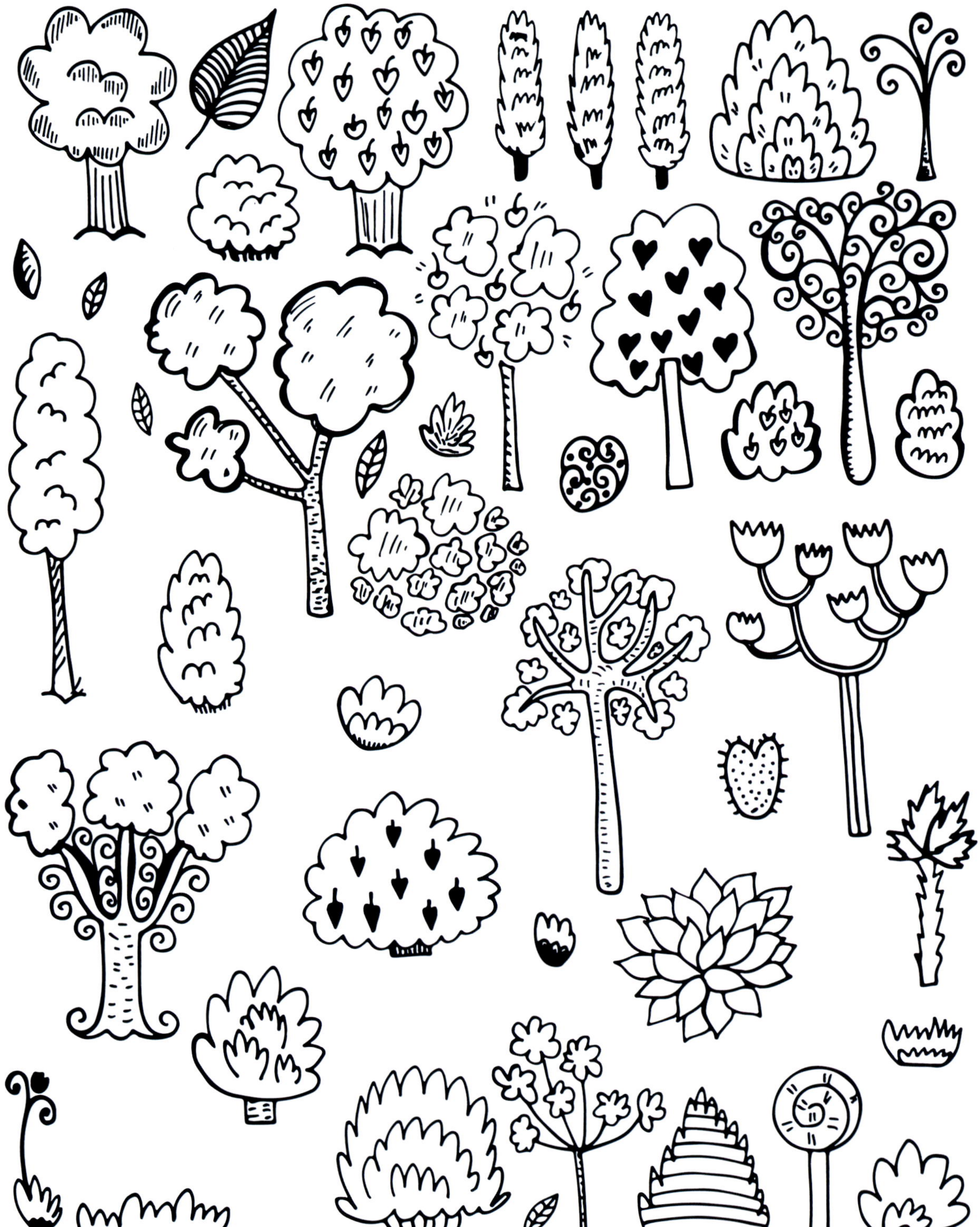

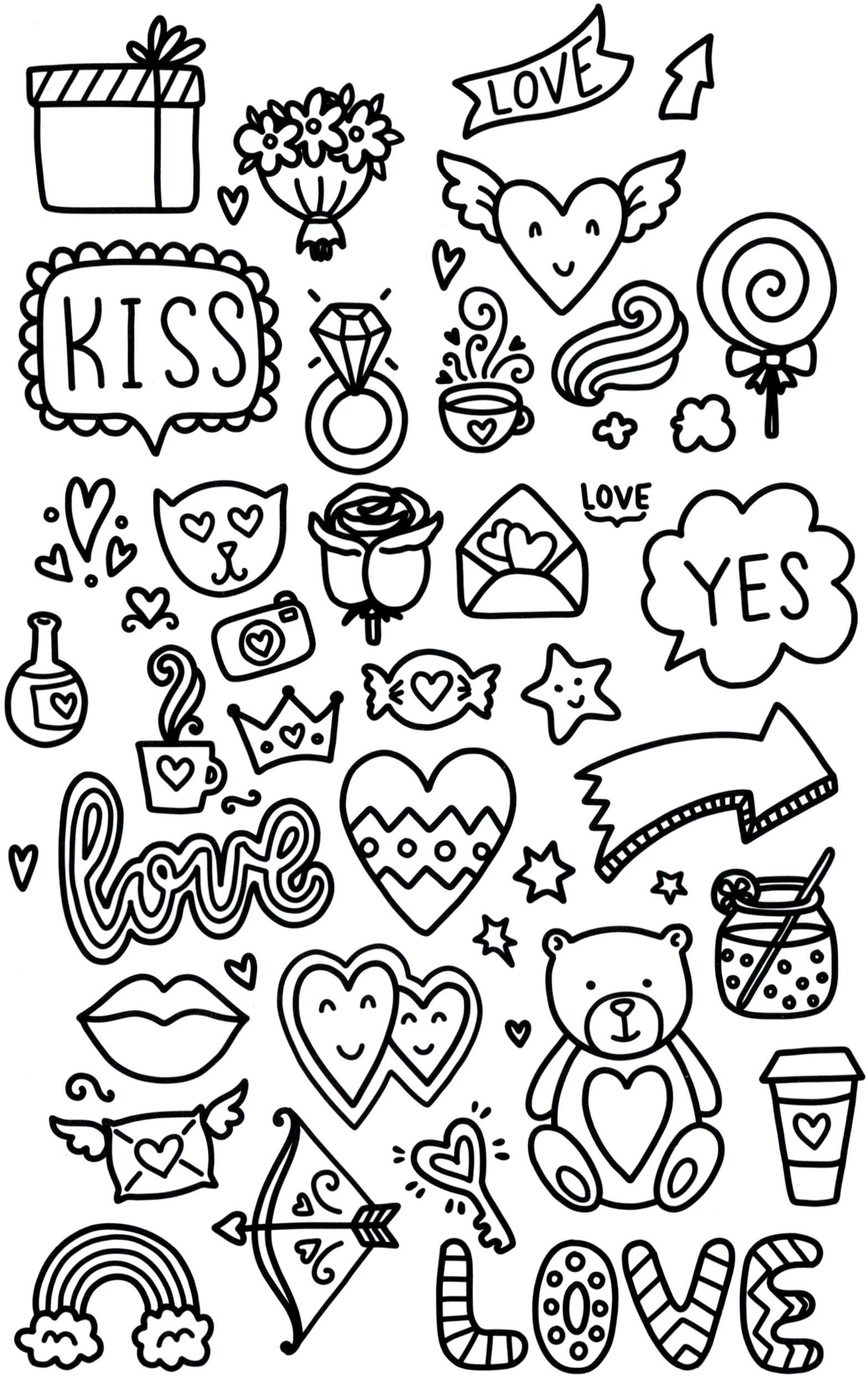
LOVE
KISS
LOVE
YES
love
LOVE

Love

Espresso
Latte
Americano
Coffee

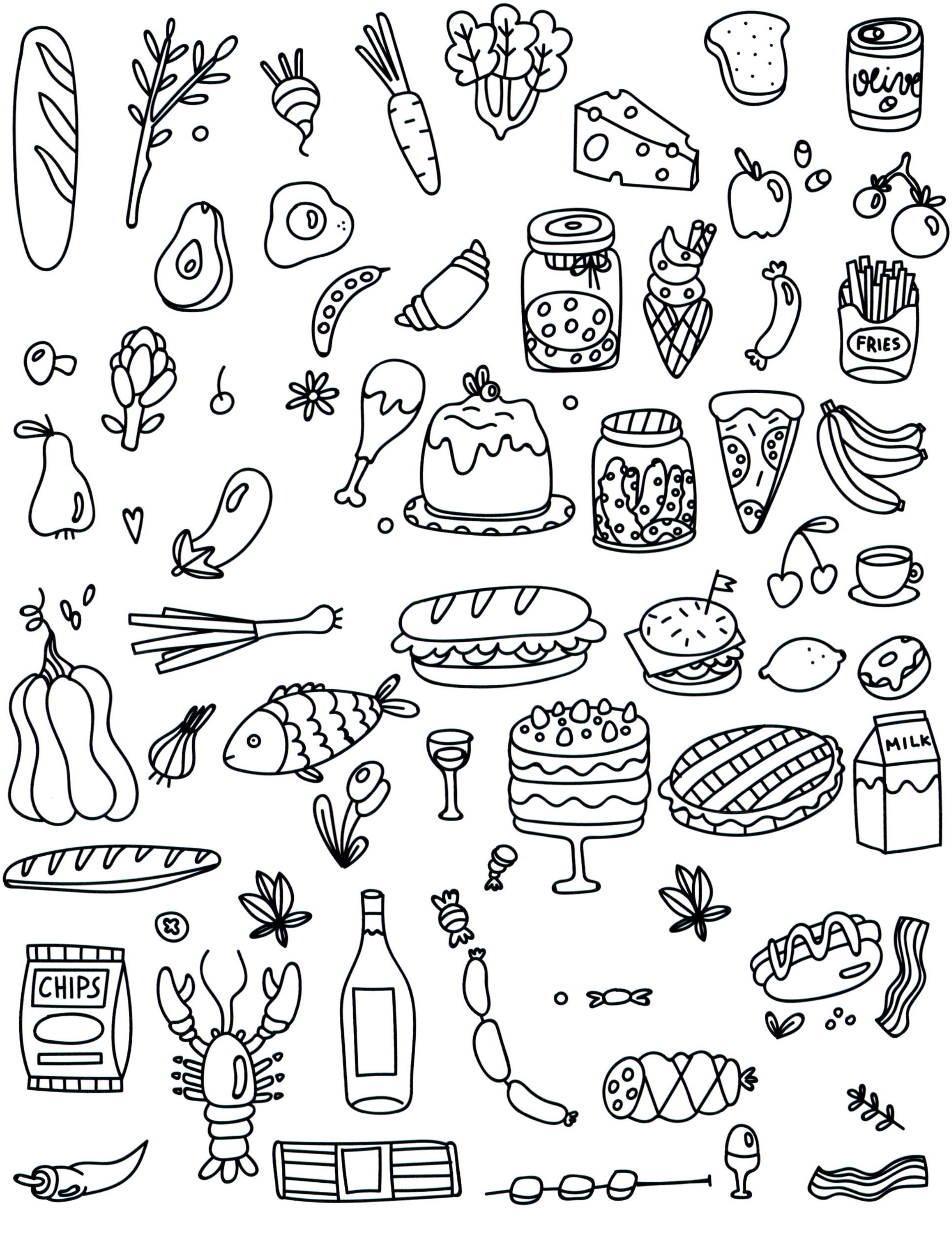
olive
FRIES
MILK
CHIPS

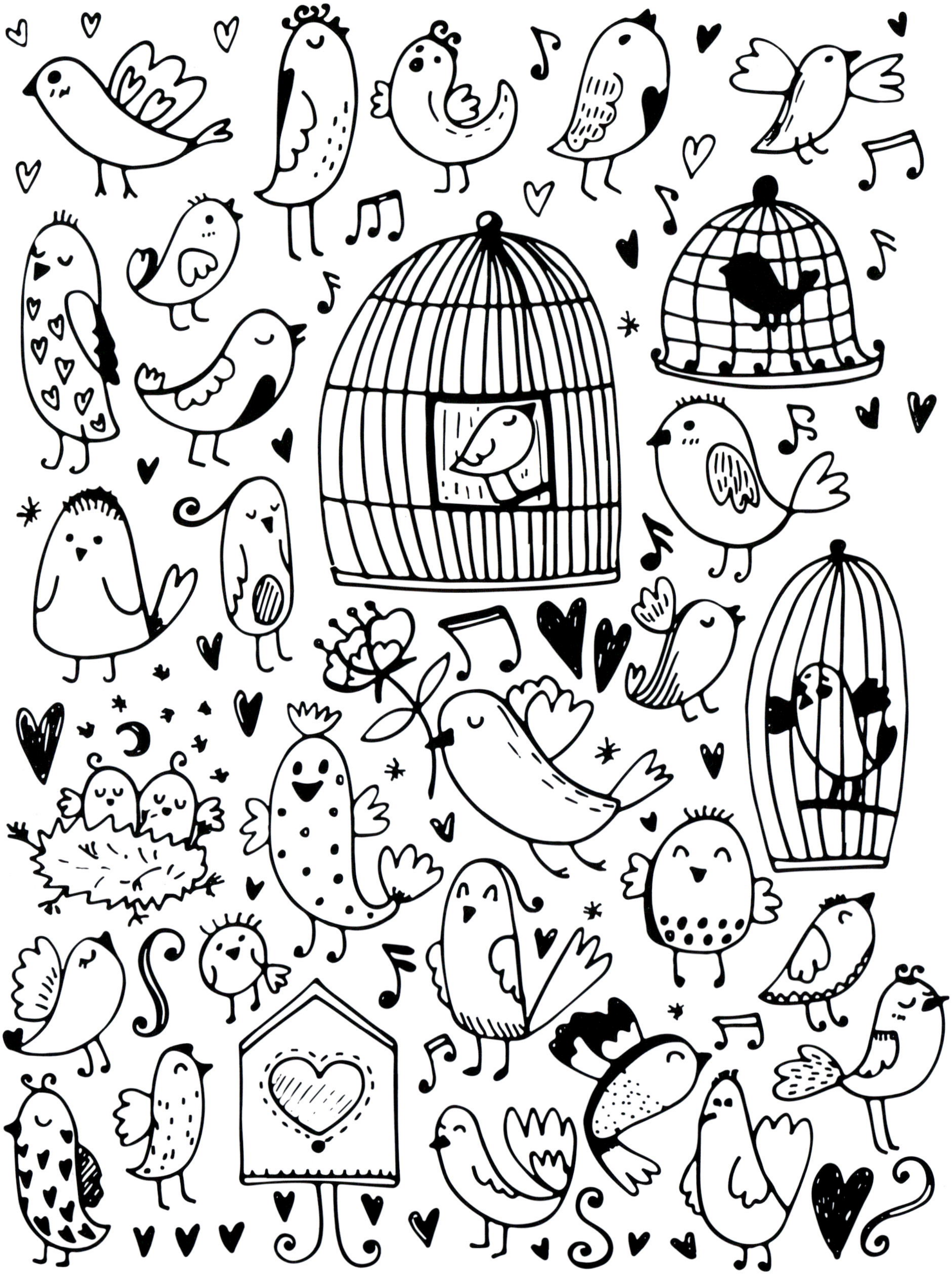

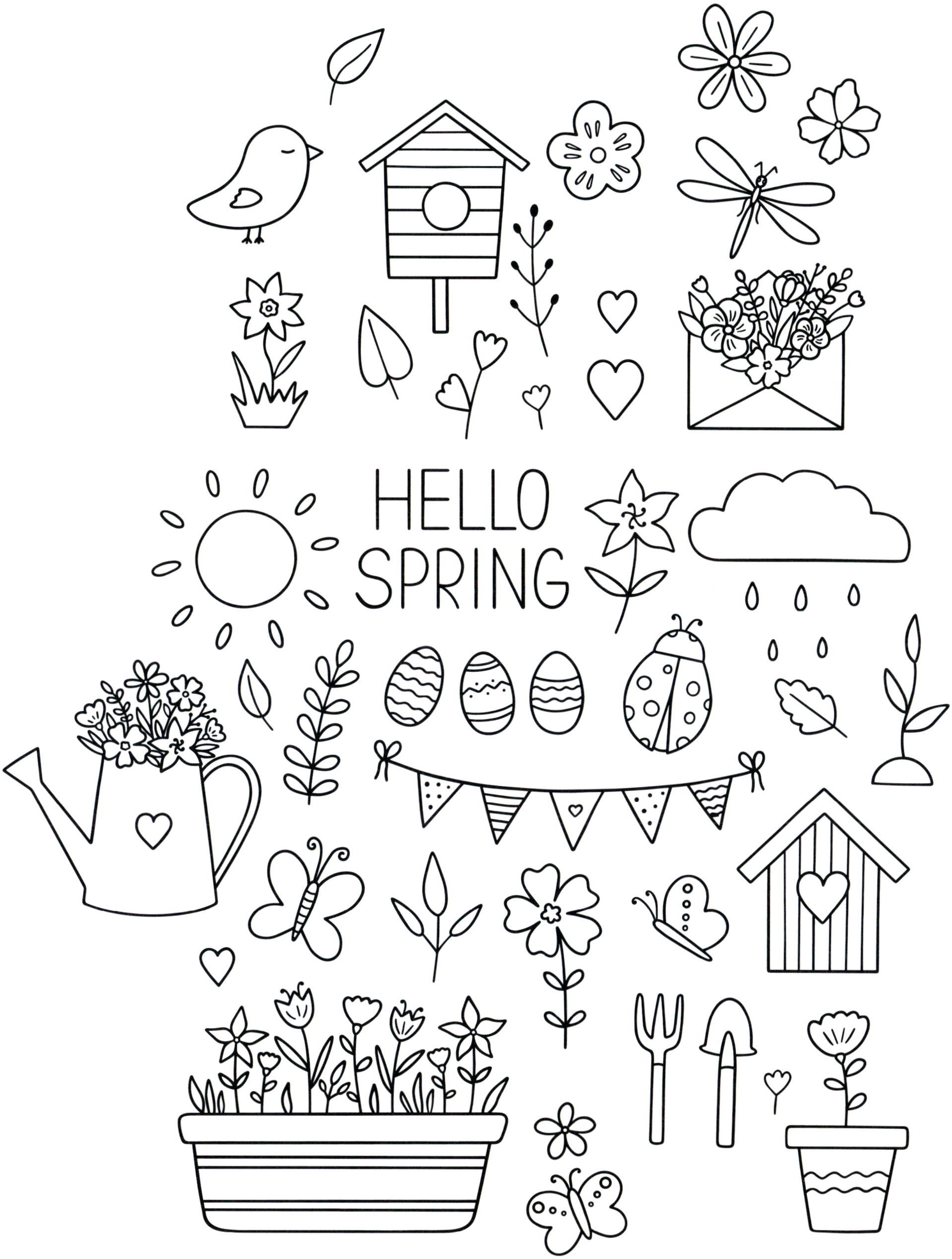
HELLO
SPRING

Sommer

Weihnachten & Neujahr

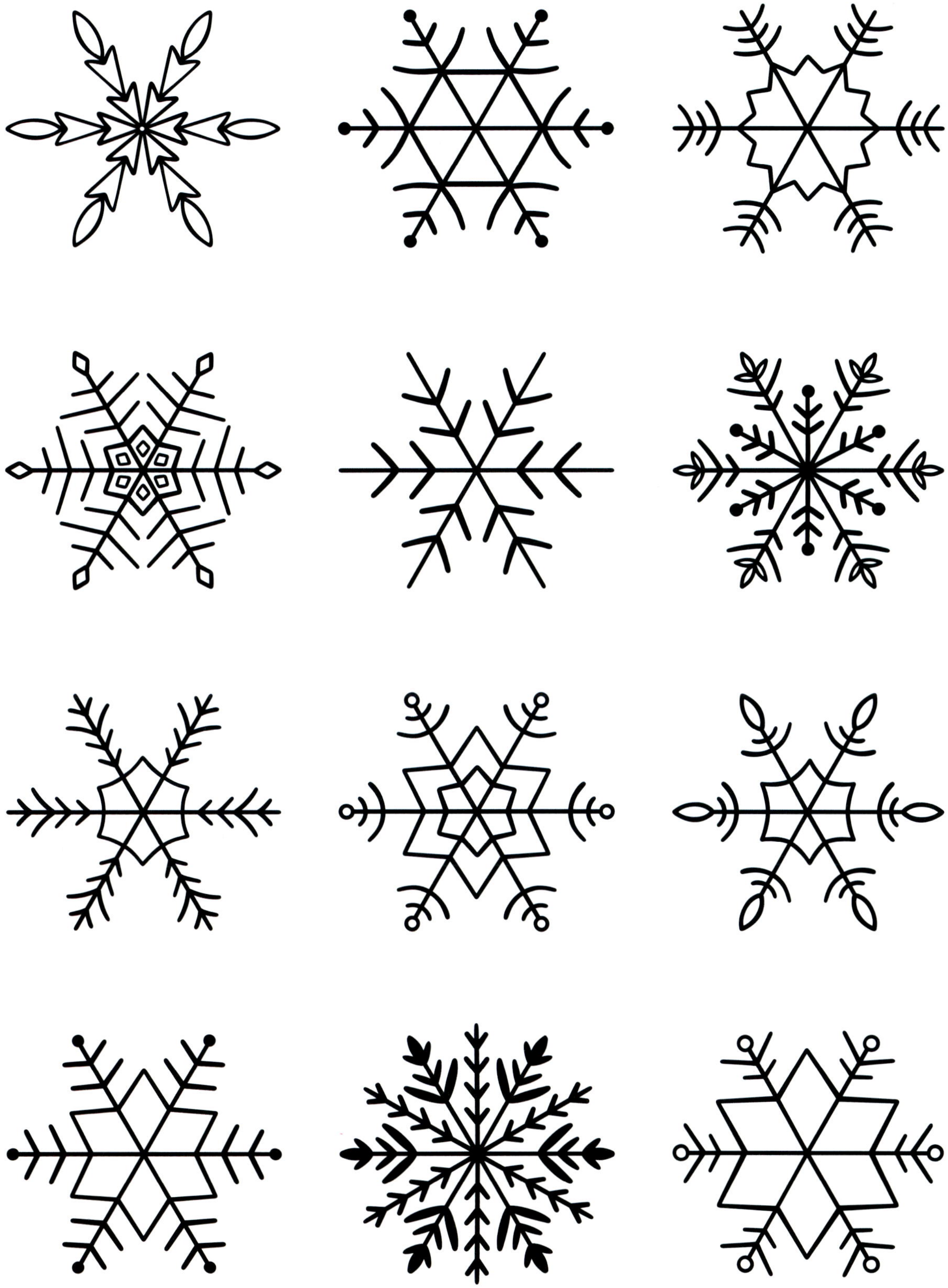

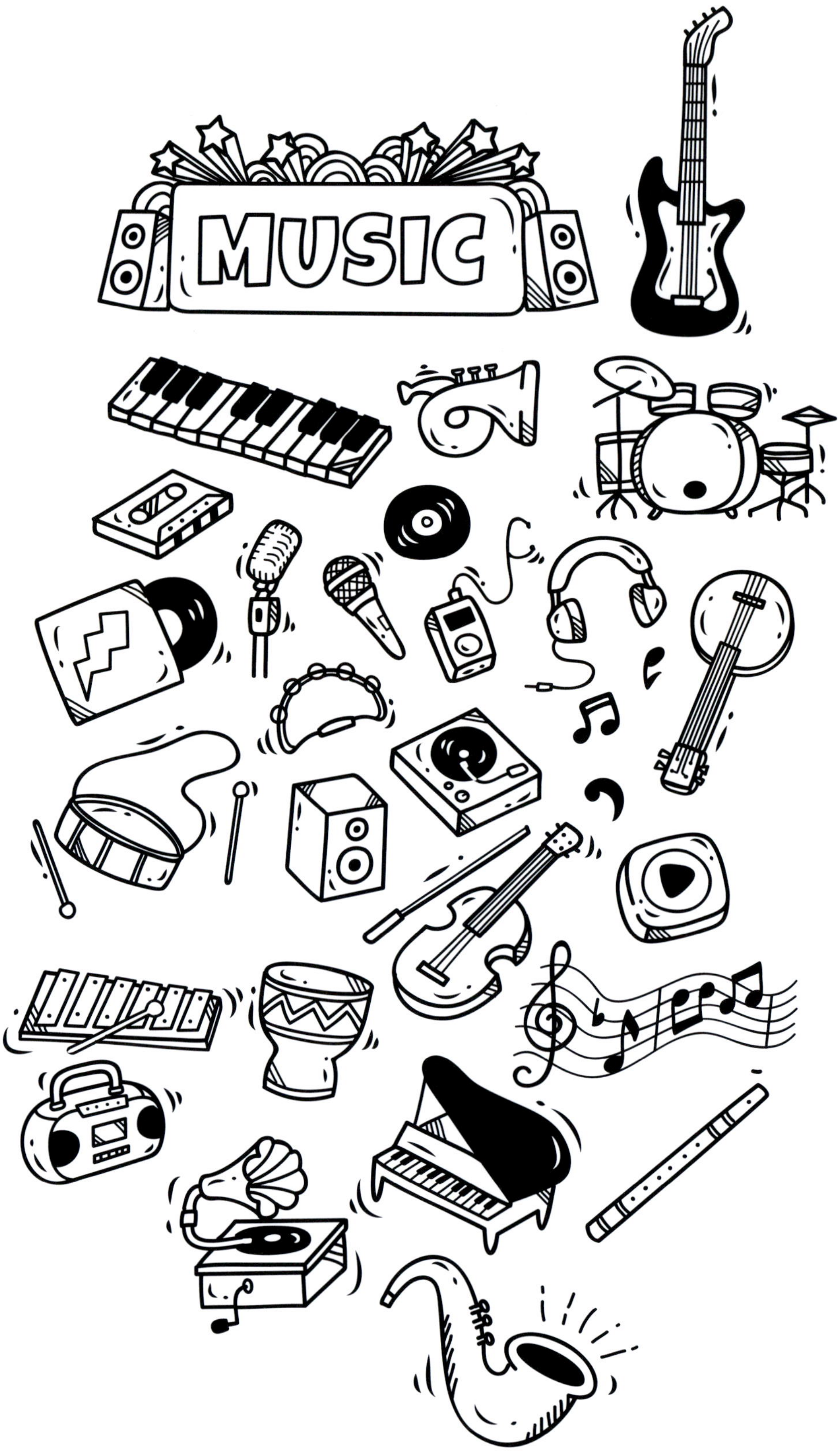
MUSIC

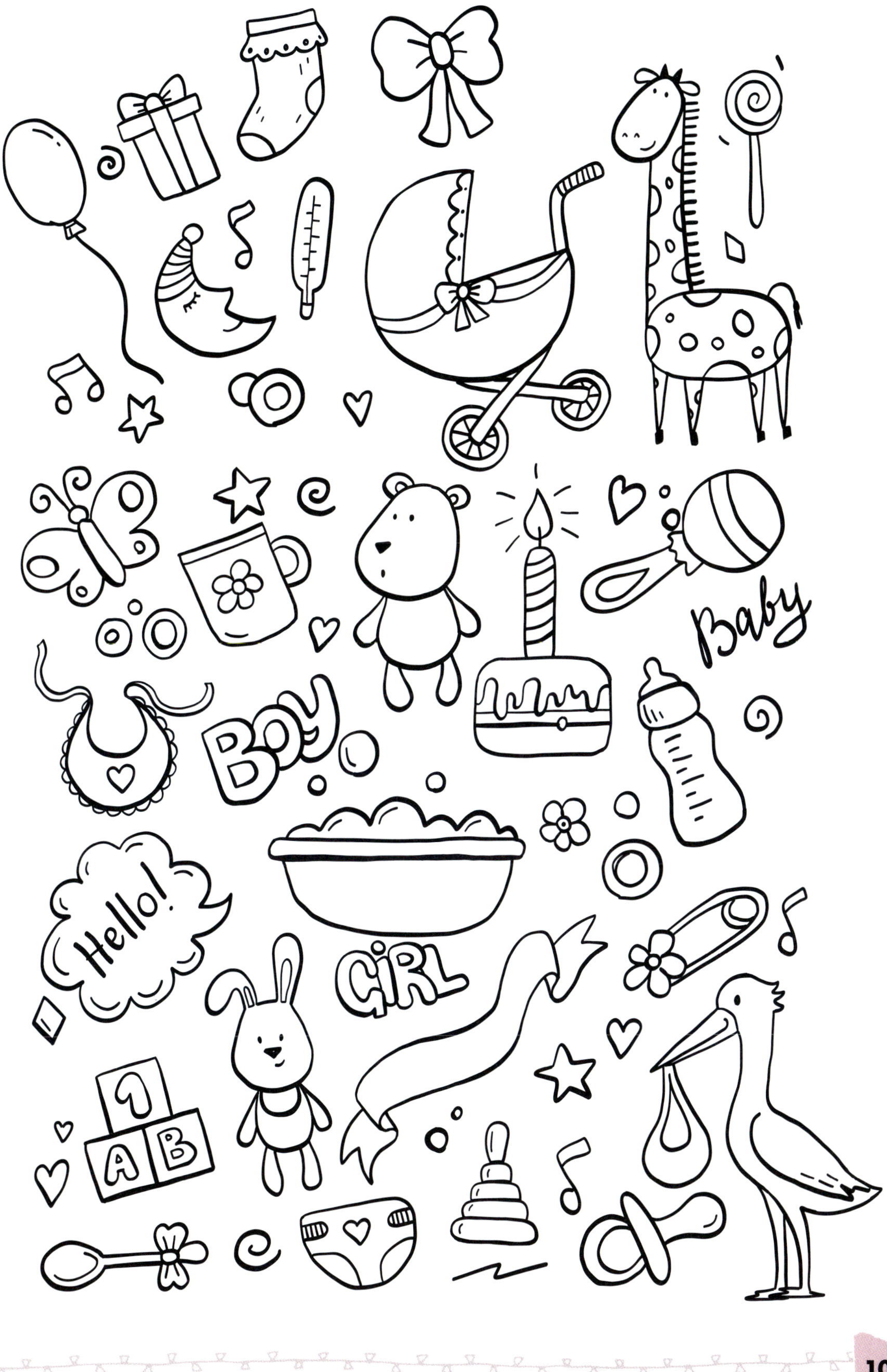
Baby
BOY
Hello!
GIRL
1
A B

Schule

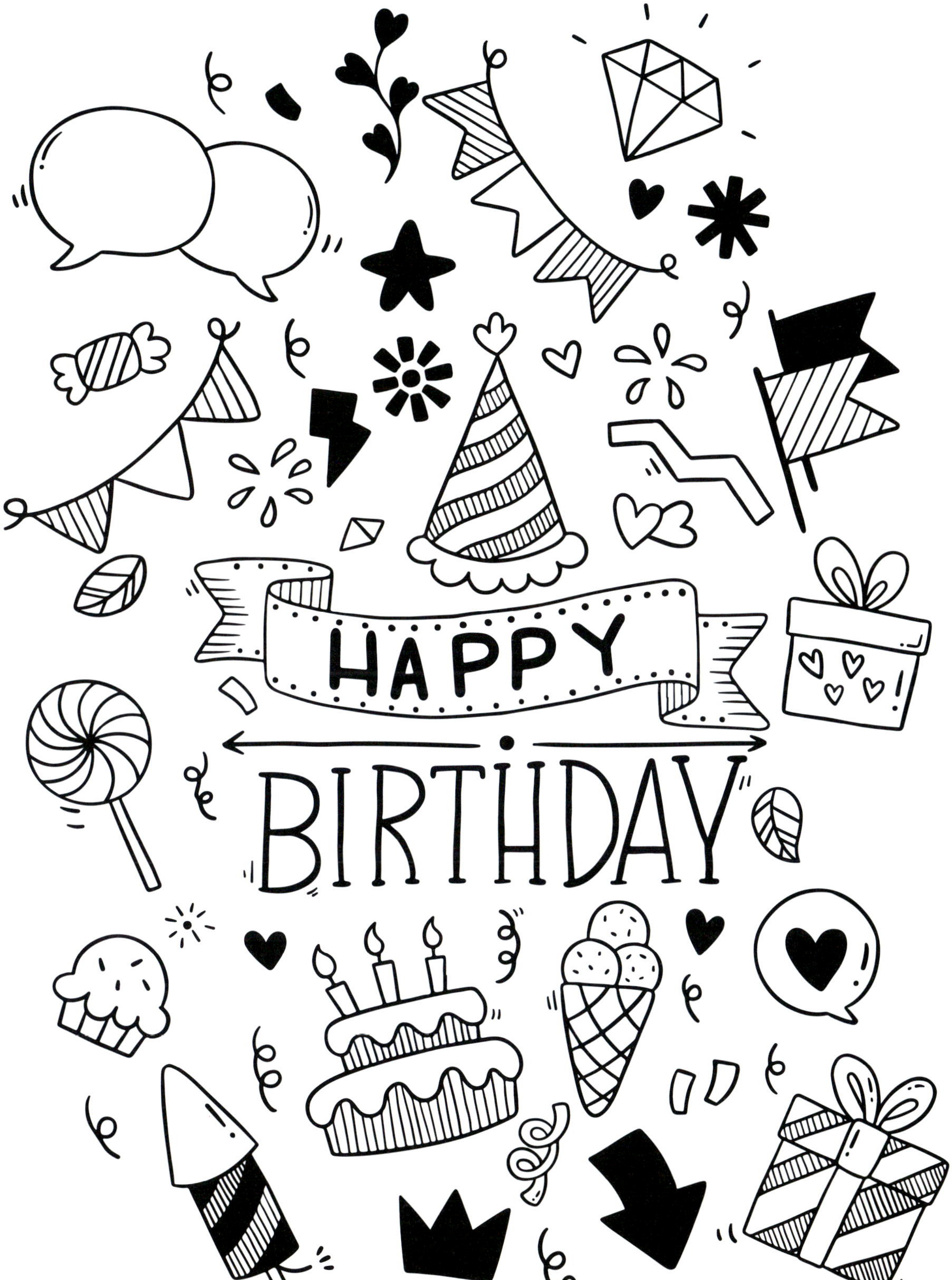
HAPPY
BIRTHDAY

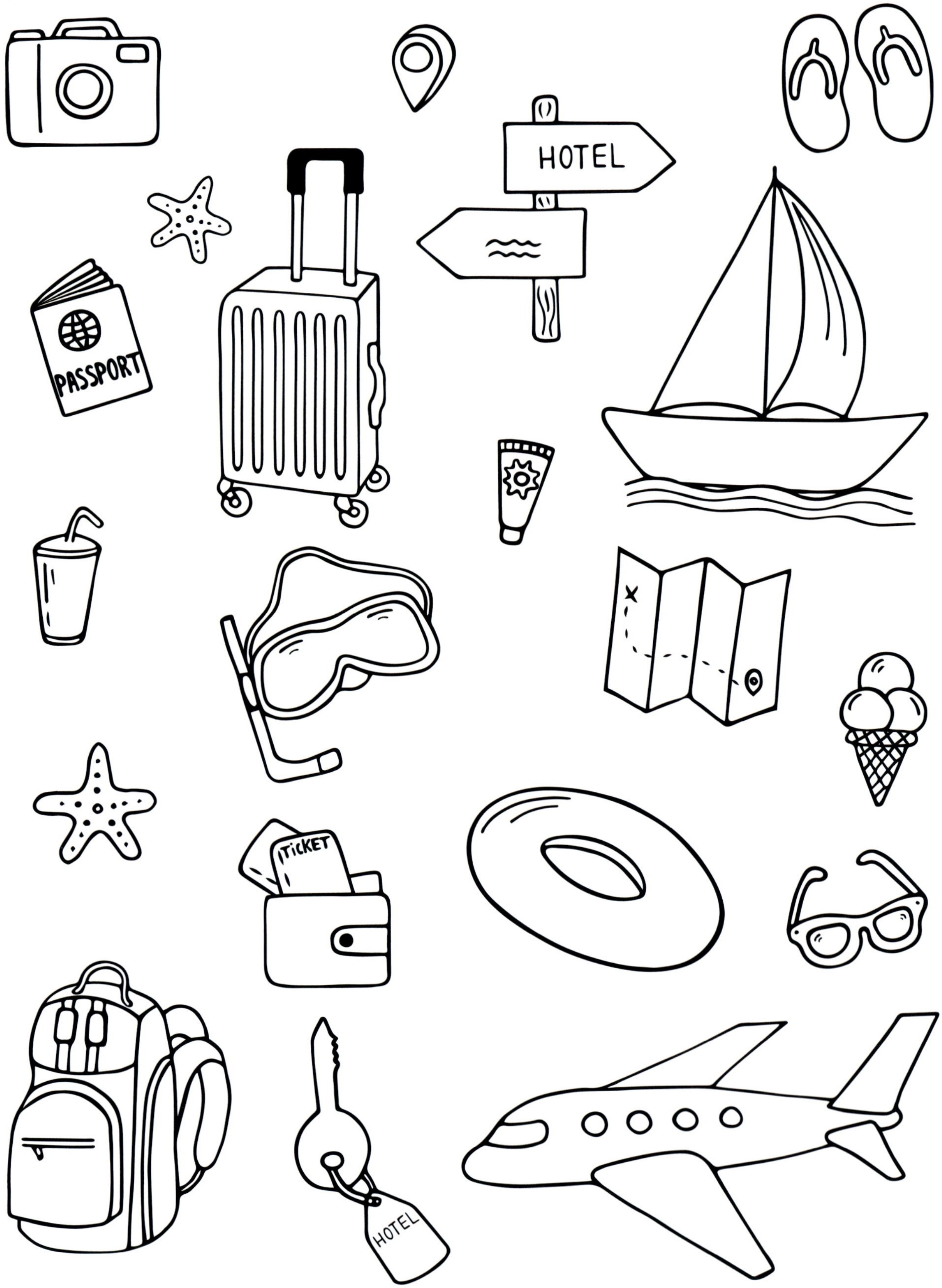
HOTEL
PASSPORT
TICKET
HOTEL

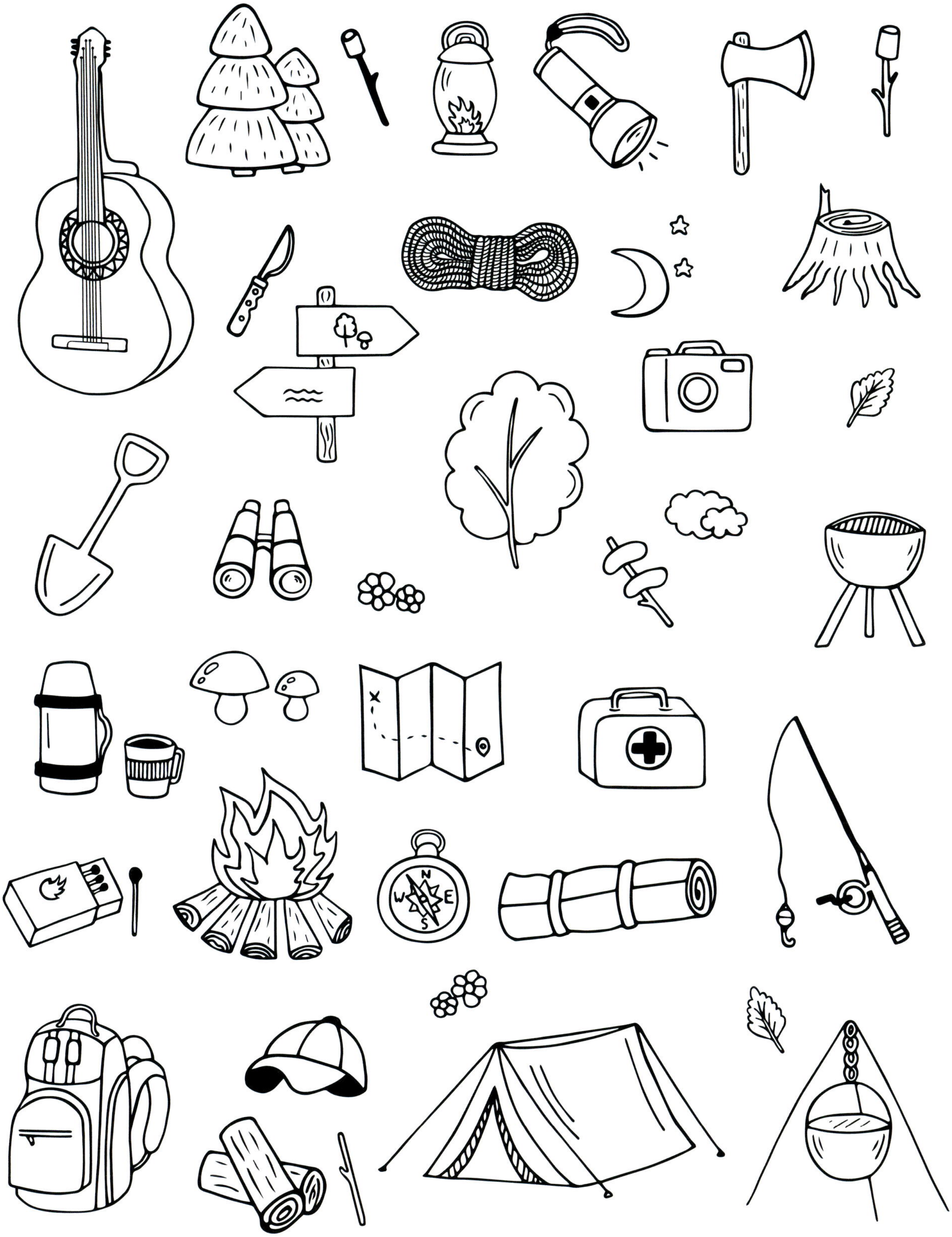

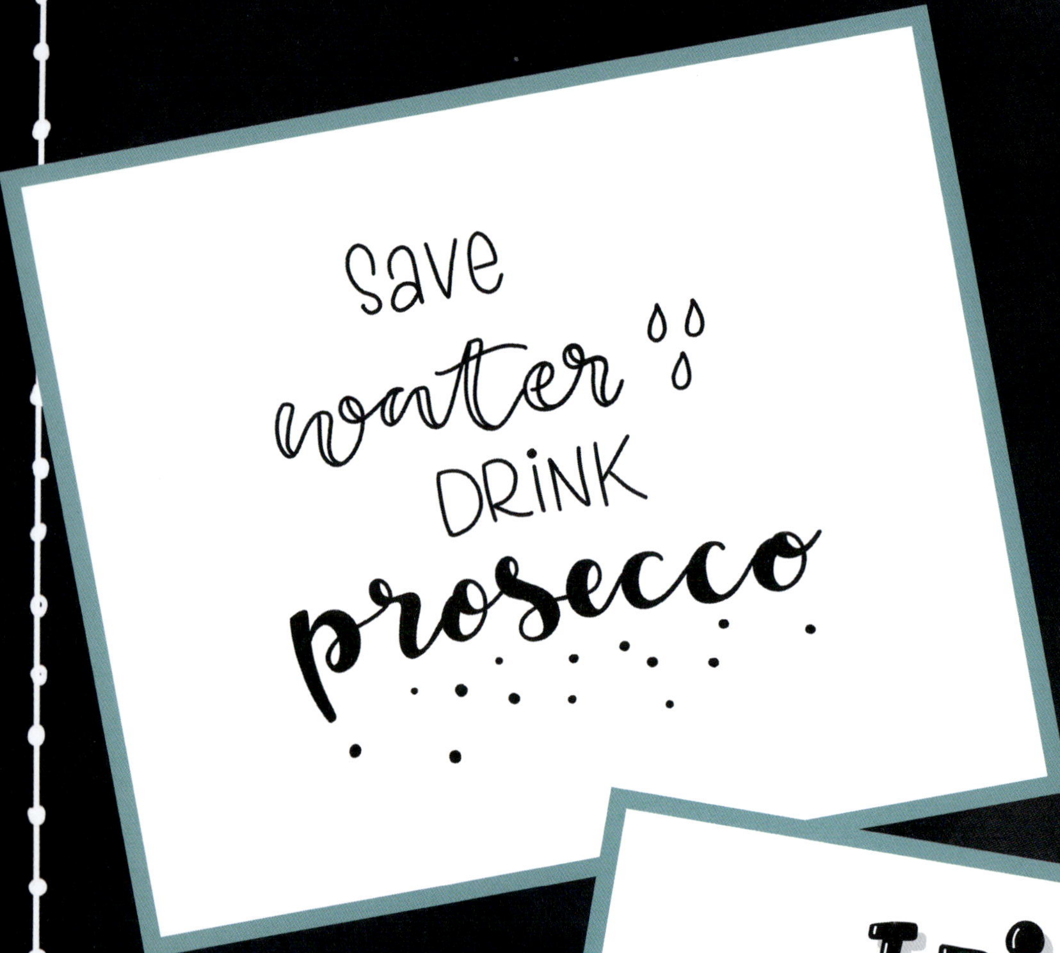
save
water
DRINK
prosecco

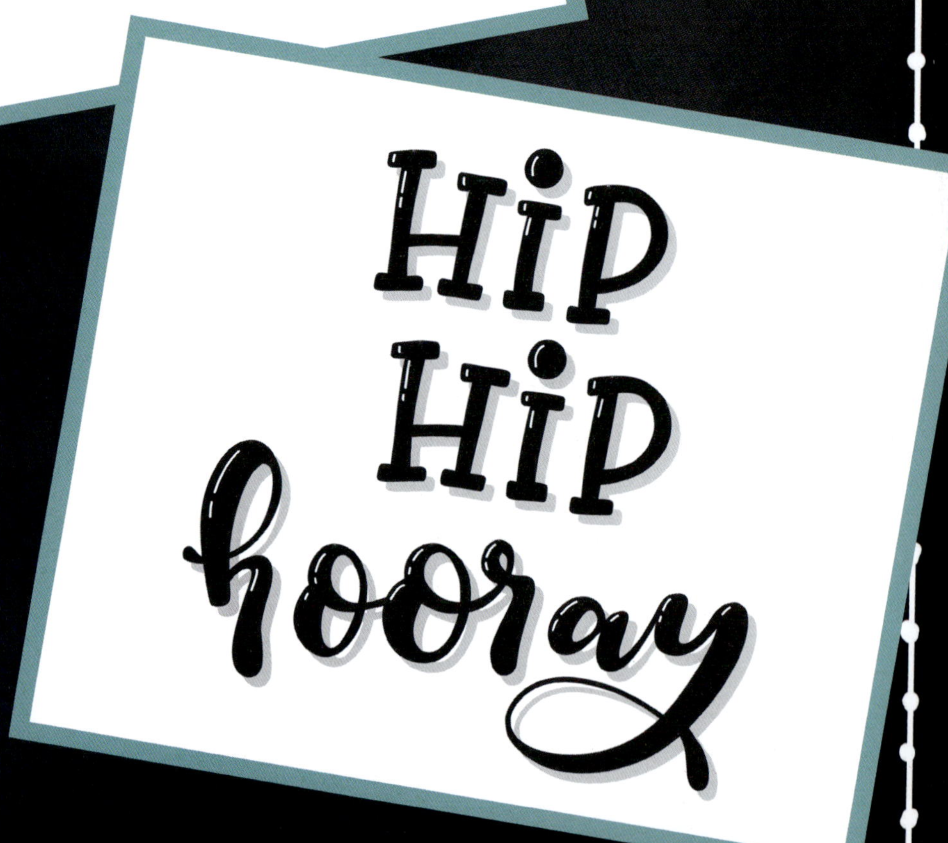
Hip
Hip
hooray

160 Sprüche

ES GIBT SO VIELE GELEGENHEITEN, BEI DENEN WIR GLÜCK WÜNSCHEN,
DAS LEBEN FEIERN ODER EINFACH NUR ZUSPRUCH SPENDEN MÖCHTEN.
IN DIESEM KAPITEL FINDEST DU EINE VIELZAHL AN SCHÖNEN, BERÜHRENDEN,
MUTMACHENDEN UND WITZIGEN SPRÜCHEN FÜR (FAST) JEDEN ANLASS.
OB GEBURTSTAG, EINSCHULUNG, HOCHZEIT ODER WEIHNACHTEN,
OB LIEBE GRÜßE, GUTE WÜNSCHE ODER INDIVIDUELLE EINLADUNGEN –
SCHÖNE, KREATIV IN SZENE GESETZTE LETTERINGS KOMMEN IMMER GUT AN.

AB DURCH DIE
Mitte

START TO
Dream
again

Übung
MACHT DEN
Meister

DURCH
DICK
UND
dünn

let's
dance

DU KANNST
M·E·H·R
ALS DU DENKST

tanz
mal
drüber
nach

Life
is
short
AND THE
WORLD
is
wide

fake it
UNTIL YOU
make it

HEUTE
IST MEIN
Lieblingstag

KEEP
CALM
AND
CREATE

create
something
today

Alles
Gute
zum
Alltag

MANCHMAL
WIRD ES ERST
...... gut
WENN WIR ES
gut sein
lassen

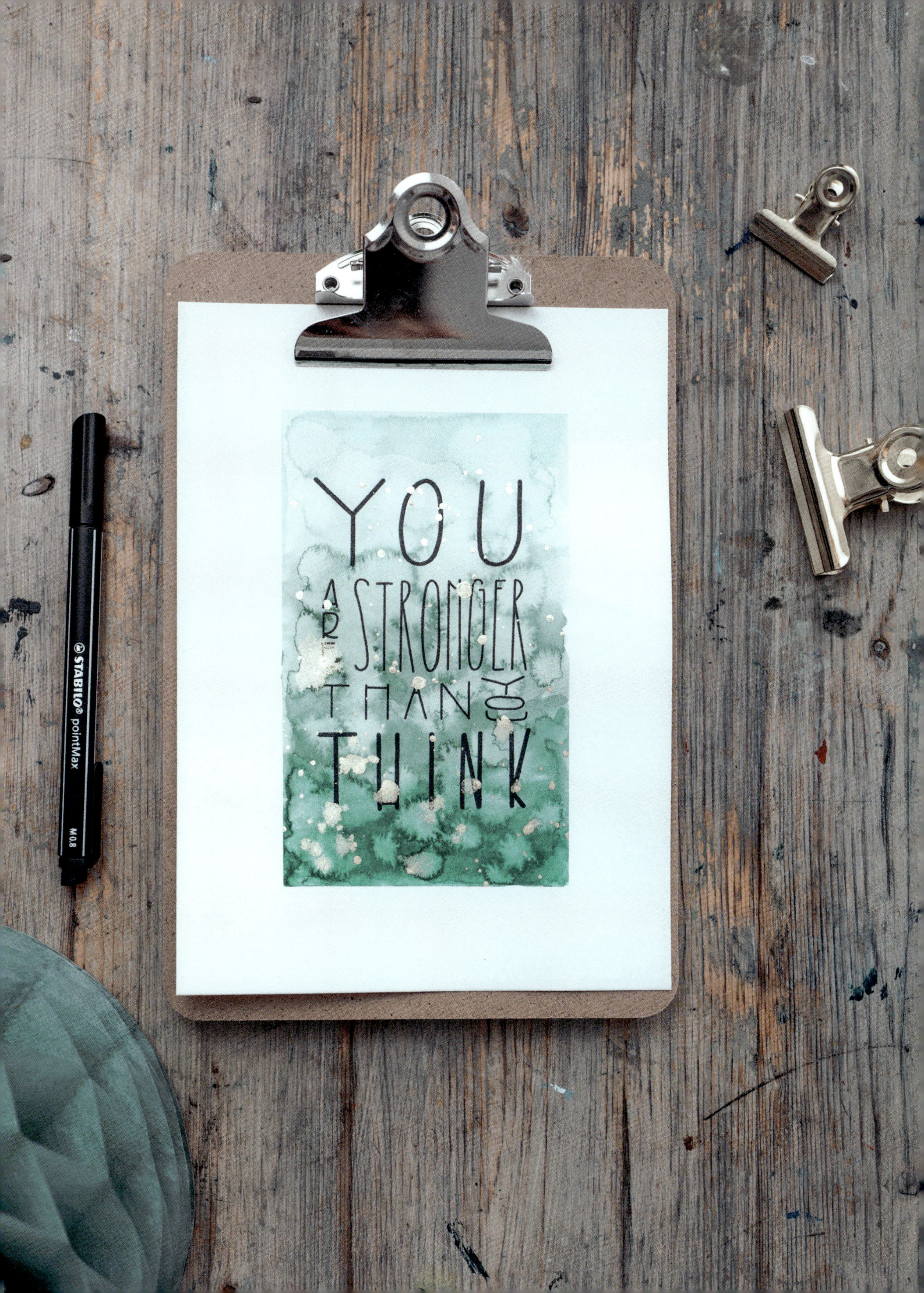
YOU
ARE STRONGER
THAN YOU
THINK
STABILO pointMax
M 0.8

machen ist wie wollen nur besser

Hip Hip hooray

Dieser Tag kann Spuren von Müssen enthalten

für dich soll es heute Konfetti regnen

ACHTUNG! Kekse lassen deine Kleidung schrumpfen!

be you tiful

Wer bin ich? und wieso so früh?

Älter ist wie jung nur besser

es Gibt
viel
ZU TUN...
fangt SCHON
MAL an !

Das ist Keine
Unordnung,
HiER LiEGEN NUR
überall
IDEEN
RUM!

Essen gut
alles gut!

live
love
sparkle

dein Leben
ist so bunt,
wie du dich
traust es
auszumalen

LOOK
UP
to the
stars

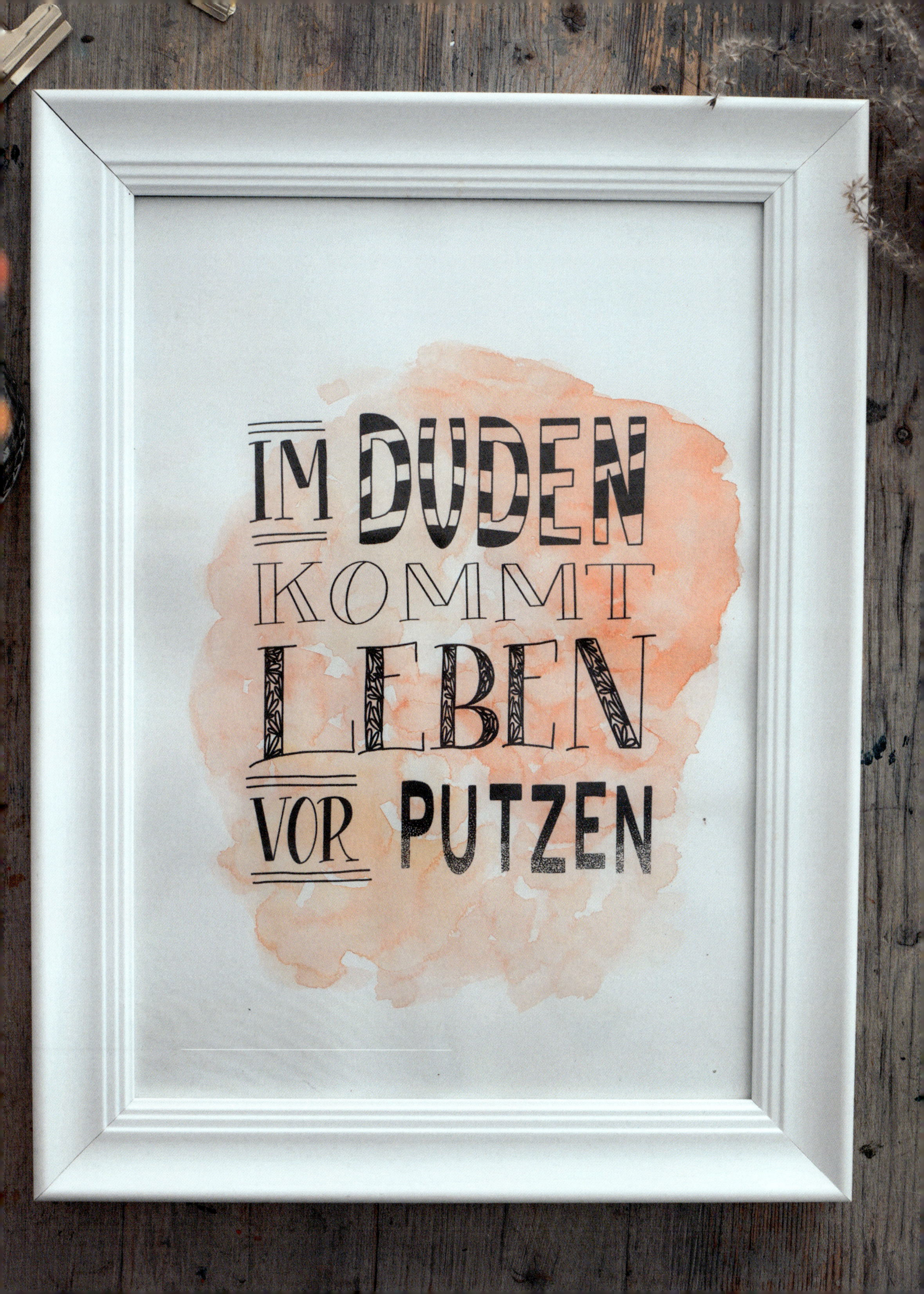
IM DUDEN
KOMMT
LEBEN
VOR PUTZEN

let's go wine tasting on the couch

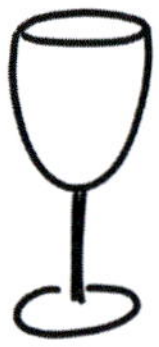

Fehler sind was für Anfänger
Könner produzieren Katastrophen

Ich bin nicht perfekt... aber nah dran!

Steig ein wir fahren ans Meer

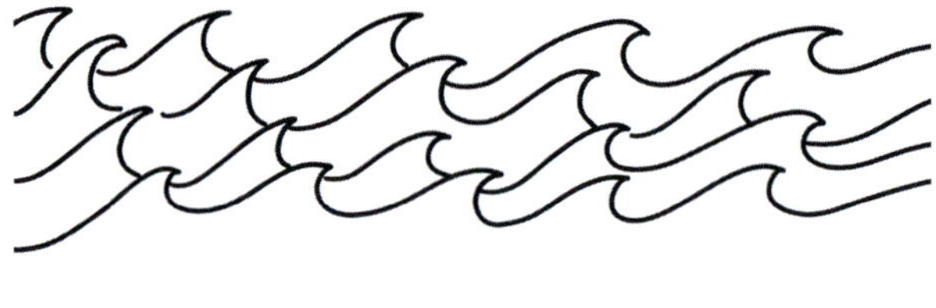

DER FRÜHE
Vogel
KANN DEN WURM
HABEN.
ICH NEHM DEN
Kaffee!

You
ARE
the Gin to
my tonic

save
water
DRINK
prosecco

Nimm dir Zeit für Meer

Stars can't shine without darkness

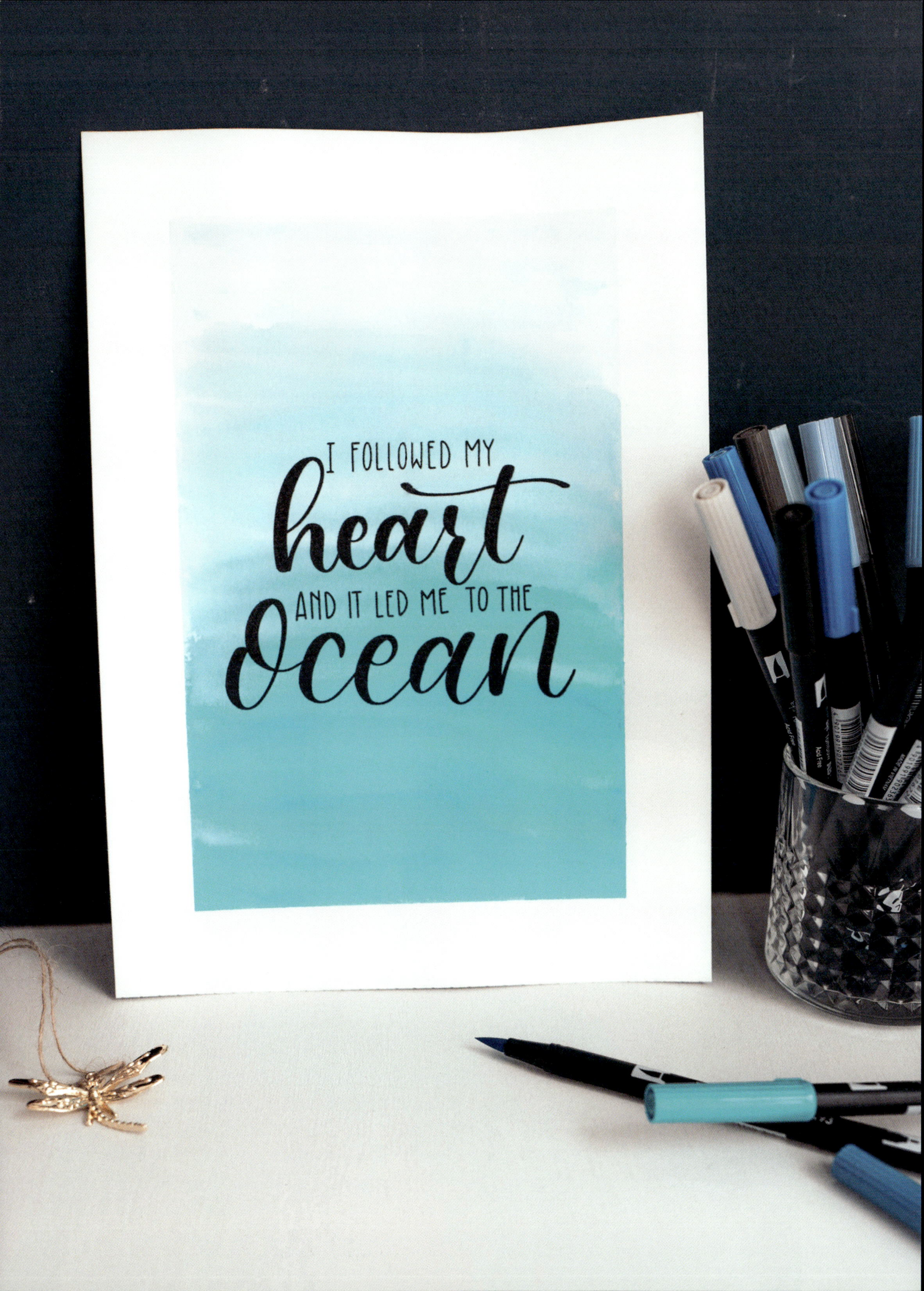
I FOLLOWED MY
heart
AND IT LED ME TO THE
ocean

Was mich nicht GLÜCKLICH macht kann weg

Das Leben ist wie Zeichnen – nur ohne Radiergummi

Wo ein Wille ist sollte kein Sofa sein

Wage es zu träumen

NEUE

Wege

entstehen beim

Gehen

Wenn man vor

lauter

Lachen

weint, entsteht

übrigens ein

Regenbogen

im Kopf

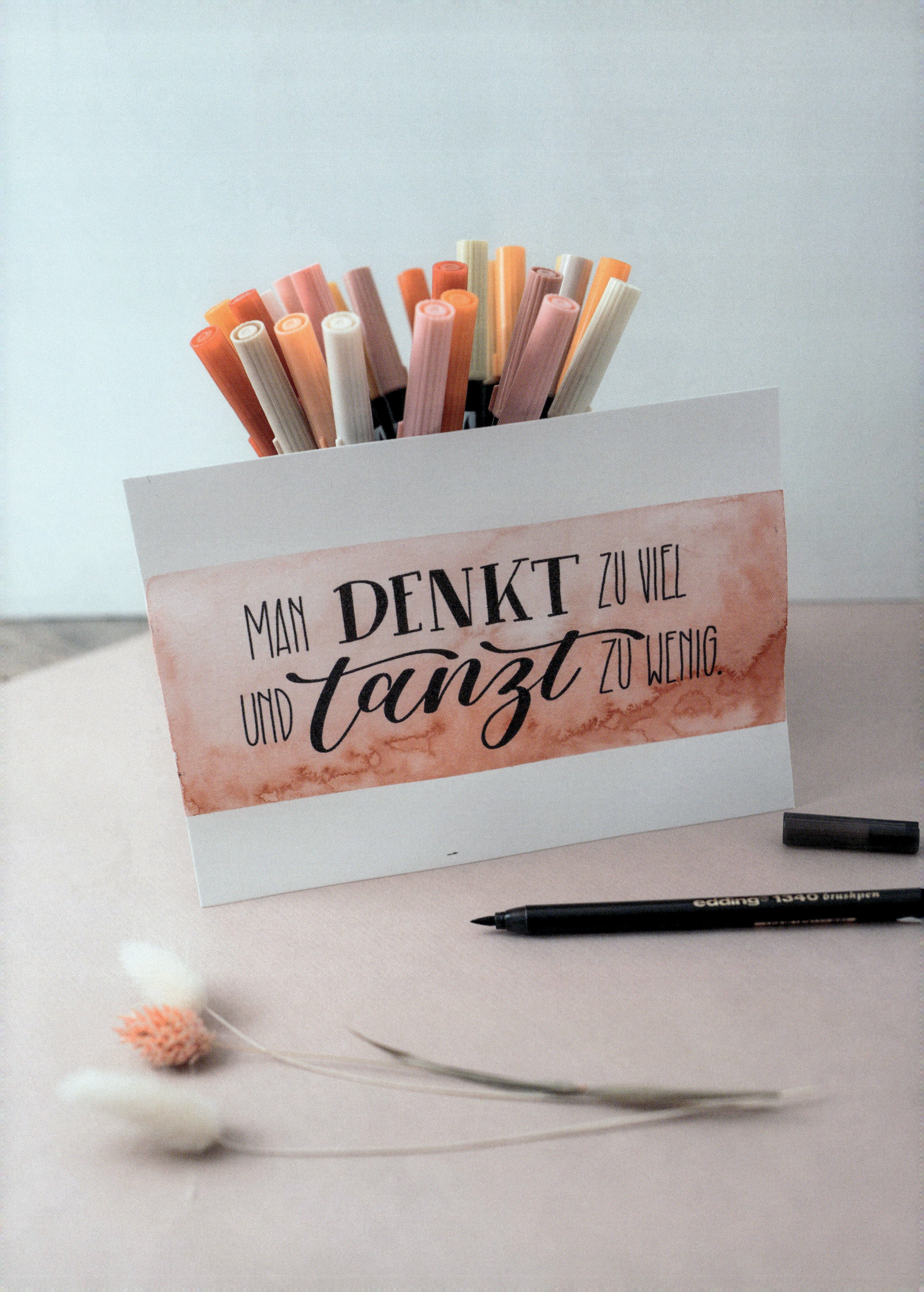
MAN DENKT ZU VIEL
UND tanzt ZU WENIG.
edding 1340 brushpen

jetzt ist die beste Zeit

ich bin halt glücklicher, wenn du DA BIST!

Mut steht am Anfang des Handelns, Glück am Ende

Familie
ist, wo
Leben
beginnt
und Liebe
niemals
endet

shine
all
day

sea
sand
waves

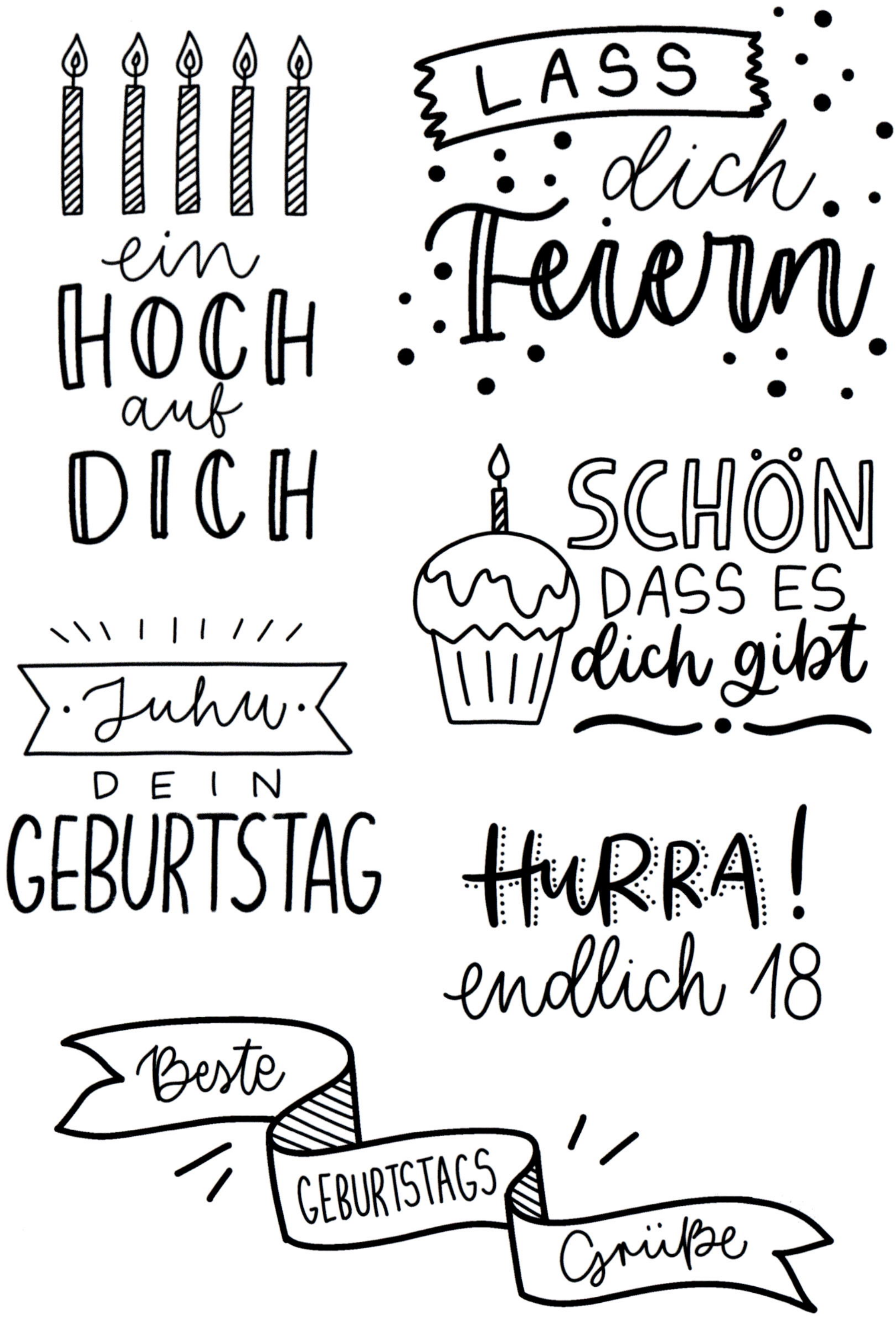
ein HOCH auf DICH
LASS dich Feiern
SCHÖN DASS ES dich gibt
Juhu DEIN GEBURTSTAG
HURRA! endlich 18
Beste GEBURTSTAGS Grüße

ALLES Liebe zum Geburtstag

happy birthday

HAPPY BDAY

hoch SOLLST du leben

alles Gute zum GEBURTSTAG

Häpi Börs dai

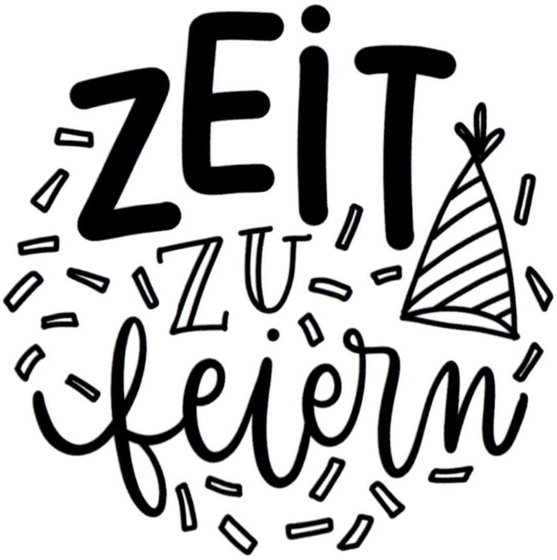
ZEIT
ZU
feiern

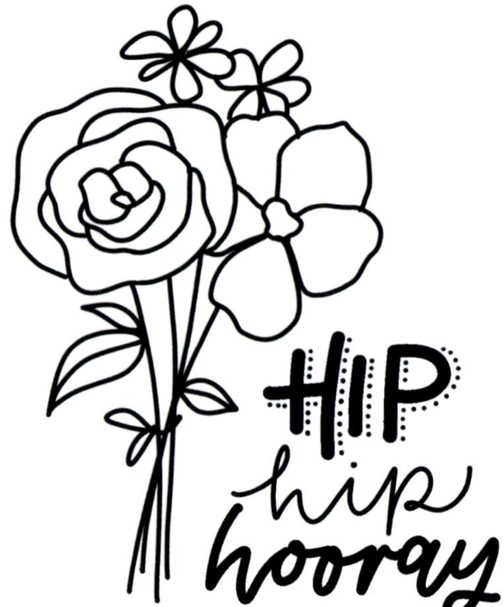
HIP
hip
hooray

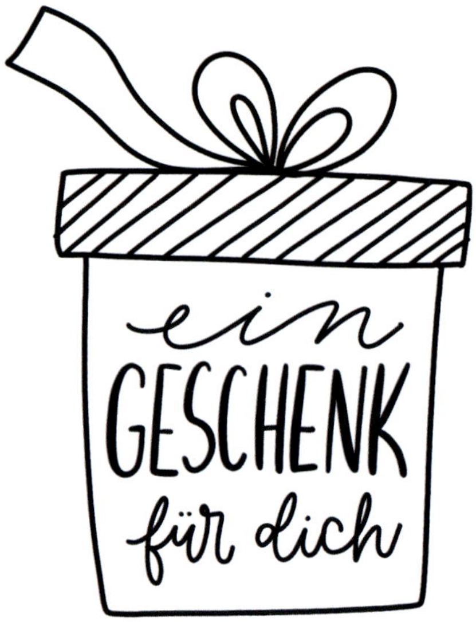
ein
GESCHENK
für dich

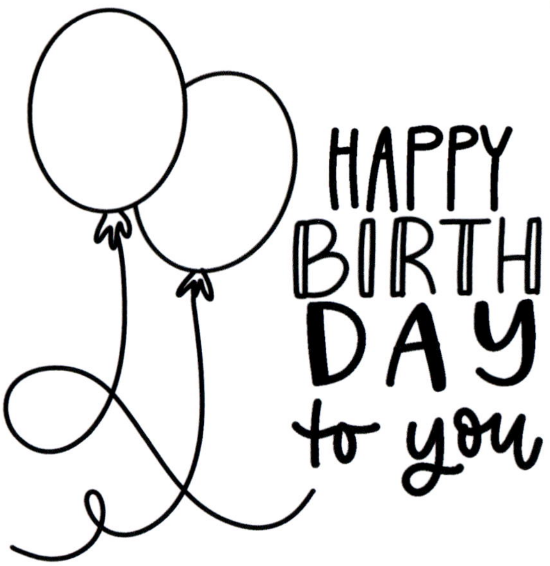
HAPPY
BIRTH
DAY
to you

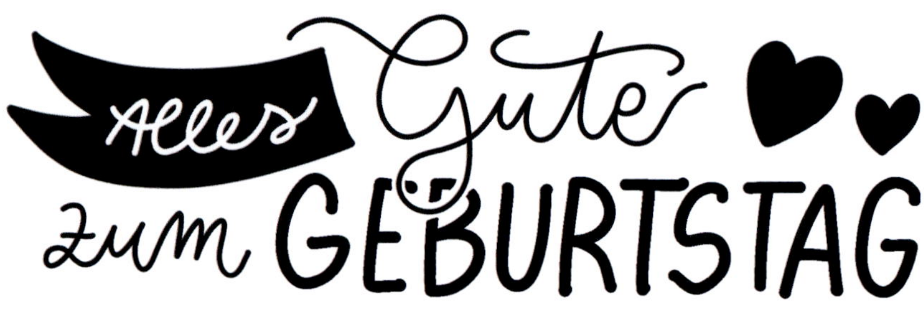
Alles Gute
zum GEBURTSTAG

von:

für:

wünsch DIR WAS

Zieh DEIN Glück

GUTSCHEIN für dich

Wunscherfüller

DEIN Gutschein

Hochzeit

Trauung

Heirat

Ja-Wort

wir heiraten

better together

Save the DATE

Du
Ich
Wir

WIR SAGEN ja

HERZLICH
Willkommen
ZUR
Hochzeit
VON
Mareike
& Karsten
12. AUGUST 2024

HAPPILY
ever
AFTER

Hand
IN
Hand
EIN
Leben
lang

immer
& ewig

AND SO
THE
Adventure
BEGINS

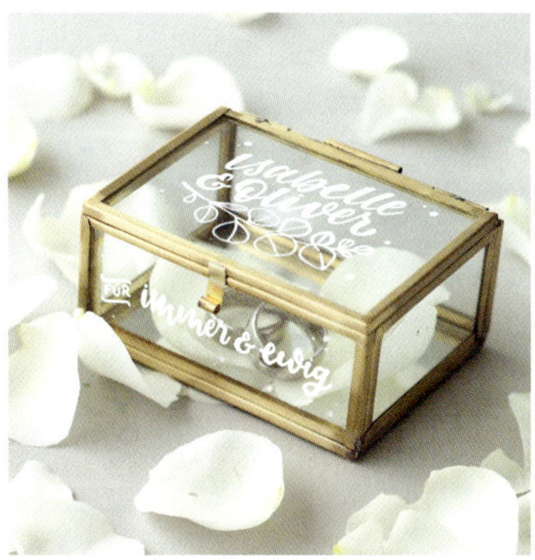

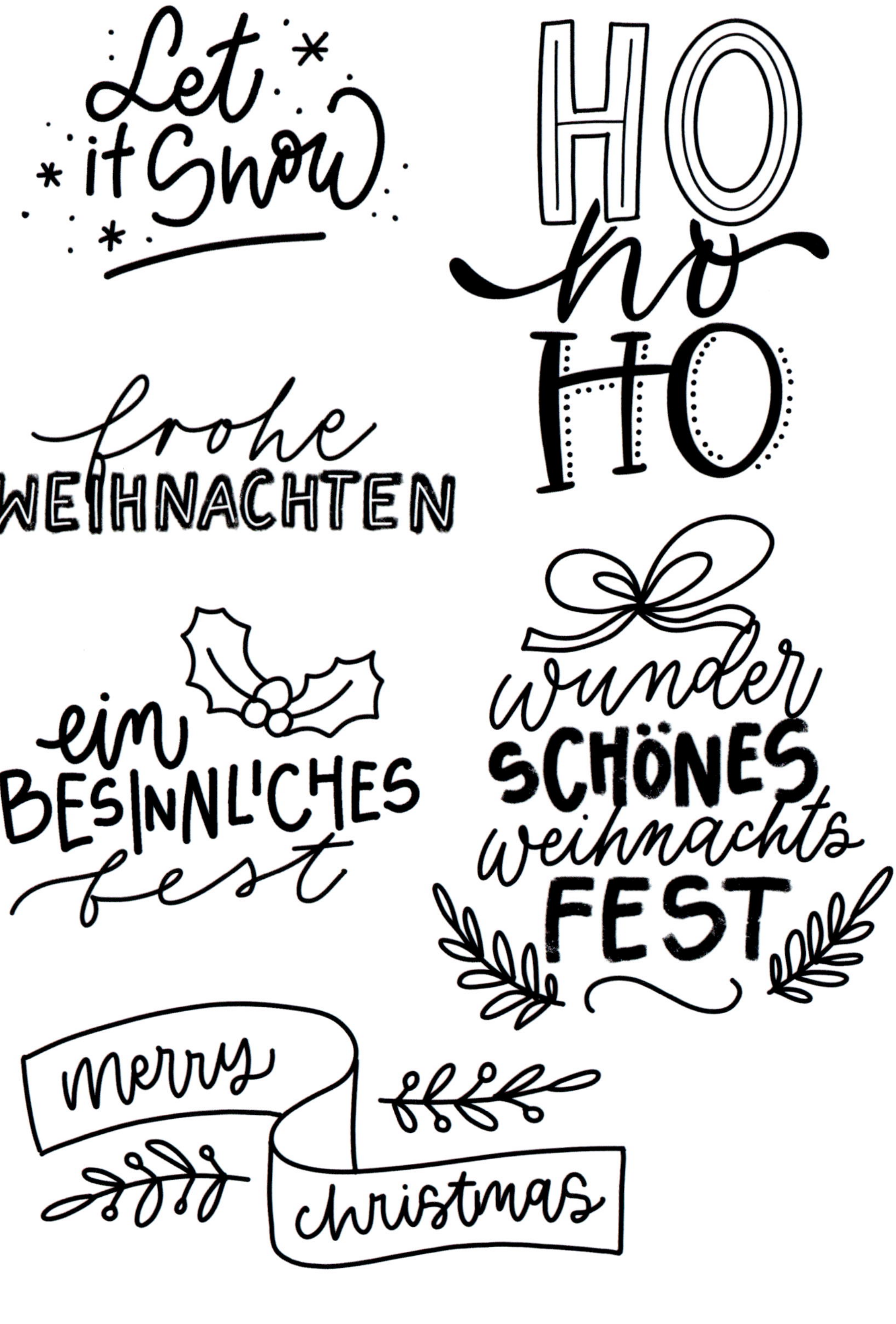
Let it Snow
HO
ho
HO
frohe
WEIHNACHTEN
ein
BESINNLICHES
fest
wunder
SCHÖNES
weihnachts
FEST
merry
christmas

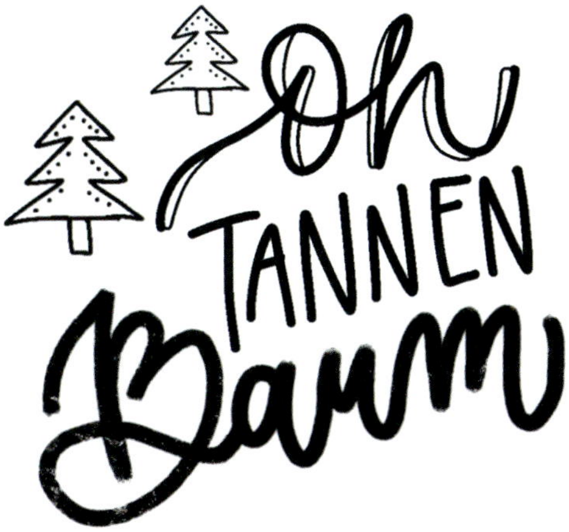
Oh
TANNEN
Baum

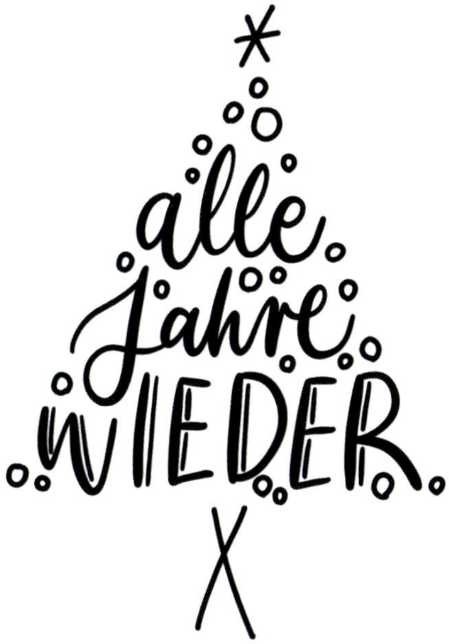
alle
Jahre
WIEDER

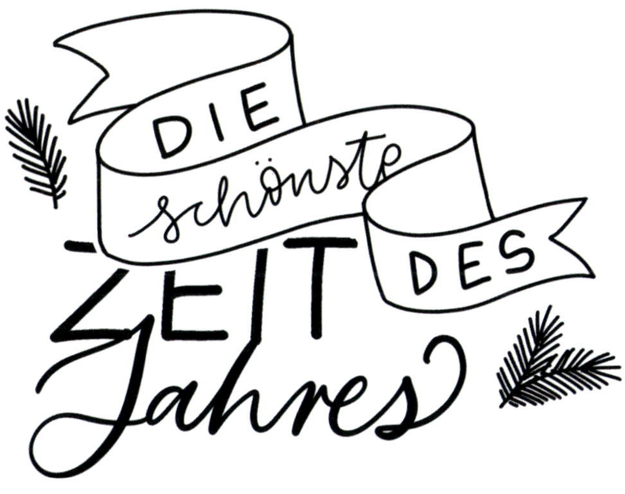
DIE
schönste
ZEIT DES
Jahres

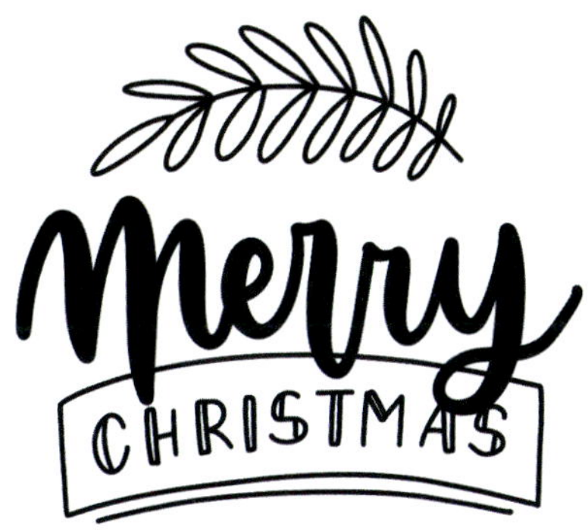
Merry
CHRISTMAS

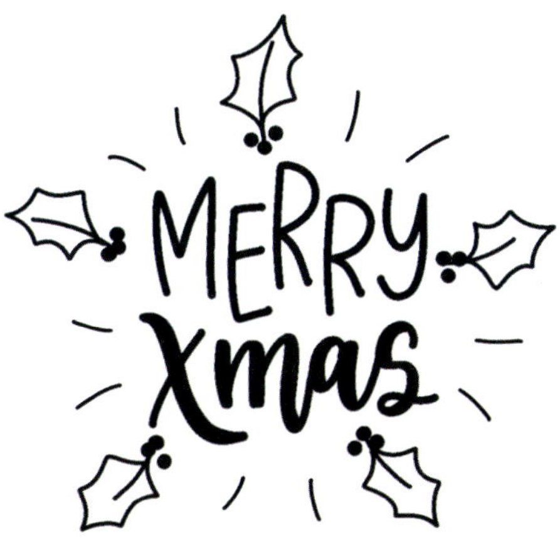
MERRY
Xmas

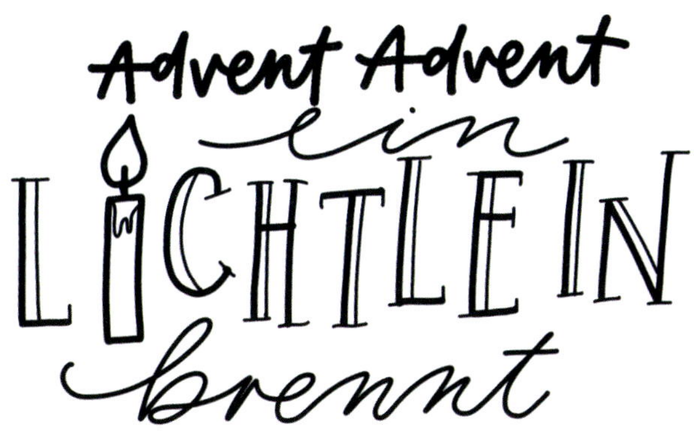
Advent Advent
ein
LICHTLEIN
brennt

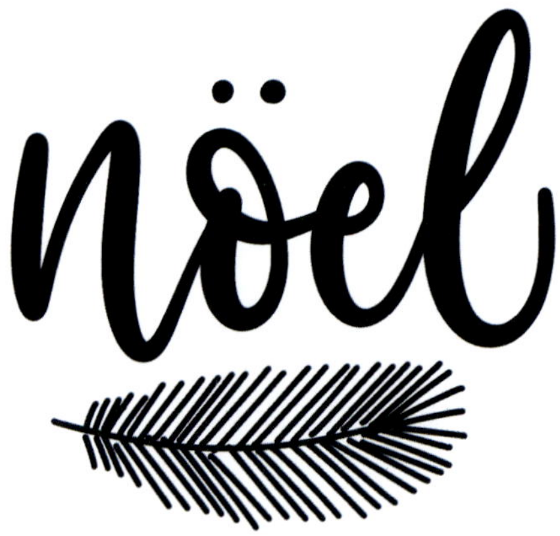
nöel

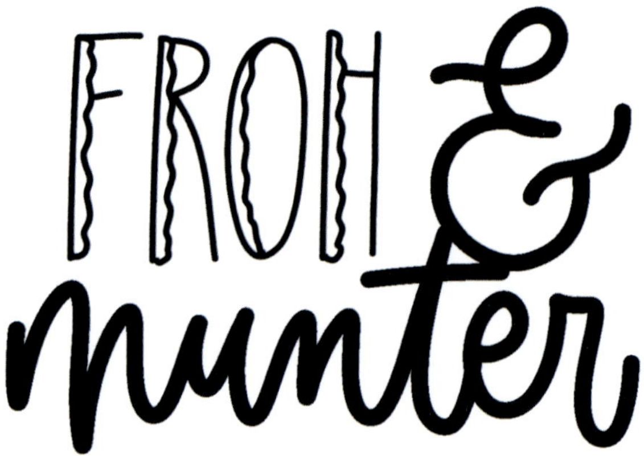
FROH &
munter

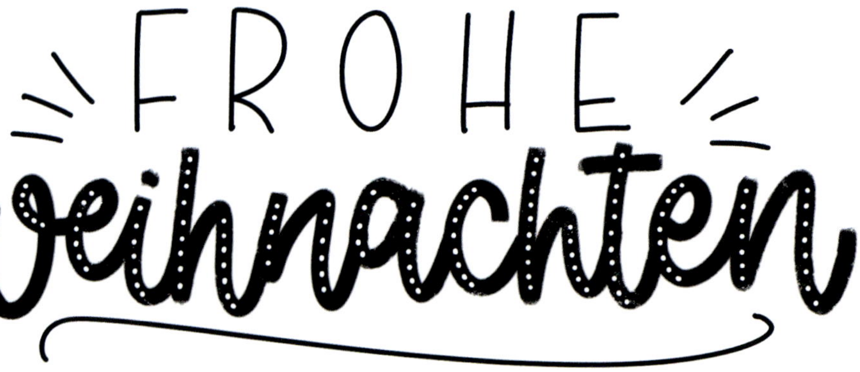
FROHE
weihnachten

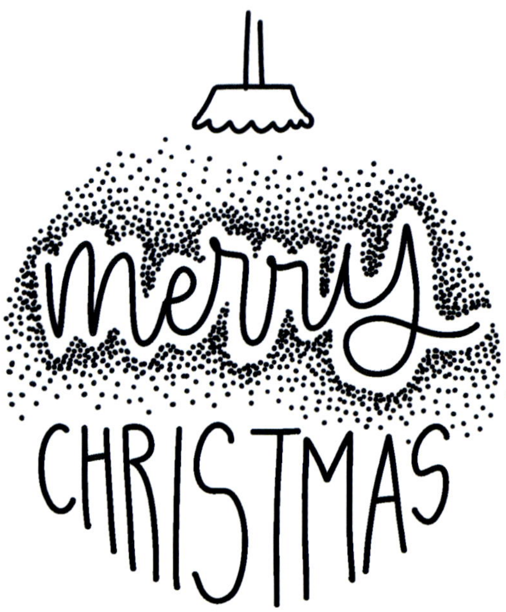
merry
CHRISTMAS

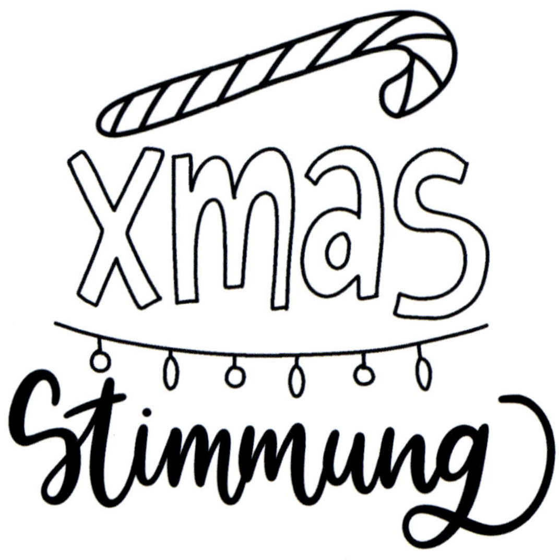
Xmas
Stimmung

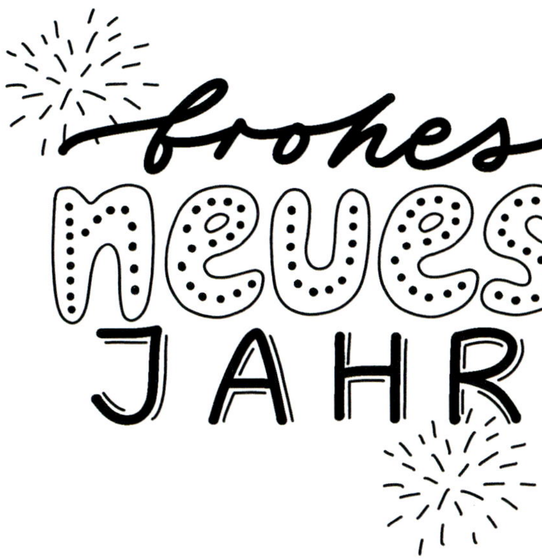
frohes
neues
JAHR

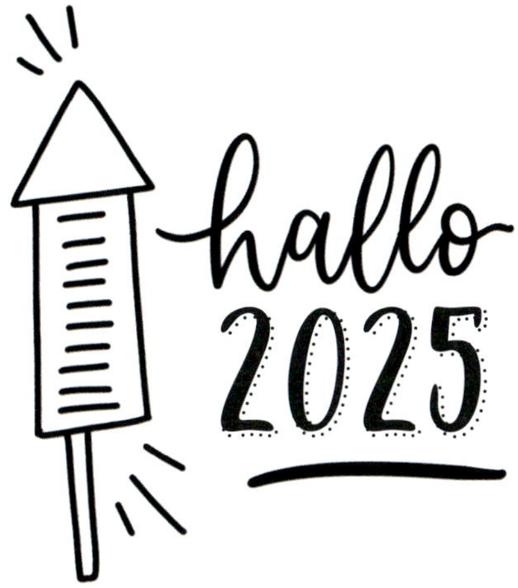
hallo
2025

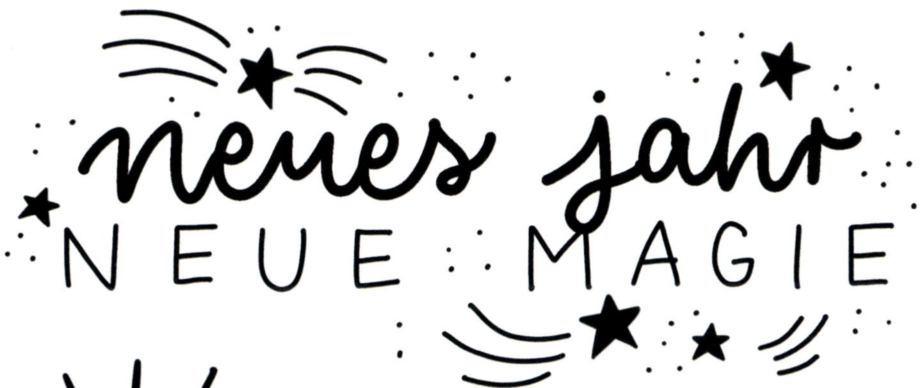
neues jahr
NEUE MAGIE

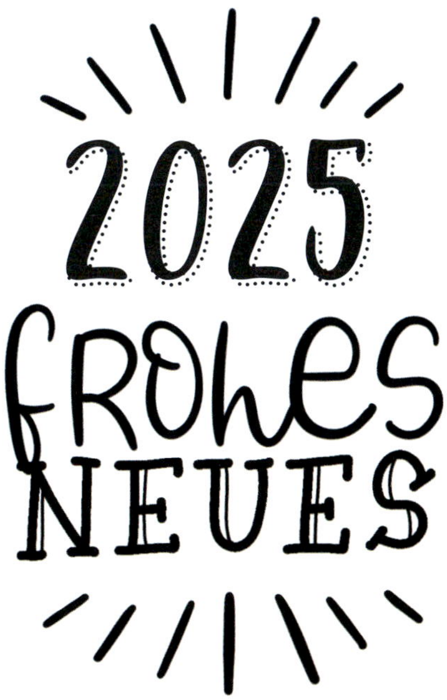
2025
FROhES
NEUES

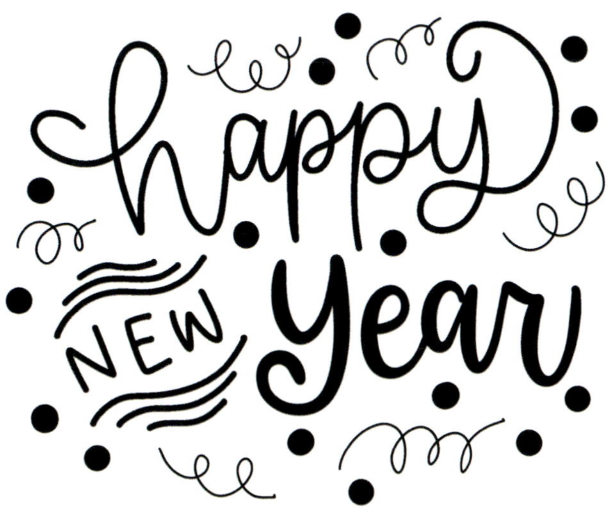
happy
NEW
Year

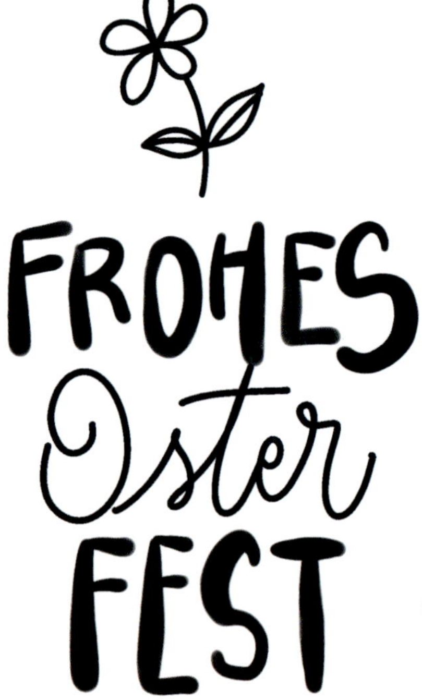
FROHES
Oster
FEST

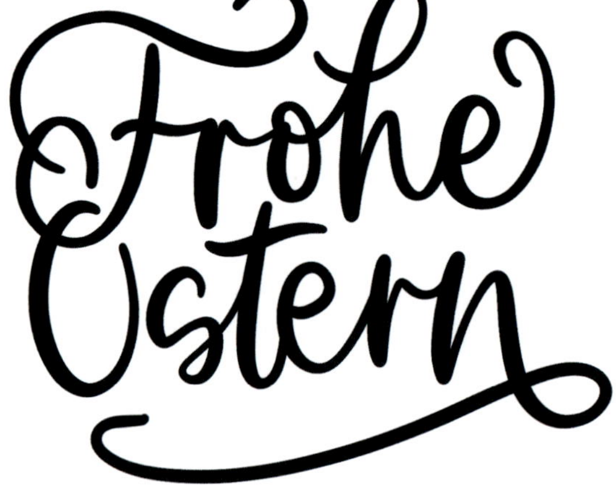
Frohe
Ostern

hasen
party

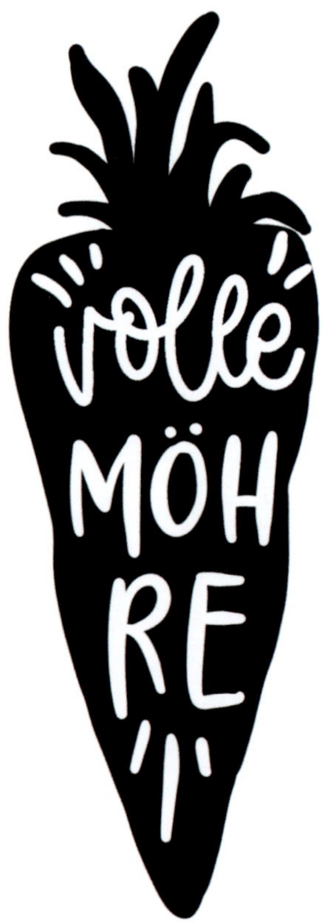
volle
MÖH
RE

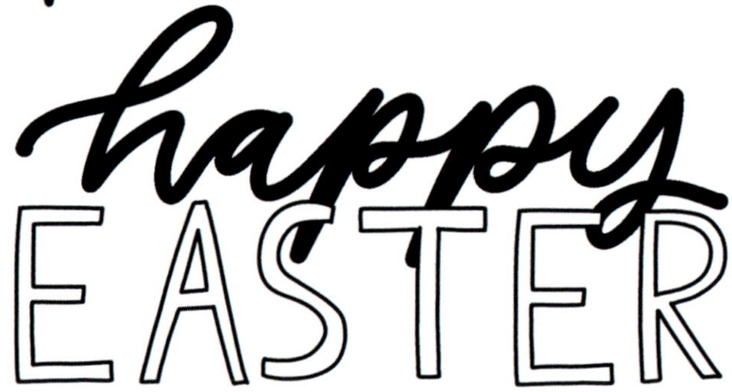
happy
EASTER

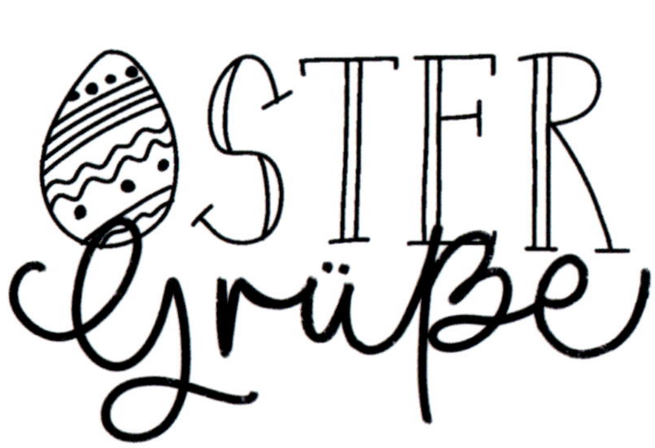
OSTER
Grüße

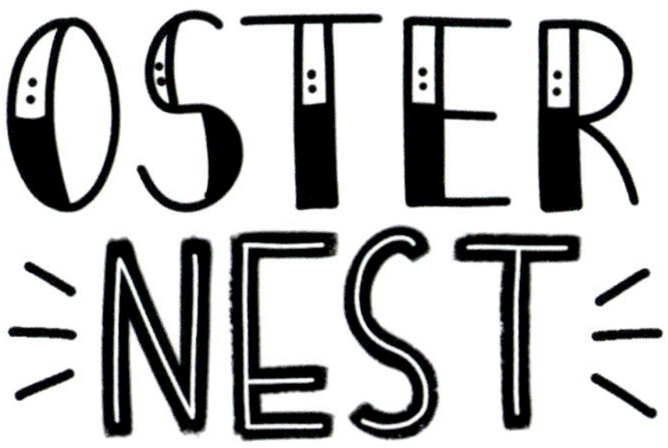
OSTER
NEST

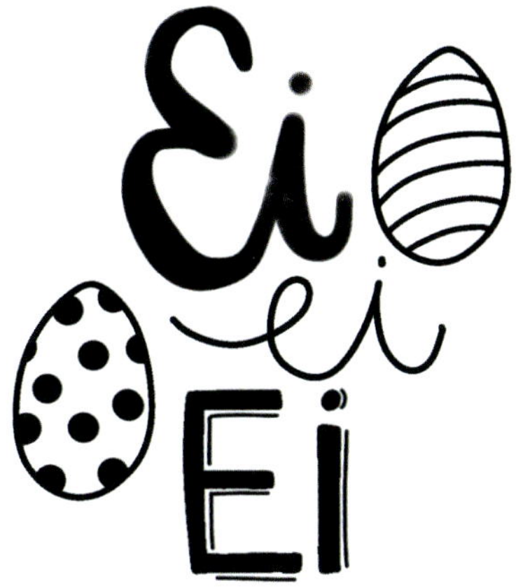
Ei
ei
Ei

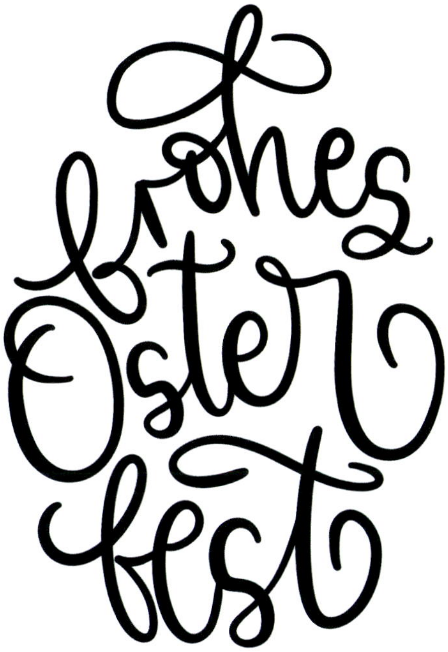
frohes
Oster
fest

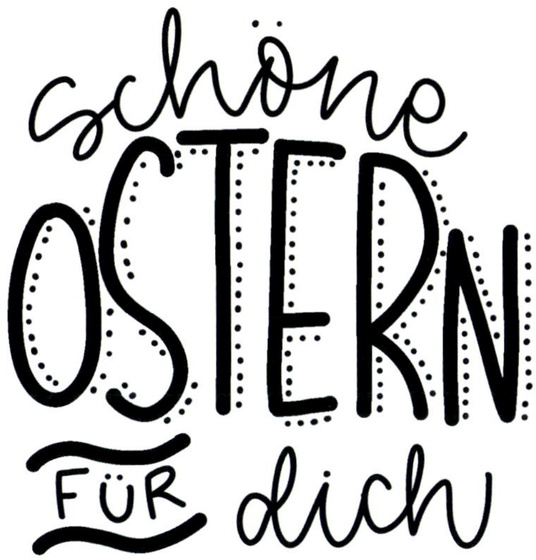
schöne
OSTERN
FÜR dich

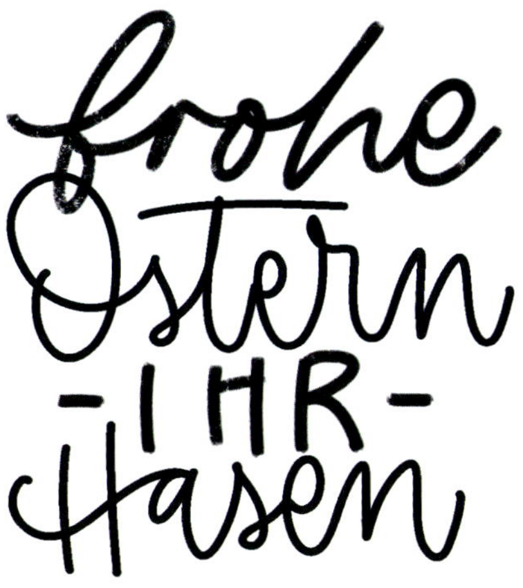
frohe
Ostern
-IHR-
Hasen

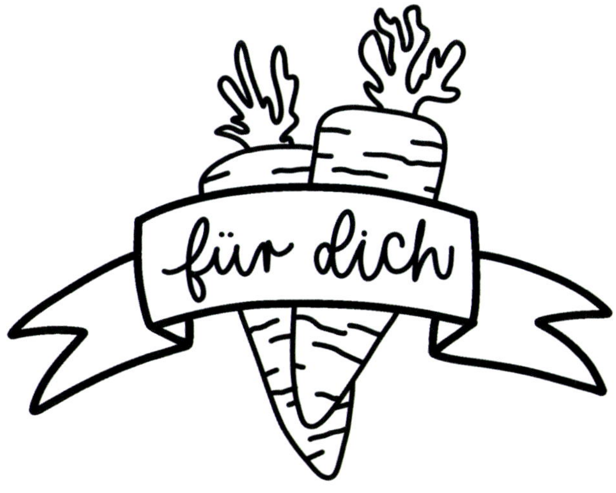
für dich

IT'S A
Boy

IT'S A
Girl

Schön, DASS Du da bist!

EIN BISSCHEN
Mama
EIN BISSCHEN
Papa
& GANZ VIEL
Wunder

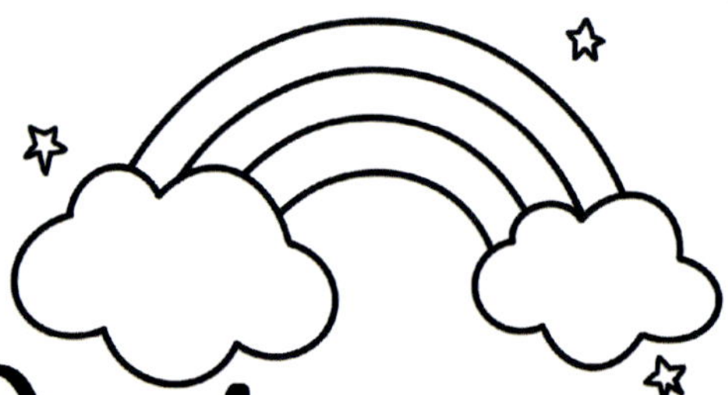

Willkommen
auf der Welt

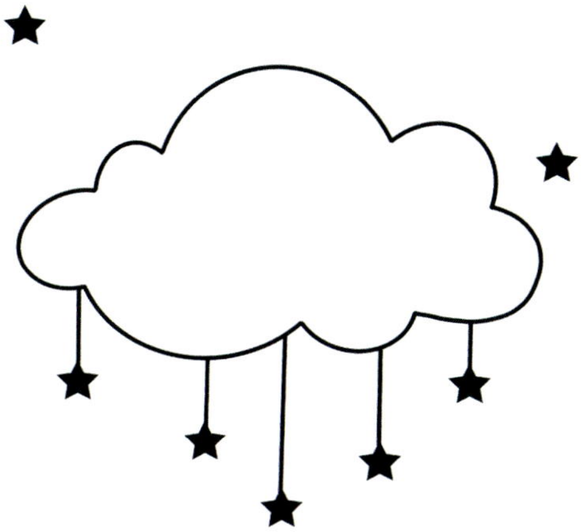

Endlich
BIST DU DA!
♥-LICH
Willkommen

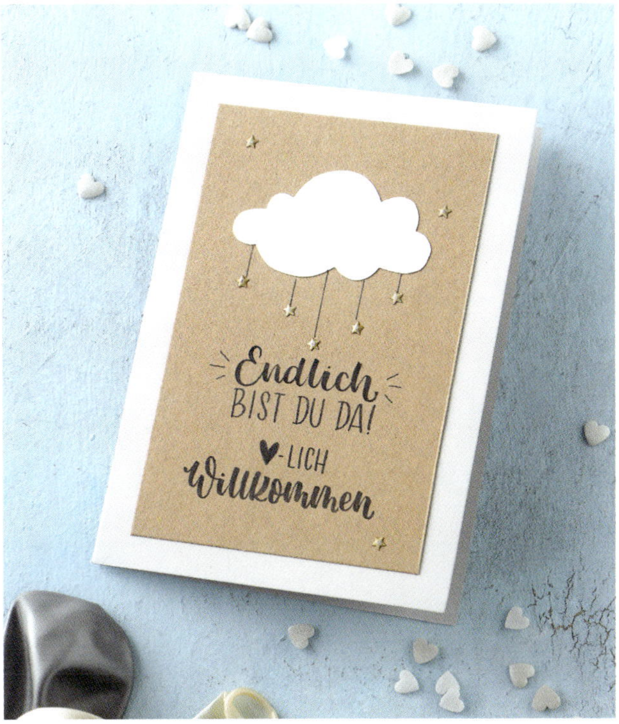

HELLO
little
one

hurra
DU BIST DA!

Made
WITH
LOVE

AUS DEM
Bauch
MITTEN INS
Herz

Mini
me

Kleines
Wunder

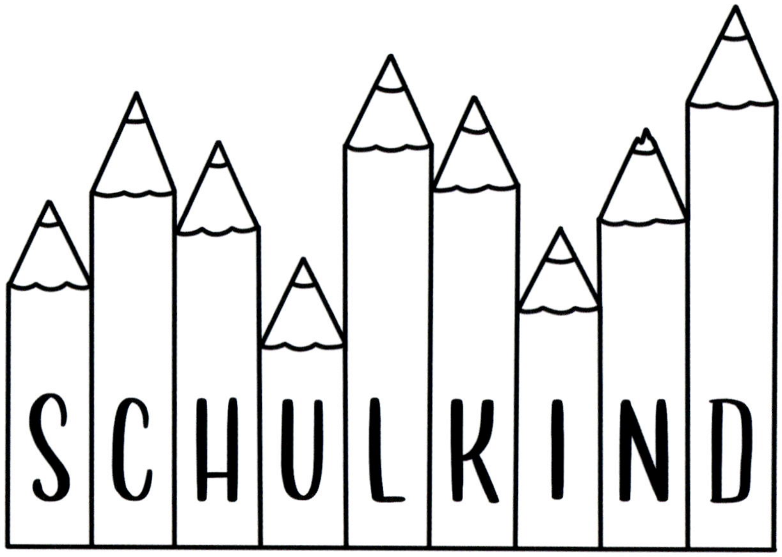

ICH
komme
in die
SCHULE

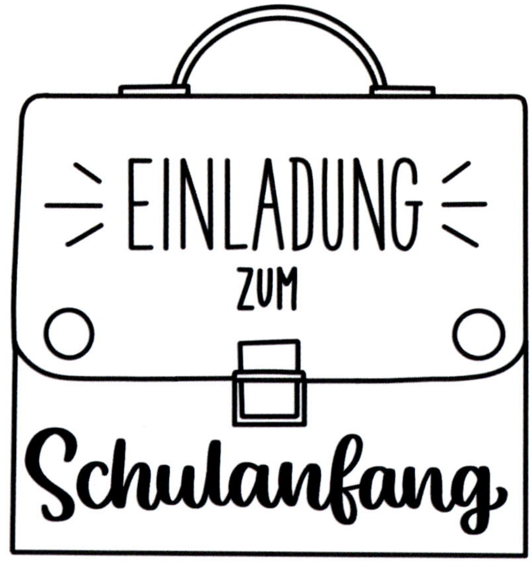

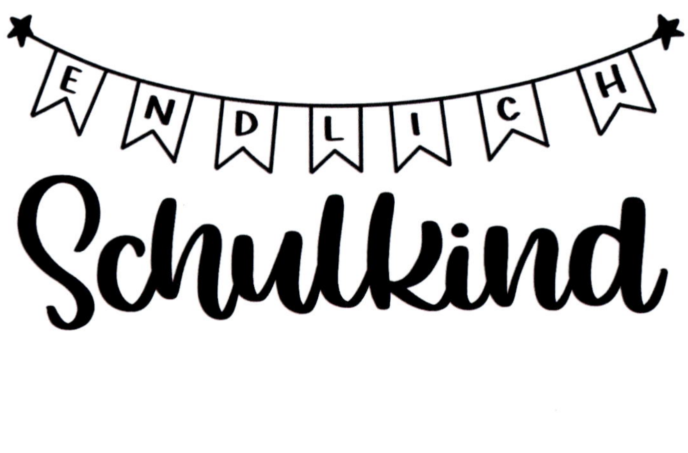

A B C D E F G H I J K L M N O P Q R S T U V W X Y Z

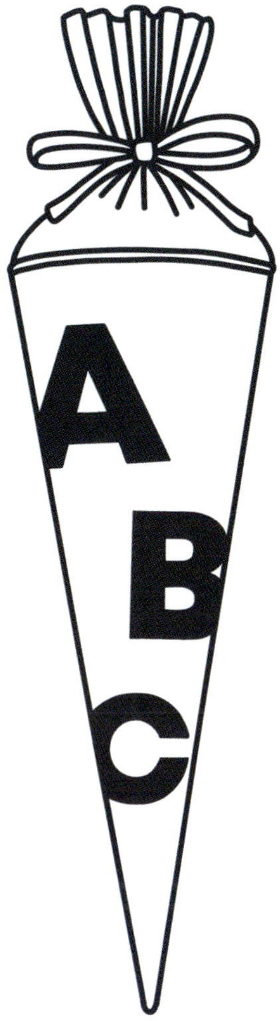

HURRA

DU BIST JETZT

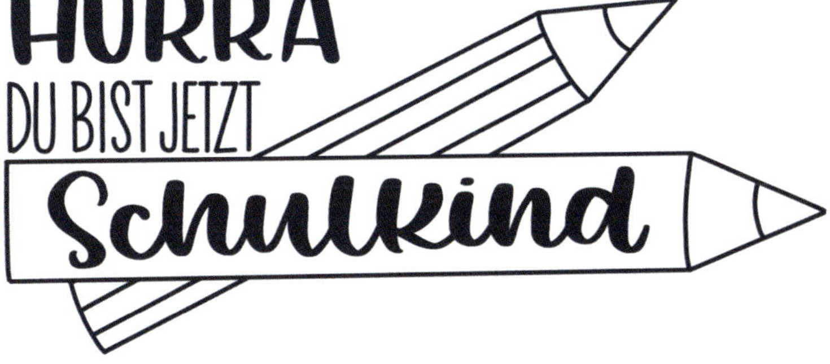

DEIN erster Schultag

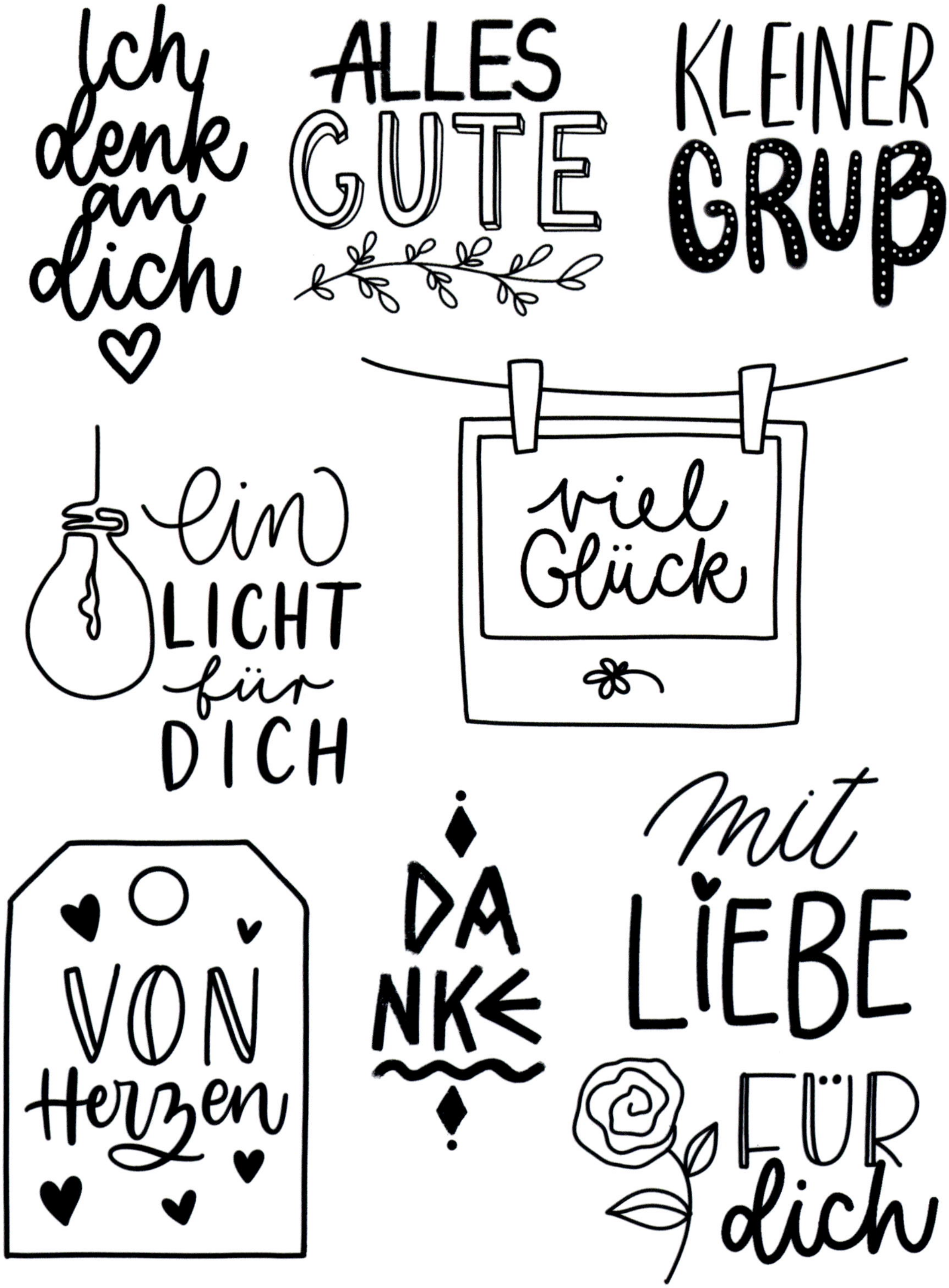
Ich denk an dich
ALLES GUTE
KLEINER GRUß
ein LICHT für DICH
viel Glück
VON Herzen
DANKE
Mit LIEBE FÜR dich

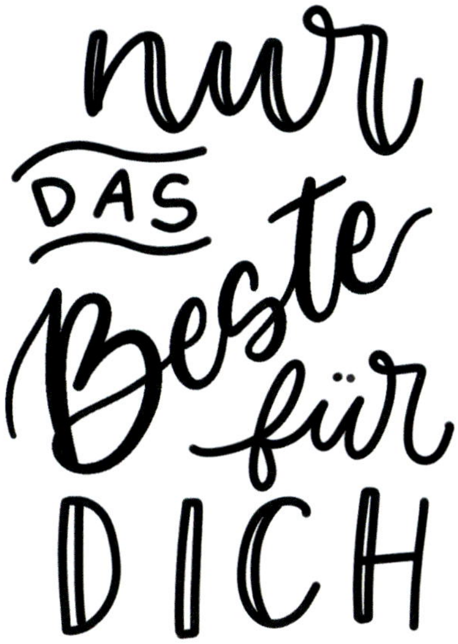
nur
DAS
Beste
für
DICH

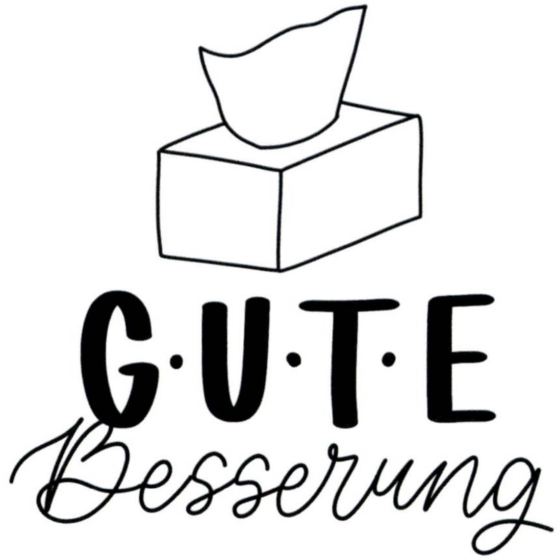
G·U·T·E
Besserung

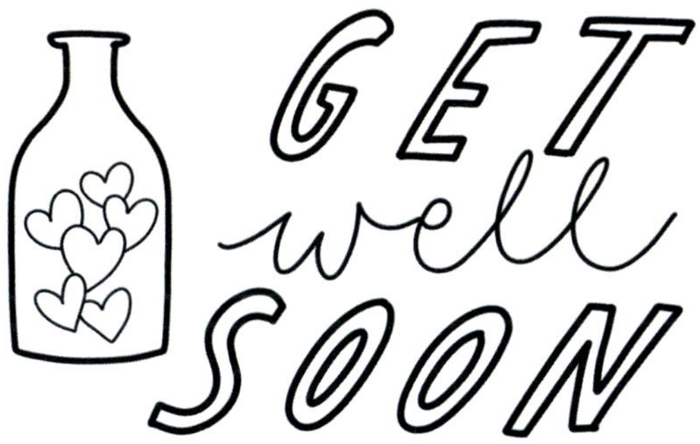
GET
well
SOON

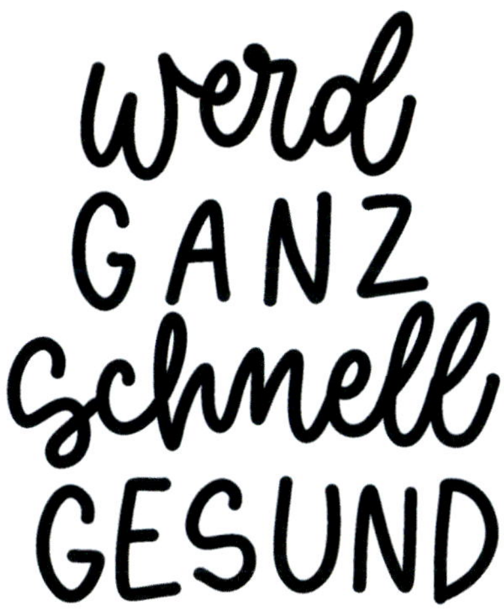
werd
GANZ
schnell
GESUND

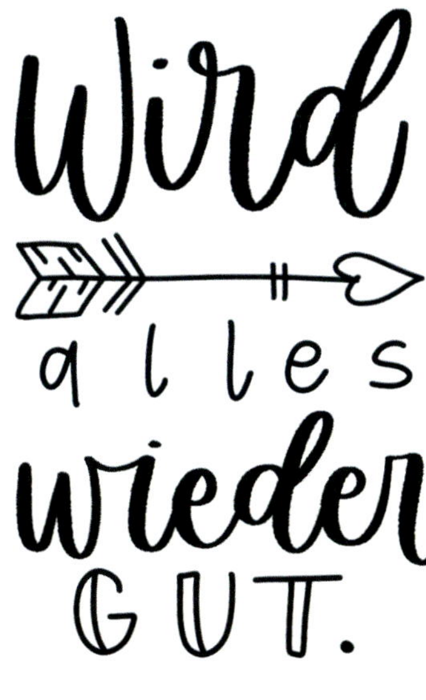
Wird
alles
wieder
GUT.

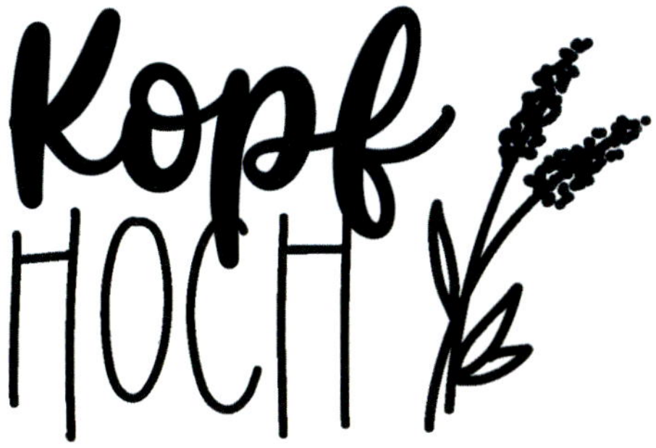
Kopf
HOCH

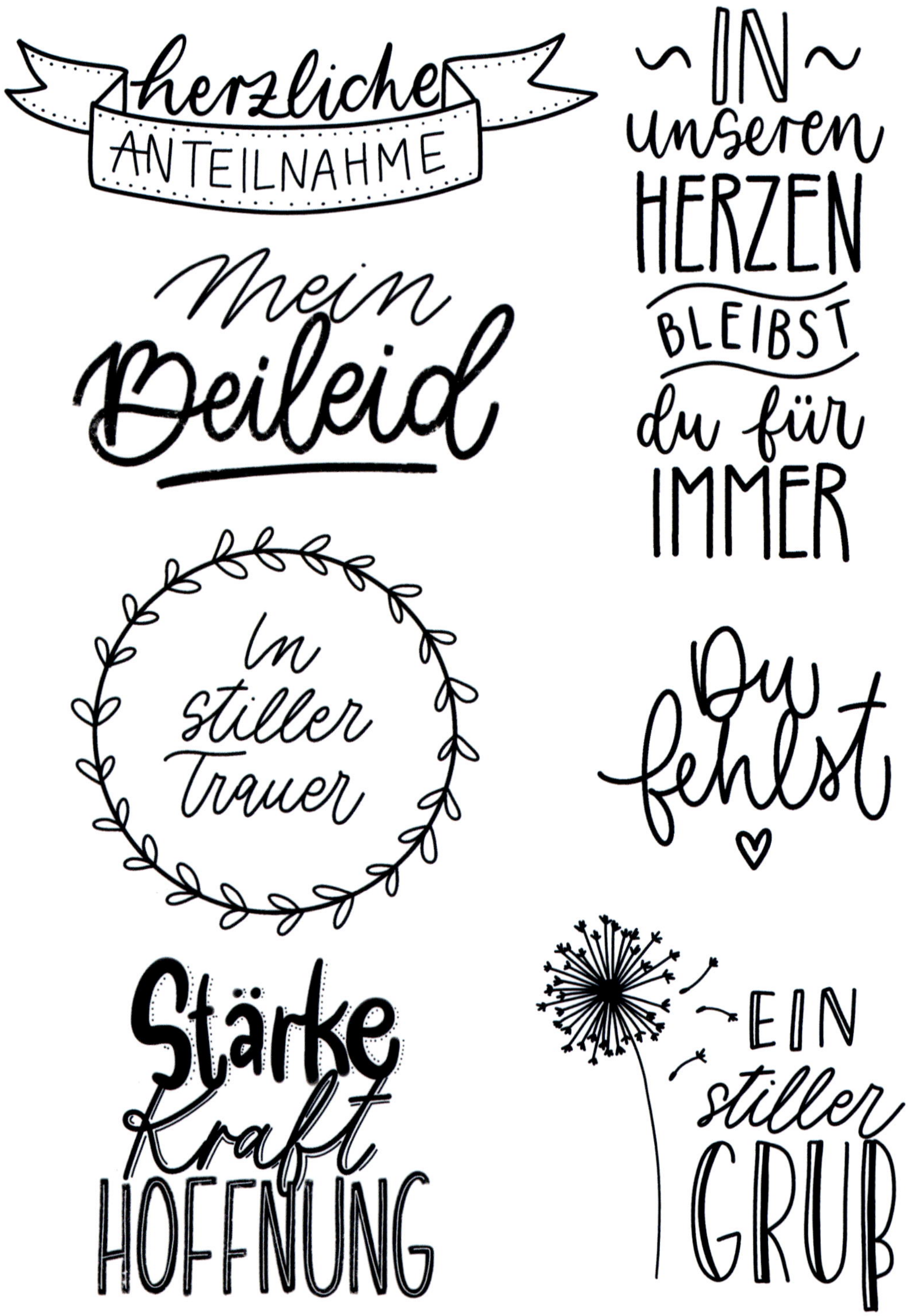
herzliche
ANTEILNAHME
Mein
Beileid
IN
unseren
HERZEN
BLEIBST
du für
IMMER
In
stiller
Trauer
Du
fehlst
Stärke
Kraft
HOFFNUNG
EIN
stiller
GRUß

In Trauer & Gedenken

IN tiefstem MITGEFÜHL

viel zu früh

Es ist schwer ABSCHIED zu nehmen

manchmal FEHLEN die Worte

in tiefer TRAUER

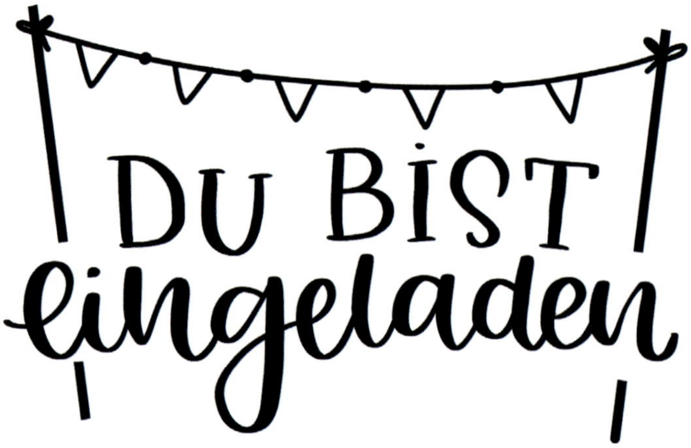
DU BIST
eingeladen

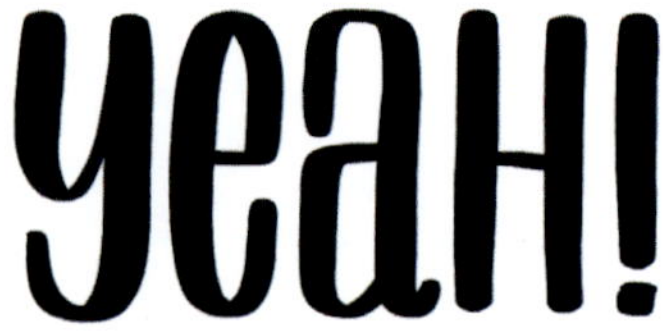
yeah!

PARTY!

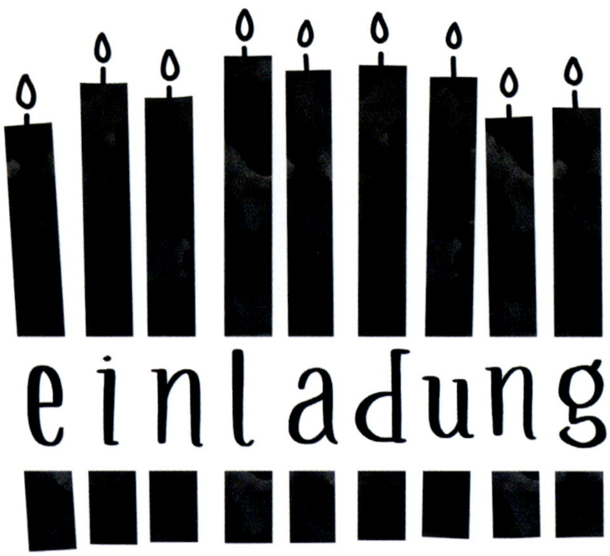
einladung

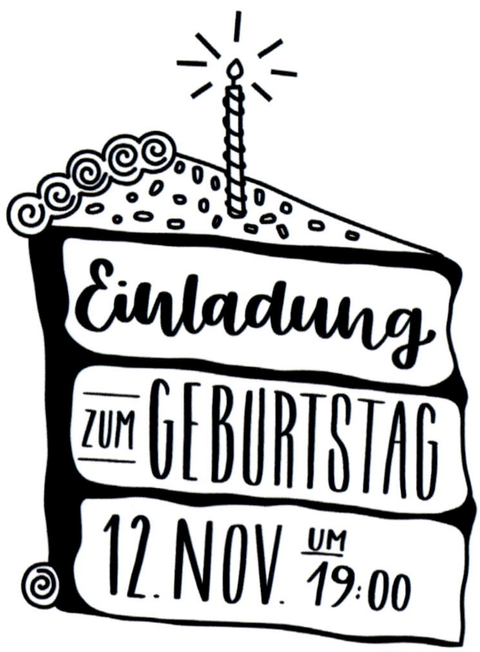
Einladung
ZUM GEBURTSTAG
12. NOV. UM 19:00

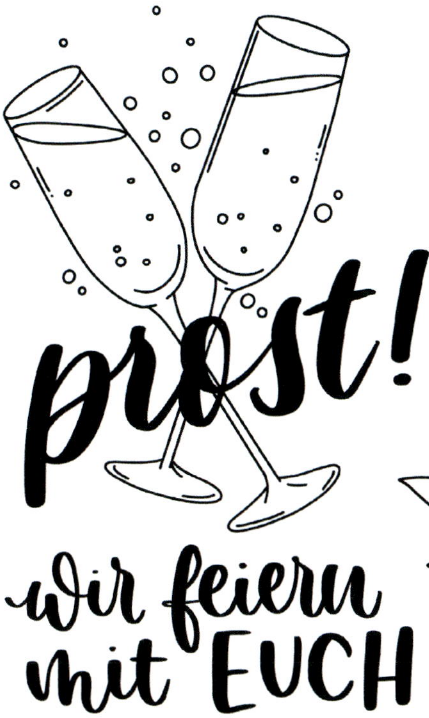
prost!
wir feiern
mit EUCH

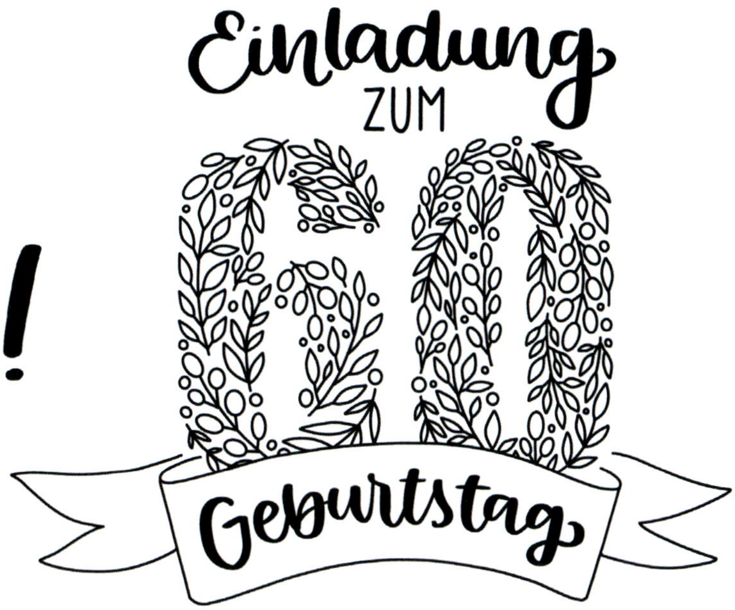
Einladung
ZUM
60
Geburtstag

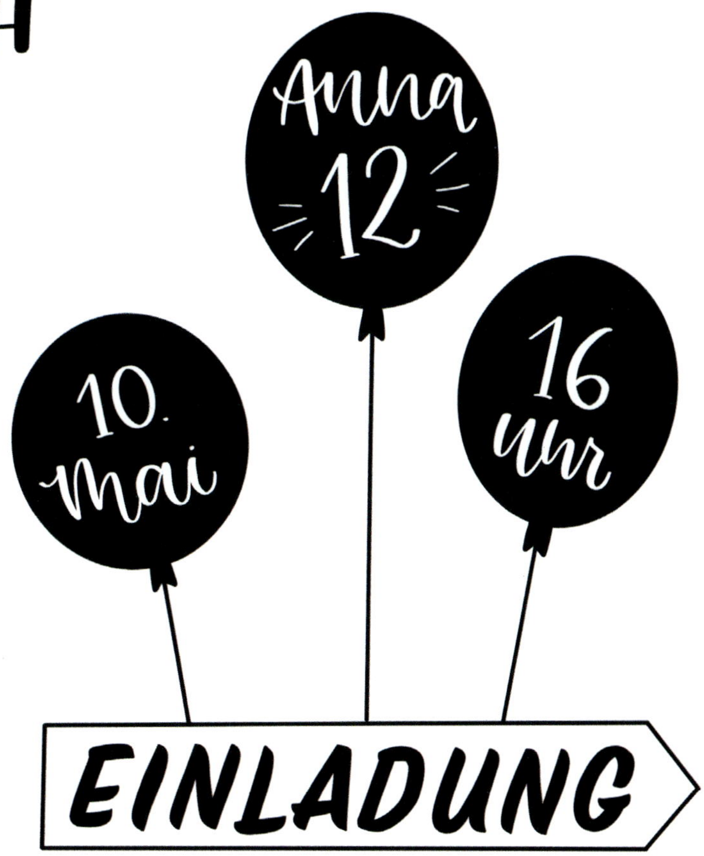
Anna
12
10.
mai
16
uhr
EINLADUNG

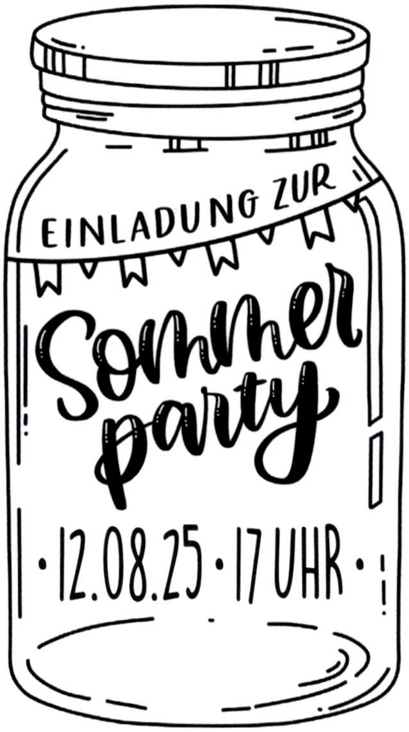
EINLADUNG ZUR
Sommer party
• 12.08.25 • 17 UHR •

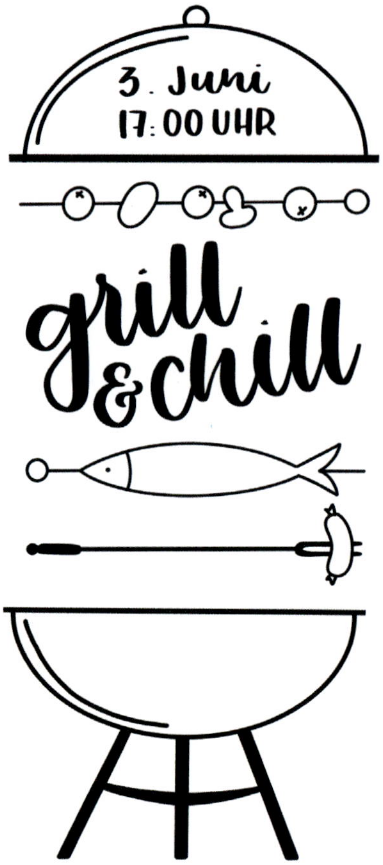
3. Juni
17:00 UHR
grill & chill

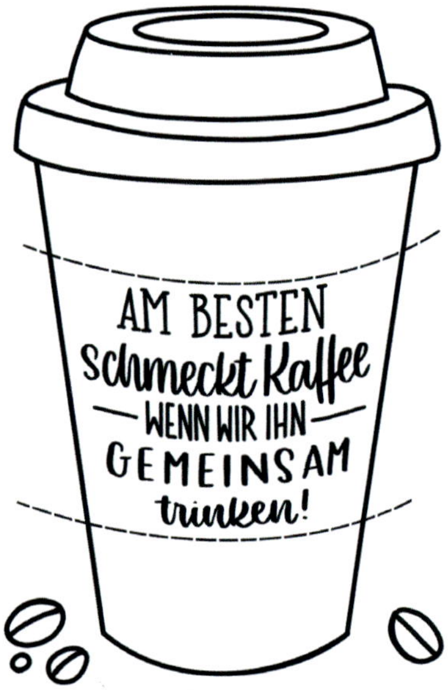
AM BESTEN
schmeckt Kaffee
WENN WIR IHN
GEMEINSAM
trinken!

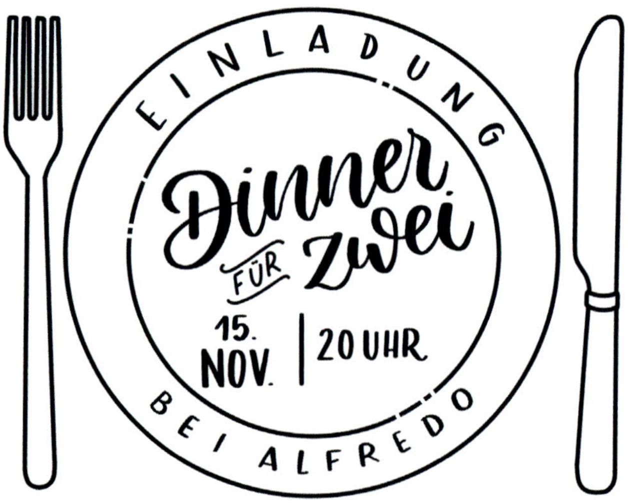
EINLADUNG
Dinner für zwei
15. NOV.
20 UHR
BEI ALFREDO

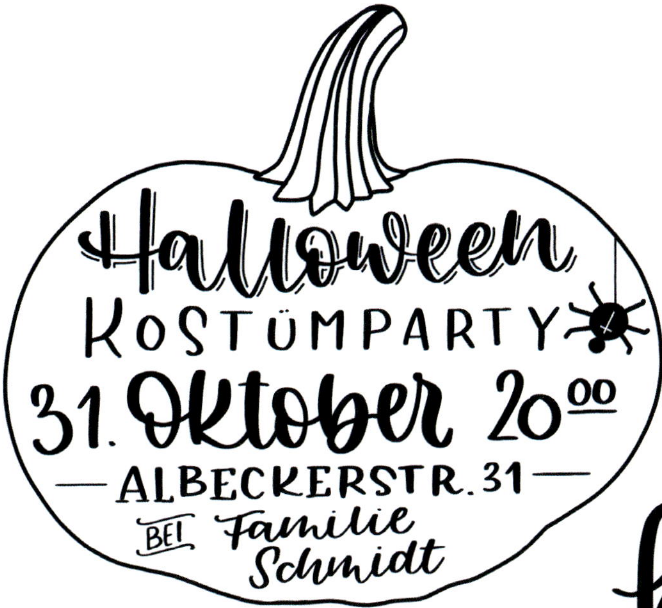
Halloween
KOSTÜMPARTY
31. Oktober 20:00
— ALBECKERSTR. 31 —
BEI Familie Schmidt

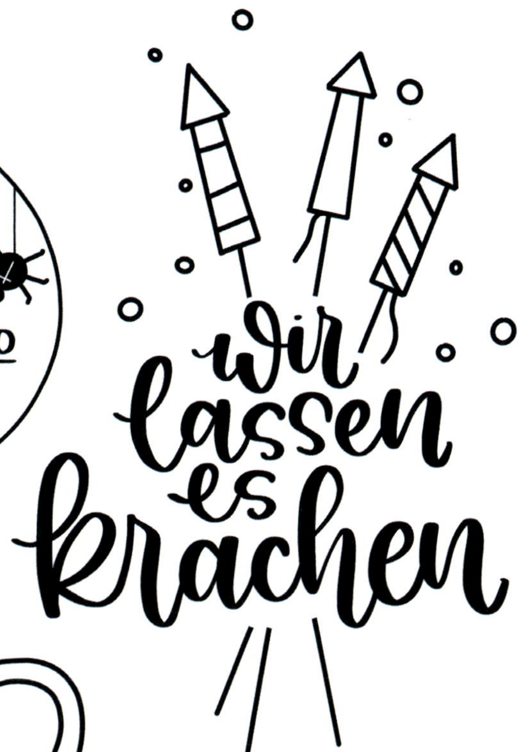
wir lassen es krachen

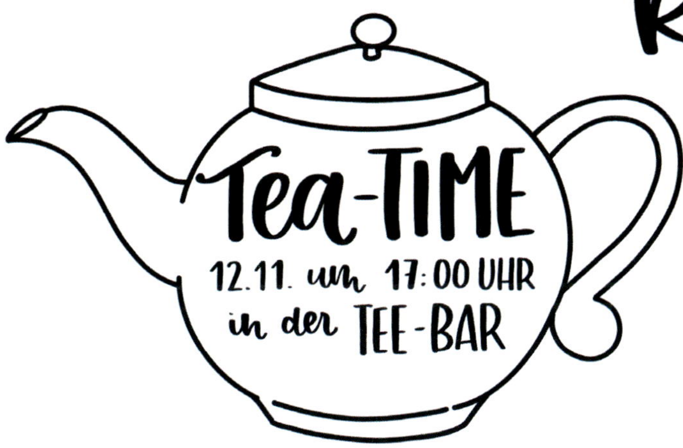
Tea-TIME
12.11. um 17:00 UHR
in der TEE-BAR

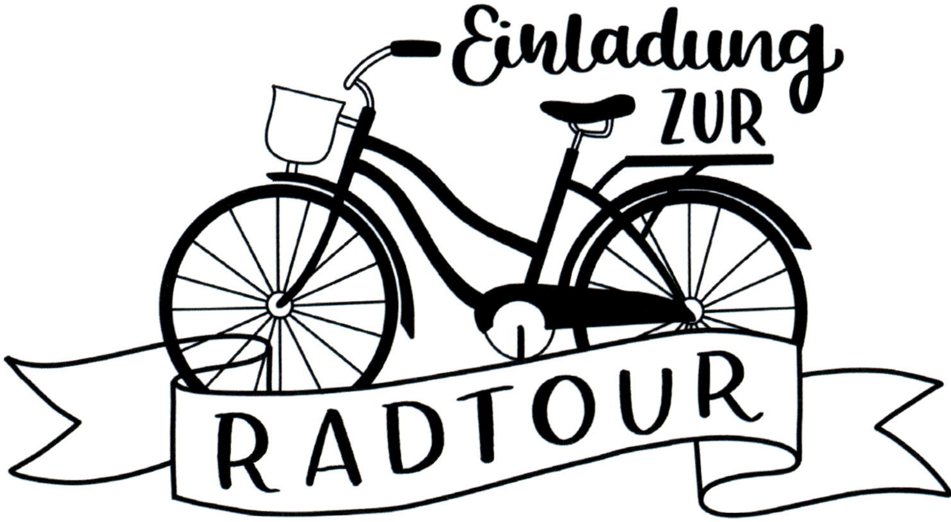
Einladung ZUR
RADTOUR

Danke

♡-lichen Dank

Danke-schön

DANKE

VIELEN DANK

merci

Thank ♥ you!

EIN KLEINES Dankeschön

Danksagung

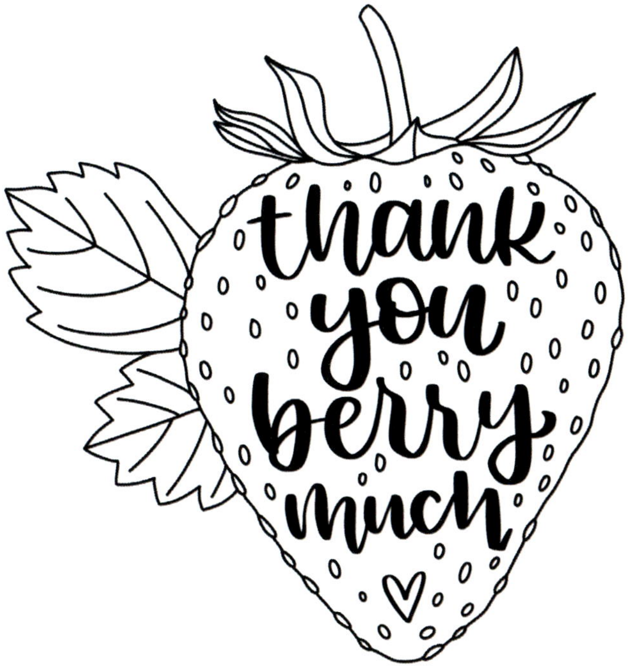
thank you berry much

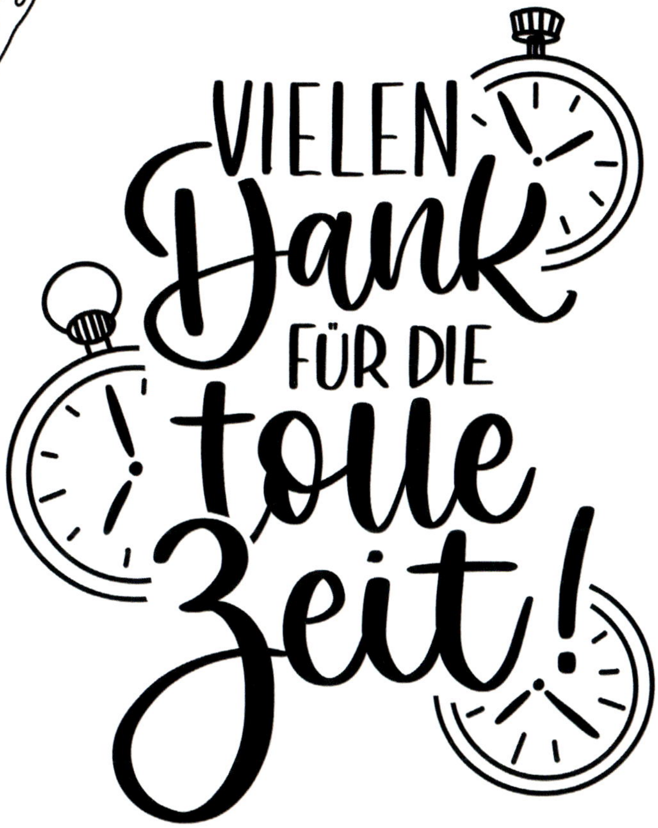
VIELEN Dank FÜR DIE tolle Zeit!

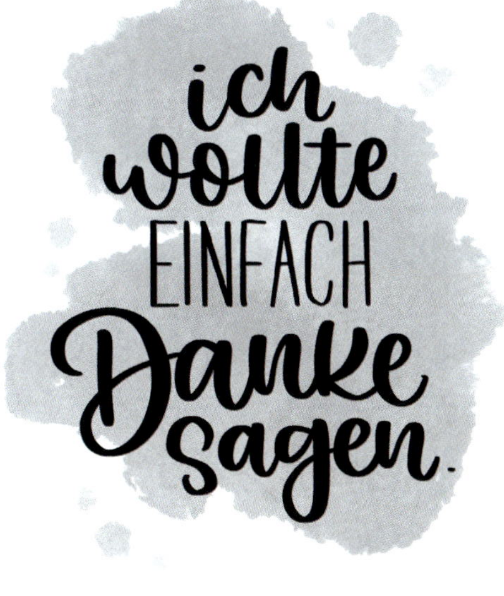
ich wollte EINFACH Danke sagen.

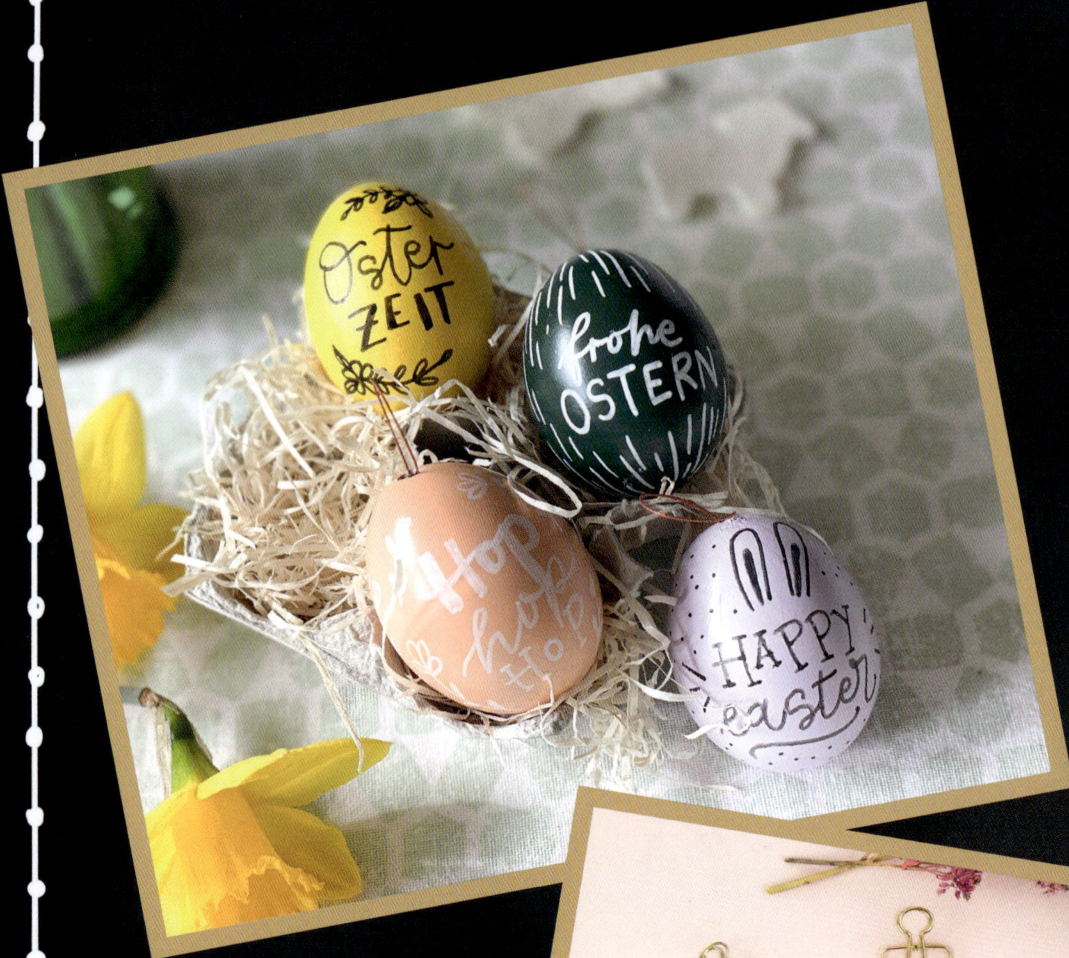
Oster
ZEIT
frohe
OSTERN
HAPPY
easter

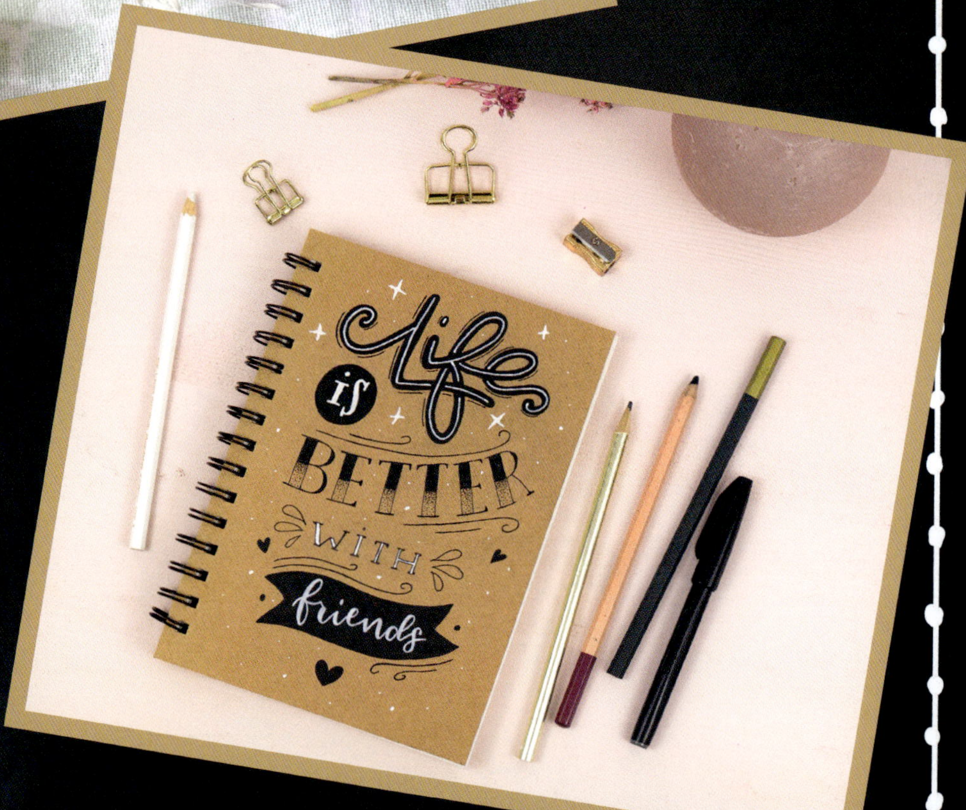
life
is
BETTER
WITH
friends

20 Projekte

EIN SCHÖN UMGESETZTES LETTERING EIGNET SICH BESTENS, UM FREUDE ZU VERSCHENKEN. AUF DEN FOLGENDEN SEITEN FINDEST DU VIELE KREATIVE IDEEN – VON INDIVIDUELL GESTALTETEN ANHÄNGERN, KARTEN UND GESCHENKPAPIEREN ÜBER EIS- UND TORTENTOPPER BIS HIN ZUM BABYBODY. ZU BEGINN JEDES PROJEKTS FINDEST DU EINEN MATERIALKASTEN, DAMIT DU GENAU WEIẞT, WAS DU BRAUCHST. DIE STEP-BY-STEP-ANLEITUNGEN FÜHREN DICH DETAILLIERT UND SICHER ZUM ERFOLG. LASS DICH INSPIRIEREN UND GIB DEINEM GESCHENK EINEN UNVERWECHSELBAREN, GANZ PERSÖNLICHEN TOUCH.

Geburtstagskarte aus Kraftpapier

Natürlich kannst du dein Geburtstagsgeschenk auch ohne Karte überreichen. Eine liebevoll selbstgestaltete Geburtstagskarte mit herzlichen Worten setzt deinem Geschenk jedoch das Krönchen auf.

MATERIAL

- Klappkarte aus Kraftpapier
- Bleistift
- Radiergummi
- Fineliner in Schwarz, 0,8 mm
- Marker in Schwarz, 1 mm
- Gelroller in Weiß

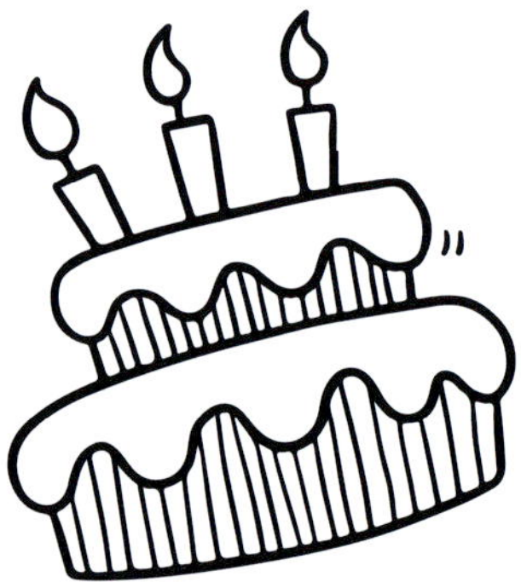

SO GEHT'S

1 Übertrage dir die Vorlage des Glückwunsch-Letterings aus der Digitalen Bibliothek mit einem Bleistift auf deine Kraftpapierkarte. Ideal ist es, wenn deine Karte quadratisch ist.

2 Schreibe und zeichne deine Elemente nun abwechselnd mit dem Fineliner, Marker und Gelroller nach.

3 Radiere die Bleistiftstriche weg.

4 Um das Lettering deiner Karte noch spannender zu gestalten, füge Details hinzu wie zum Beispiel Schatten, Punkte und im Hintergrund Konfetti. Wenn du eine andere Kartenform gewählt hast, kannst du so auch prima den leeren Raum füllen.

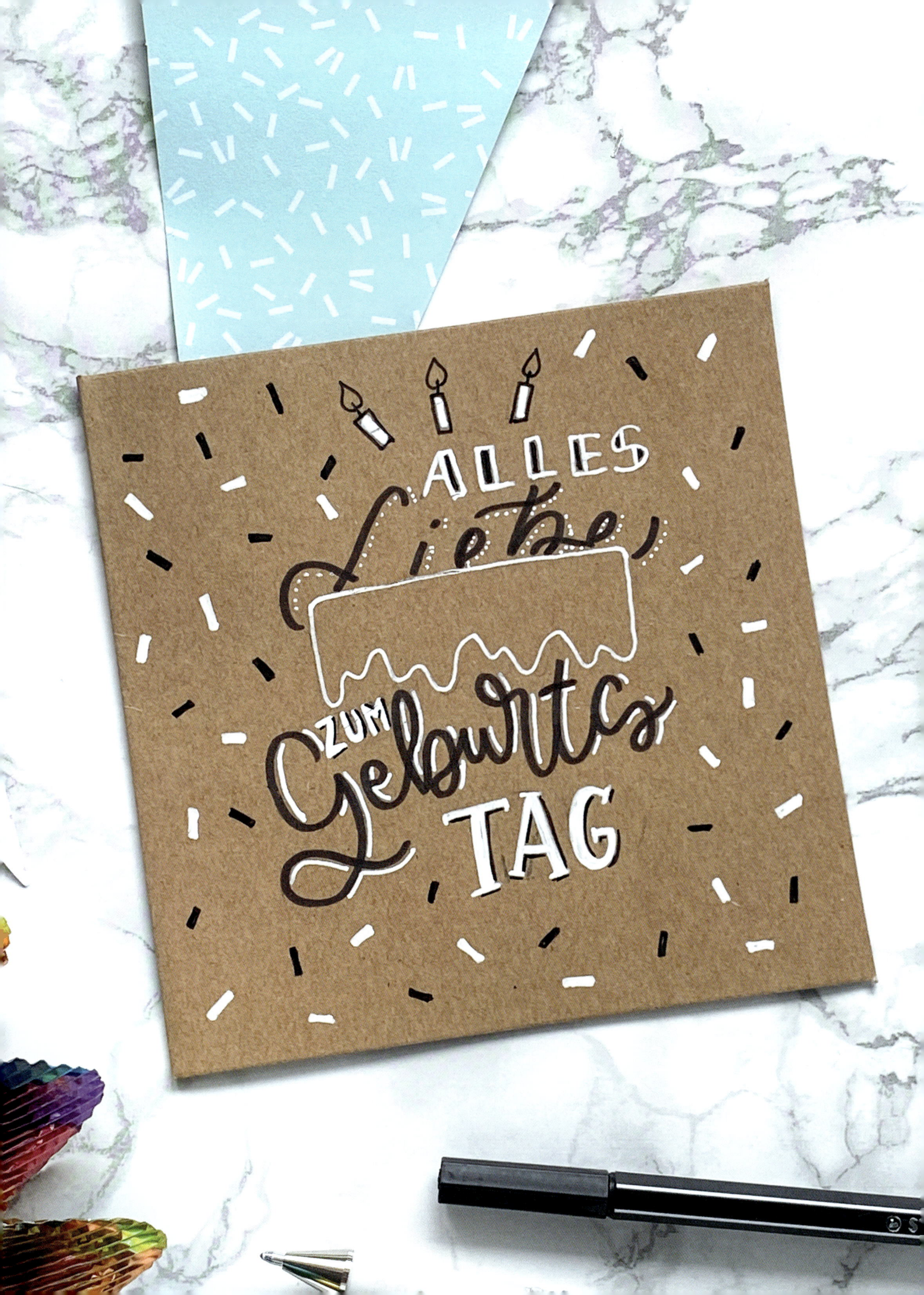
ALLES
Liebe
ZUM Geburts
TAG

Lettering im Stickrahmen

Mit Metallic-Textilfarbe lassen sich coole Statements auf Stoff malen und dann in einem Stickrahmen in Szene setzen. Stickrahmen gibt es in verschiedenen Formen und Größen und auch eine Kombination aus verschiedenen Rahmen ist sehr dekorativ. Verwende unterschiedliche Stoffe, um individuelle Motive zu gestalten. Empfehlenswert ist es, feine Baumwollstoffe zu nutzen, da es sich auf ihnen einfacher malen lässt.

MATERIAL

- Skizzenpapier
- Bleistift und Radiergummi
- Lineal oder Geodreieck
- Material zum Übertragen deines Motivs
- Stickrahmen Größe Ø 20,5 cm
- Stoff Baumwolle, schwarz-weiß gestreift
- Textilfarbe im Töpfchen, Metallic-Blau
- Rundpinsel, Stärke 1

SO GEHT'S

1 Zeichne auf dein Skizzenpapier zunächst den Umriss des Stickrahmens und gestalte darin dein Lettering. Du kannst dein Motiv ganz passend in die Form einfügen oder das Lettering etwas kleiner gestalten.

2 Für das Malen von Metallic Letterings auf Stoff sind Metallic-Farben im Töpfchen besonders zu empfehlen, da der Metallic-Effekt damit sehr gut zur Geltung kommt. Übertrage das Motiv auf den Stoff. Besonders eignet sich dafür ein selbstlöschender Textilstift. Je nachdem, wie durchscheinend dein Stoff ist, kannst du das Motiv auch durchpausen.

3 Male Schritt für Schritt dein Motiv mit einem feinen Pinsel nach. Um saubere Kanten zu malen, ist es manchmal hilfreich, den Stoff zu drehen. Achte aber darauf, feuchte Farbe nicht zu verwischen. Du kannst natürlich auch einen größeren Pinsel als beschrieben verwenden. Probiere aus, womit dir die Linien am besten gelingen.

4 Lass das fertige Lettering gut trocknen. Da das Motiv zur Dekoration verwendet wird, muss die Farbe nicht fixiert werden. Andernfalls beachte die Produktangaben.

5 Lege das Lettering dann in den Stickrahmen und schraube ihn fest. Überstehende Kanten kannst du abschneiden.

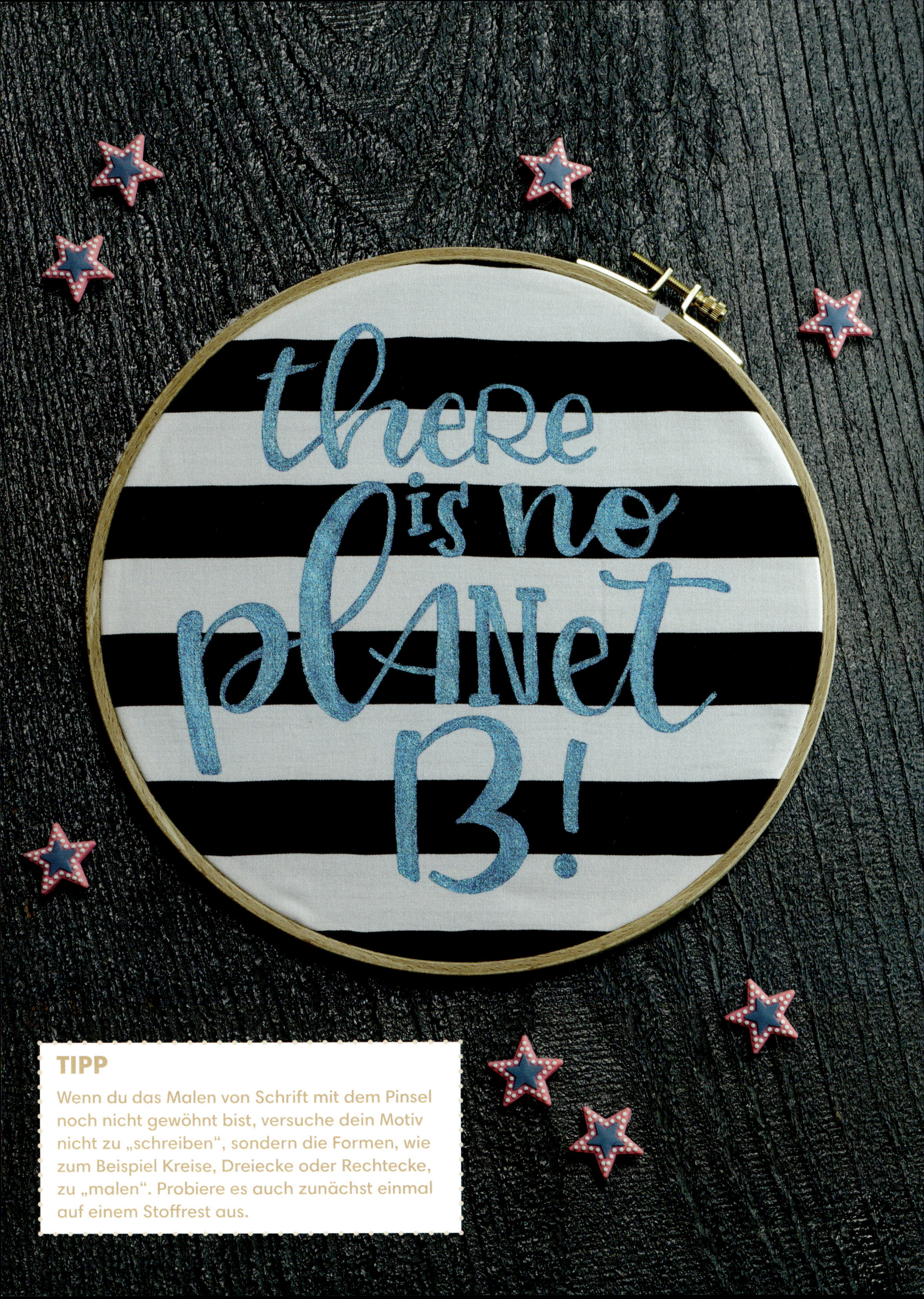

TIPP

Wenn du das Malen von Schrift mit dem Pinsel noch nicht gewöhnt bist, versuche dein Motiv nicht zu „schreiben“, sondern die Formen, wie zum Beispiel Kreise, Dreiecke oder Rechtecke, zu „malen“. Probiere es auch zunächst einmal auf einem Stoffrest aus.

Jubiläums-Schokolade

Jahrestage und Jubiläen sind immer ein Grund zu feiern.
Um deine Wertschätzung zum Ausdruck zu bringen,
bietet sich diese hübsch gestaltete Schokolade an.

MATERIAL

- Schokoladenpackung
- Buntes Tonpapier
- Schere
- Doppelseitiges Klebeband
- Aquarellpapier
- Aquarellfarbe
- Pinsel, Gr. 2 und 6
- Schere
- Fineliner in Schwarz, 0,8 mm
- Brush Pen in Schwarz
- Bleistift
- Radiergummi

SO GEHT'S

1 Übertrage die Maße deiner Schokoladenverpackung auf das bunte Papier und schneide es mit einer Schere oder einem Hebelschneider zurecht.

2 Wickle das Papier nun um die Schokoladenverpackung und befestige die überlappenden Enden auf der Rückseite mit Klebeband.

3 Male einzelne Blüten und Blätter mit Pinsel und Aquarellfarbe auf dein Aquarellpapier. Lass alles gut trocknen.

4 Übertrage in der Zwischenzeit die Vorlage aus der Digitalen Bibliothek auf dein Papier und ziehe die Linien mit Fineliner und Marker nach.
Denke an eine freie Fläche für deine Blüten.

5 Schneide nun die einzelnen floralen Elemente aus und arrangiere die Blüten und Blätter nach deinem Geschmack auf dem farbigen Papier deiner Schokoverpackung.

6 Klebe zuletzt mit doppelseitigem Klebeband dein Papier-Blumenarrangement fest.

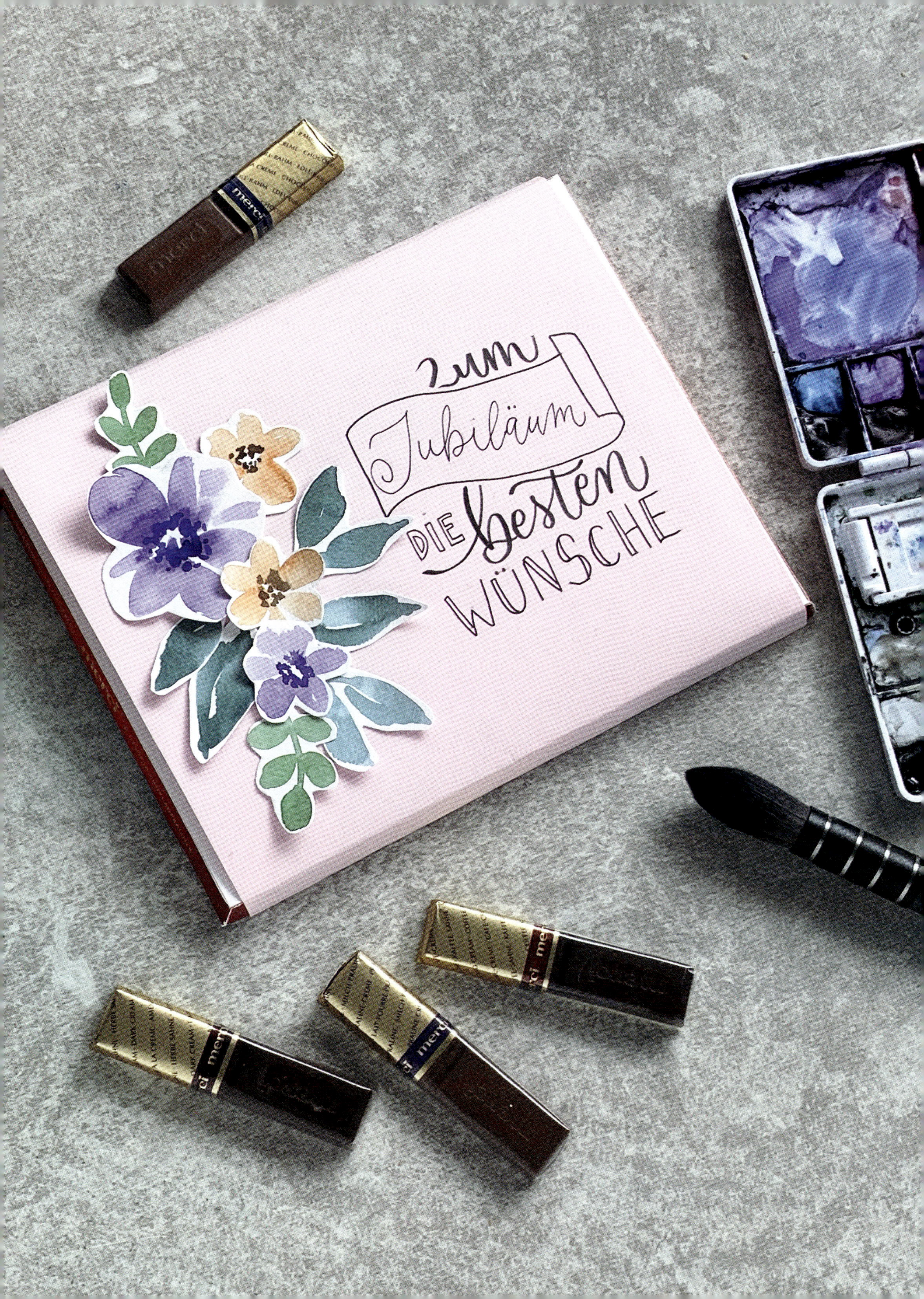
Zum
Jubiläum
DIE besten
WÜNSCHE

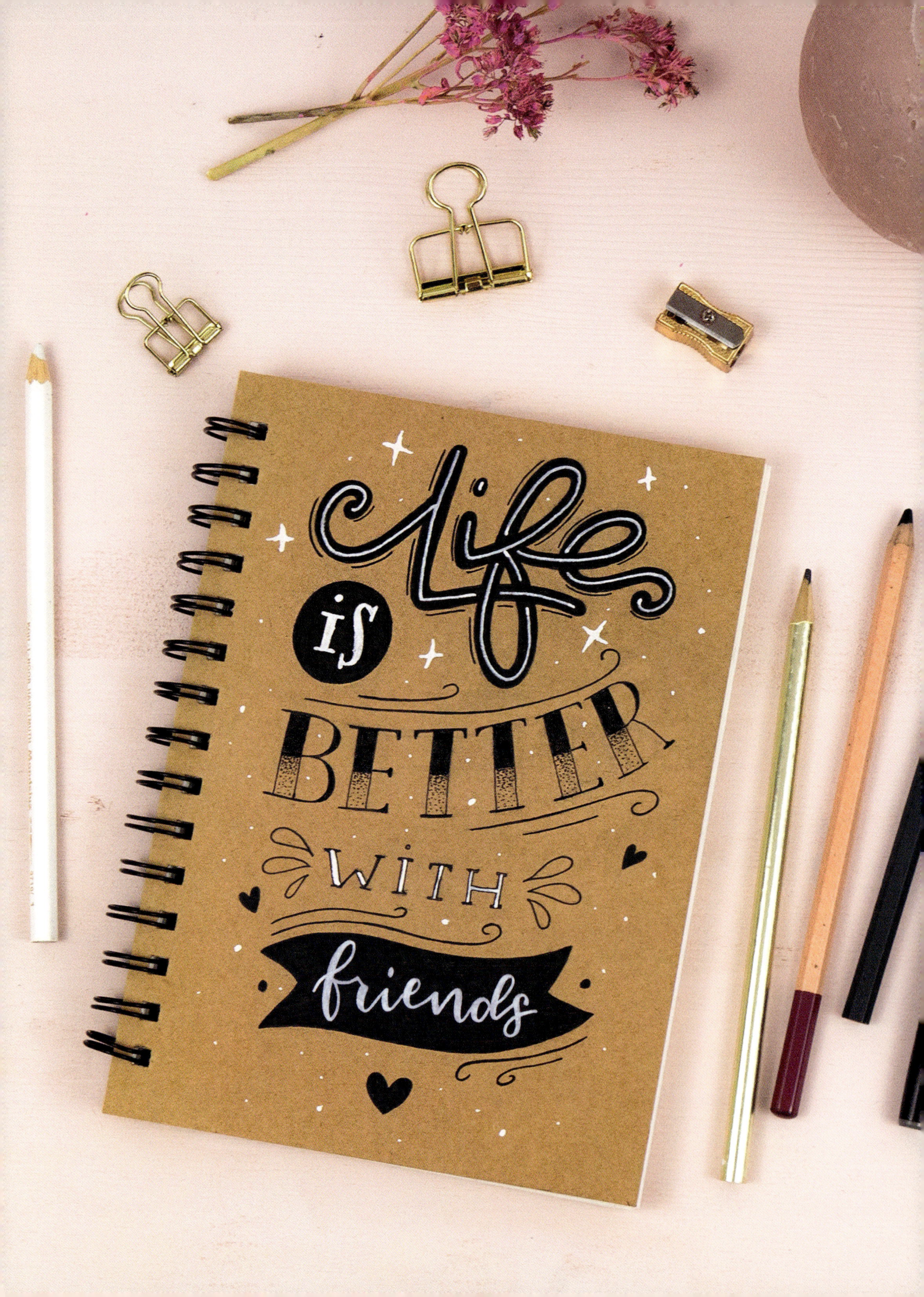
Life
is
BETTER
WITH
friends

Ein Buch voller Freu(n)de

Freundschaftsbücher sind nicht nur etwas für Kinder, sondern auch eine schöne Idee für Erwachsene, denn sie bieten die Möglichkeit, gemeinsame Erinnerungen von lieben Menschen zu speichern und vielleicht auch ein bisschen mehr über sie zu erfahren. Und je nach Gestaltung laden sie deine Freunde zum Kreativwerden ein. So kreiert ihr zusammen ein besonderes Buch voller Erinnerungen.

MATERIAL

- Ringbuch mit unliniertem, glattem Papier
- Fineliner in Schwarz, 0,1 mm und 0,3 mm
- Fasermaler in Schwarz
- kleiner Brush Pen in Schwarz
- Marker in Weiß, 0,7 mm

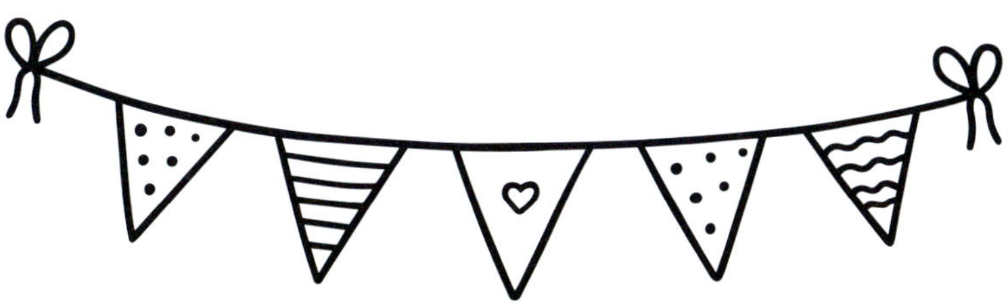

COVERGESTALTUNG

1 Zeichne als Erstes mit Bleistift ein Kreuz auf das Cover des Buches, ähnlich wie bei einem Koordinatensystem. Drücke mit dem Bleistift nicht zu fest auf, da die Linien später wieder entfernt werden sollen.

2 Auf diesem „Koordinatensystem“ positionierst du nun verschiedene Platzhalter, in die im nächsten Schritt die Wörter skizziert werden. Die Form der Platzhalter orientiert sich dabei an der Form deines späteren Letterings.

3 Bevor du die Wörter einzeichnest, überlege dir, welche Wörter wichtig sind und hervorgehoben werden sollten. Diese Wörter zeichnest du etwas größer und auffälliger. Füllwörter hingegen werden eher schlichter und kleiner gestaltet. Außerdem wirkt das Lettering viel spannender, wenn verschiedene Schriften miteinander kombiniert werden.

4 Im nächsten Schritt fügst du noch ein paar Schmuckelemente in dein Layout ein, um zum Beispiel bestimmte Wörter zu betonen oder Lücken zu füllen.

5 Ist das Layout komplett, entferne vorsichtig die Bleistiftlinien und beginne Schriften und Schmuckelemente mit Fineliner und Filzstift zu zeichnen.

6 Zum Schluss fügst du mit dem weißen Marker noch ein paar Highlights in dein Lettering ein. Zeichne zum Beispiel in das Wort „life“ eine Linie ein und fülle verschiedene Buchstaben mit dem Marker aus.

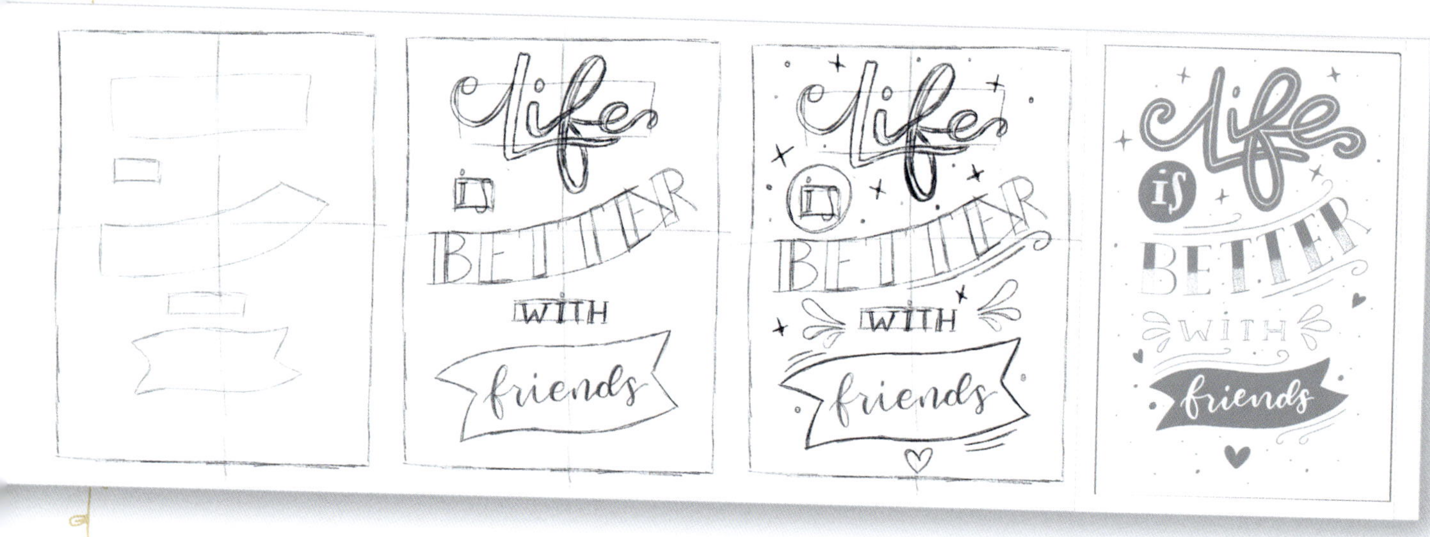

INNENGESTALTUNG

1 Bevor du beginnst, überlege dir, welche Fragen du stellen willst. Zum Beispiel kann man nach besonderen gemeinsamen Erlebnissen fragen oder wie die Freundschaft entstanden ist.

2 Zeichne im nächsten Schritt dein Layout grob mit Bleistift vor. Wähle hierfür wieder Platzhalter, die du auf der Seite anordnest.

3 Anschließend zeichnest du die Schriften ein und kombinierst dabei einfache, schlichte Schriften mit Schreibschriften.

4 Fülle danach deine Platzhalter mit verschiedenen Formen. Besonders spannend wirkt deine Freundeseite, wenn du nicht nur einfache Linien für die Antworten einzeichnest, sondern auch ein paar Textfelder in verschiedenen Formen und Flächen, auf denen die Person kreativ werden kann. Auf ein Lineal darf bei der Gestaltung des Layouts gerne verzichtet werden. Durch unperfekte Linien wirkt das Layout schön verspielt.

5 Nun fehlen nur noch ein paar Schmuckelemente und dein Layout ist fertig.

6 Entferne jetzt vorsichtig deine Bleistiftzeichnungen und beginne mit Finelinern, Filzstiften und Brush Pen deine Freundeseite zu zeichnen.

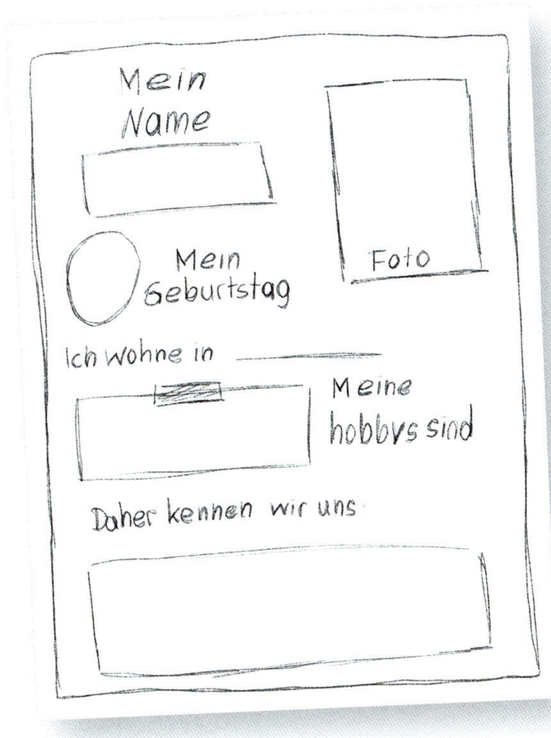

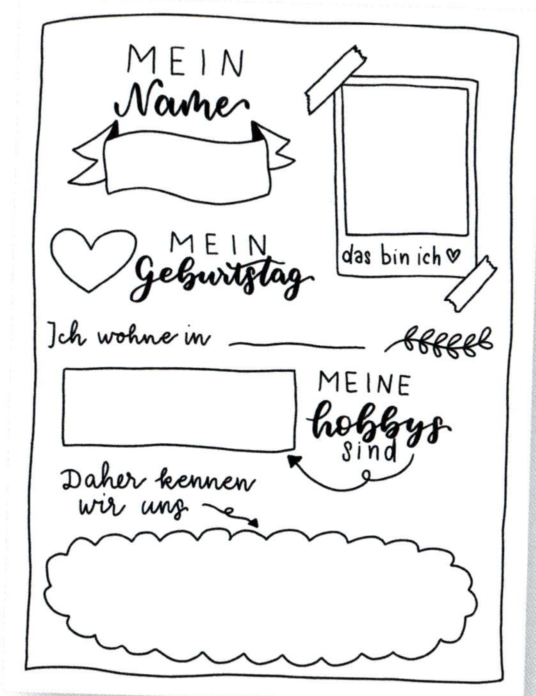

Glückskiste

Es müssen nicht immer große Gutscheine verschenkt werden, manchmal reichen kleine Gesten. Mit dieser Glückskiste beschenkst du einen lieben Menschen mit vielen überraschenden Taten.

MATERIAL

- Keksausstecher in Ornamentform
- Bleistift
- Papier in Schwarz
- Schere
- Gelroller in Weiß
- Runder Stanzer
- Tonpapier in verschiedenen Farben
- Fineliner 0,3 mm und/ oder Brush Pen
- Doppelseitiges Klebeband
- Kleine Kiste

SO GEHT'S

1 Setze deinen Ornament-Keksausstecher auf ein schwarzes Papier und umrande die Form mit einem Bleistift. Schneide die Form aus.

2 Beschrifte das schwarze Papierornament mit einem weißen Gelroller.

3 Stanze verschiedenfarbige Kreise aus deinem Papierkarton aus.

4 Schreib mit Fineliner und/oder deinem Brush Pen Gutscheine auf die farbigen Kreise.

5 Falte die Kreise und zeichne noch ein kleines Herz dazu.

6 Befülle nun deinen Behälter mit den Gutscheinen und klebe das Papierornament darauf.

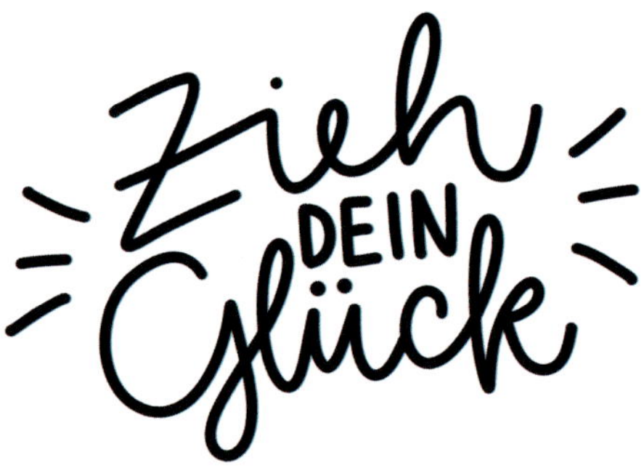

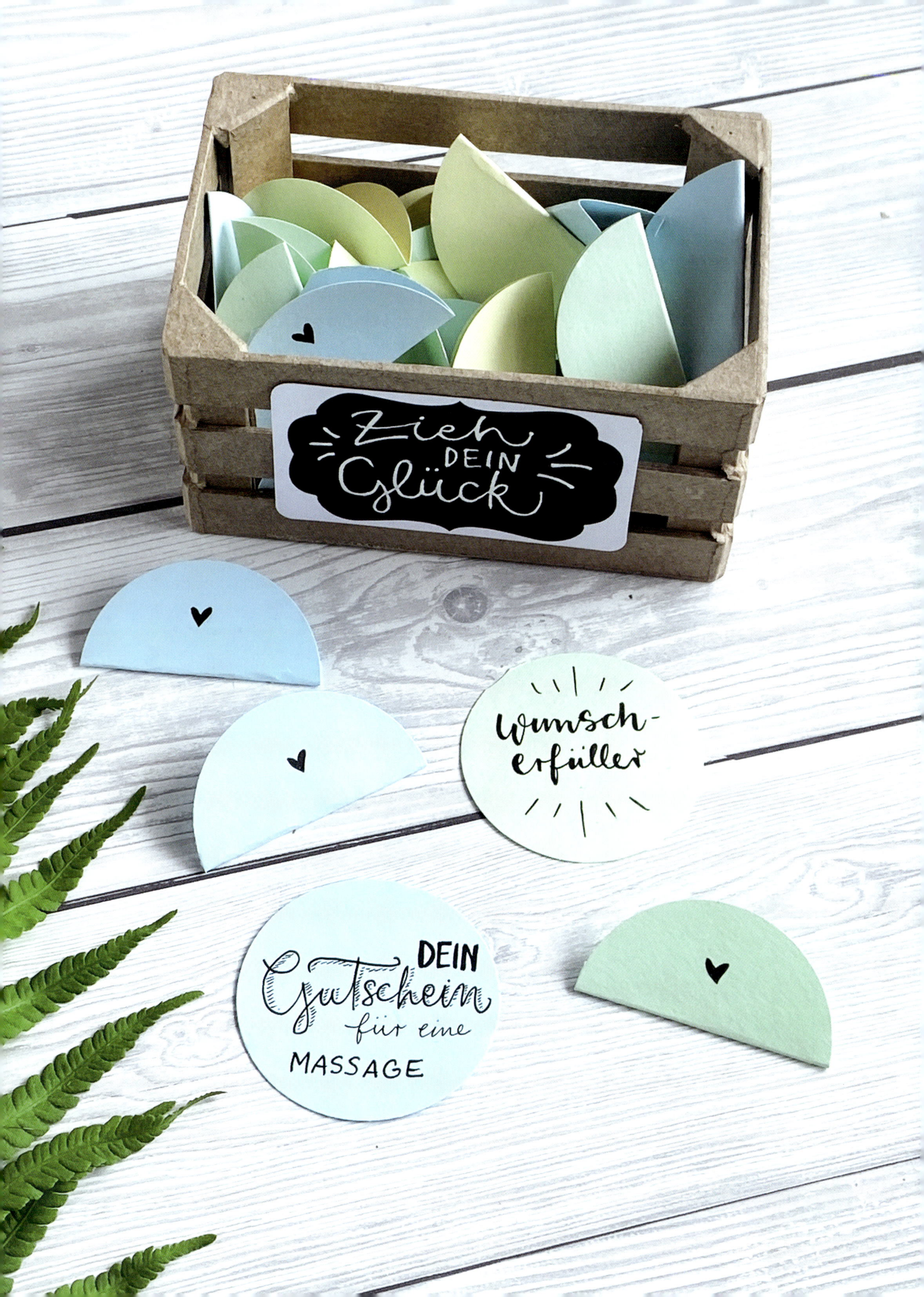
Zieh DEIN Glück
Wunsch-
erfüller
DEIN
Gutschein
für eine
MASSAGE

Hochzeitstorten-Topper

Diese Topper eignen sich sehr gut, um das Hochzeitspaar gebührend zu feiern. Natürlich kannst du damit aber auch das Kuchenbuffet oder die Candy Bar beschriften und verzieren.

MATERIAL

- Aquarellpapier (min. 300 g/m²)
- Bleistift und Radiergummi
- Schere
- Aquarellfarben
- Brush Pen
- Holzspieße
- Klebeband
- optional: Buntstifte für Details

SO GEHT'S

1 Übertrage die Vorlage auf dein Aquarellpapier. Zeichne nur ganz feine Bleistiftlinien und drücke nicht zu fest auf, damit du keine Spuren im Papier hinterlässt.

2 Koloriere deine Zeichnung nun mit Aquarellfarben. An den äußeren Kanten und in den Schlaufen ist das Band etwas dunkler.

3 Lass alles gut trocknen, bevor du die Namen auf dein Banner überträgst.

4 Schneide alles aus und befestige den Holzspieß auf der Rückseite mit etwas Klebeband.

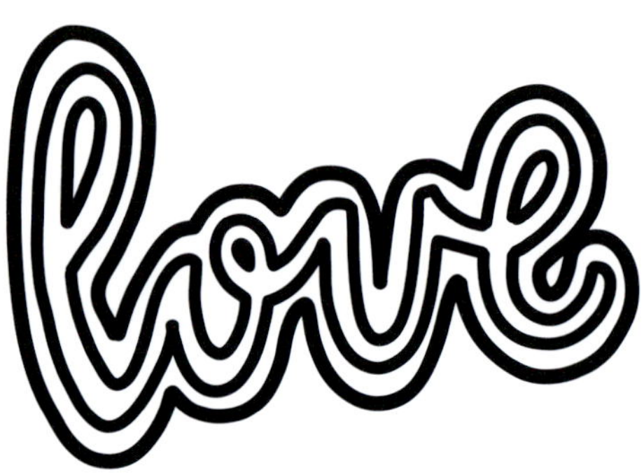

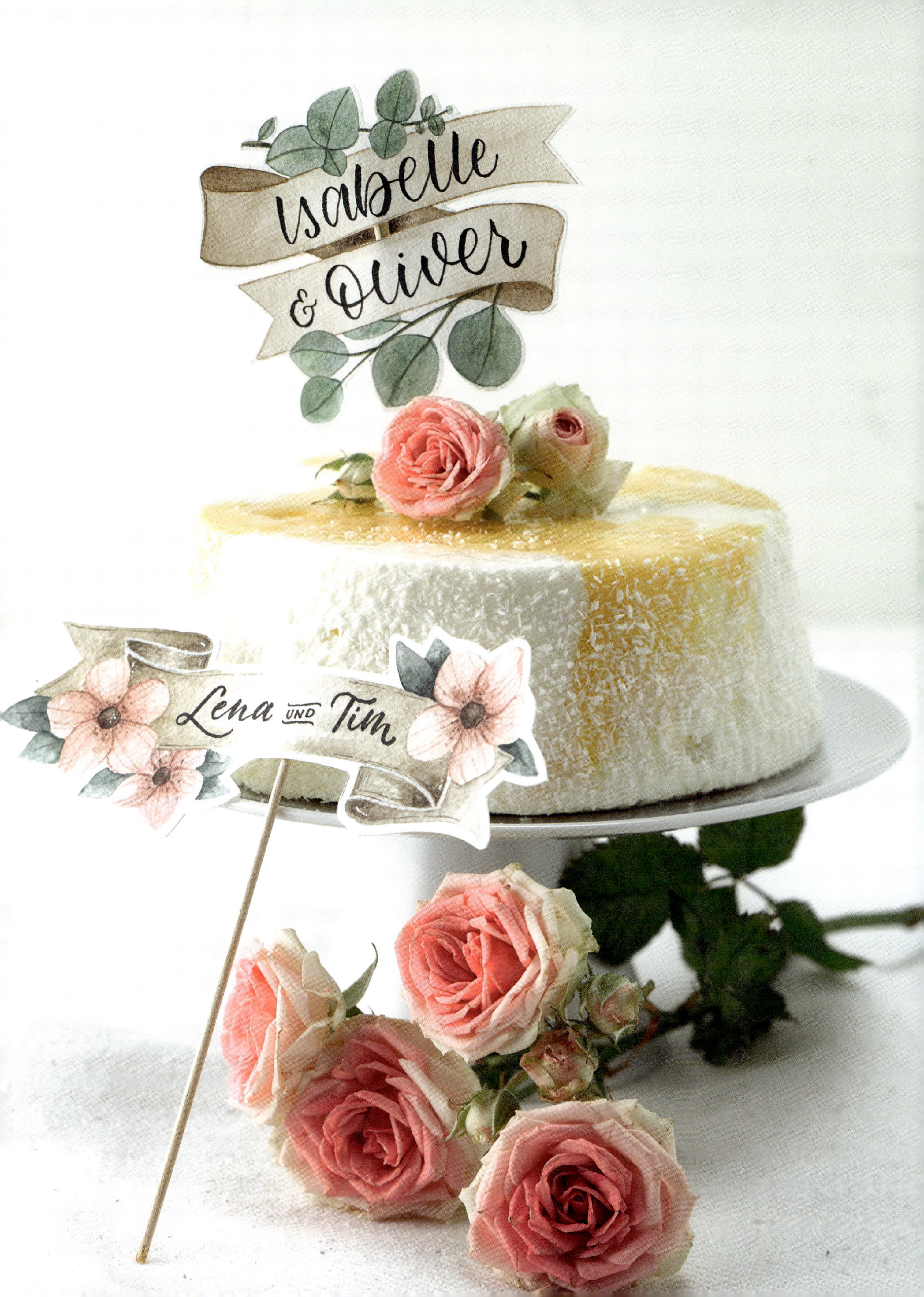
Isabelle
& Oliver
Lena und Tim

Babybody

Ein Babybody ist ein beliebtes Geschenk für junge Eltern. Dieser selbstgestaltete Body kommt nicht nur besonders gut an, sondern wird auch später zum schönen Erinnerungsstück.

MATERIAL

- Babybody aus Baumwolle
- Stoffmalstift oder Stoffmalfarbe
- Bügeleisen zum Fixieren
- Bleistift
- Fester Pappkarton

SO GEHT'S

1 Übertrage dein Motiv vorsichtig mit Bleistift auf den Body.

2 Bevor es ans Ausmalen geht, steckst du den Pappkarton in den Body. So hast du einen festen Untergrund zum Malen und nichts kann durchdrücken.

3 Male nun dein Motiv aus. Ganz egal, ob mit Stiften oder Farbe und Pinsel.

4 Lass alles gut trocknen und fixiere dann die Farbe laut Anleitung auf der Stoffmalfarbe.

TIPP

Trefft euch zu einer Baby-Party und malt gemeinsam ein paar Babybodies an.

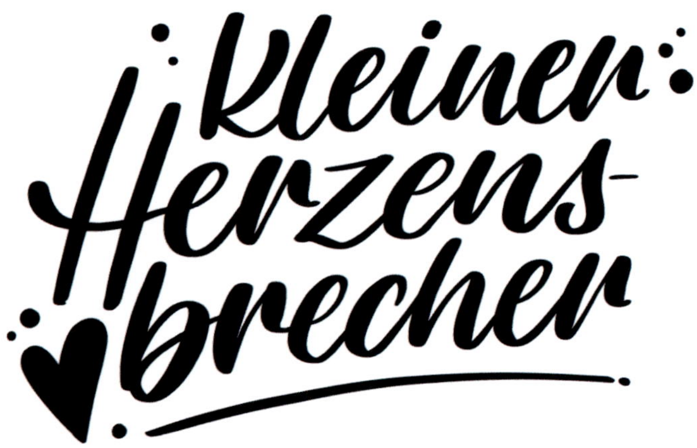

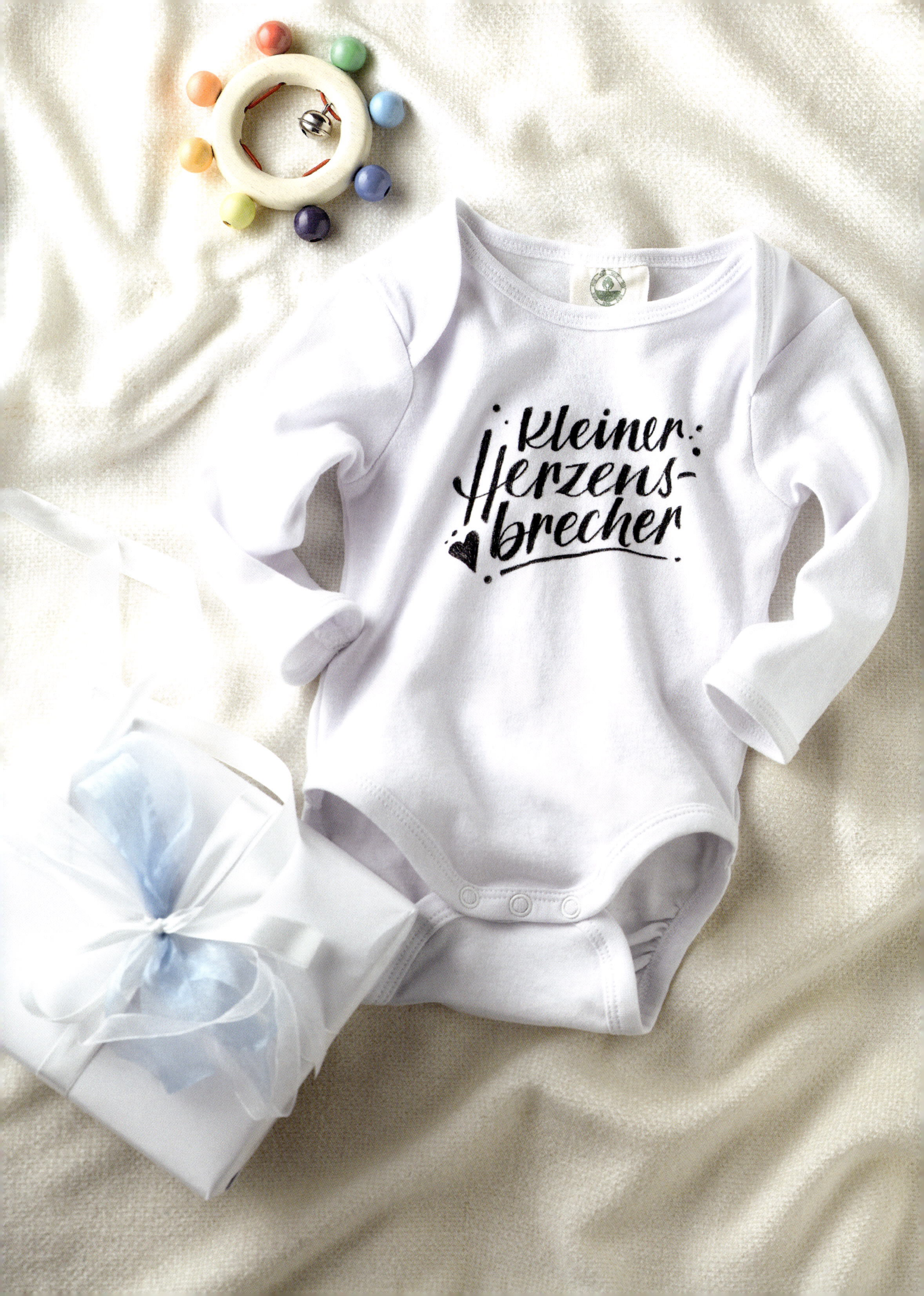
Kleiner
Herzens-
brecher

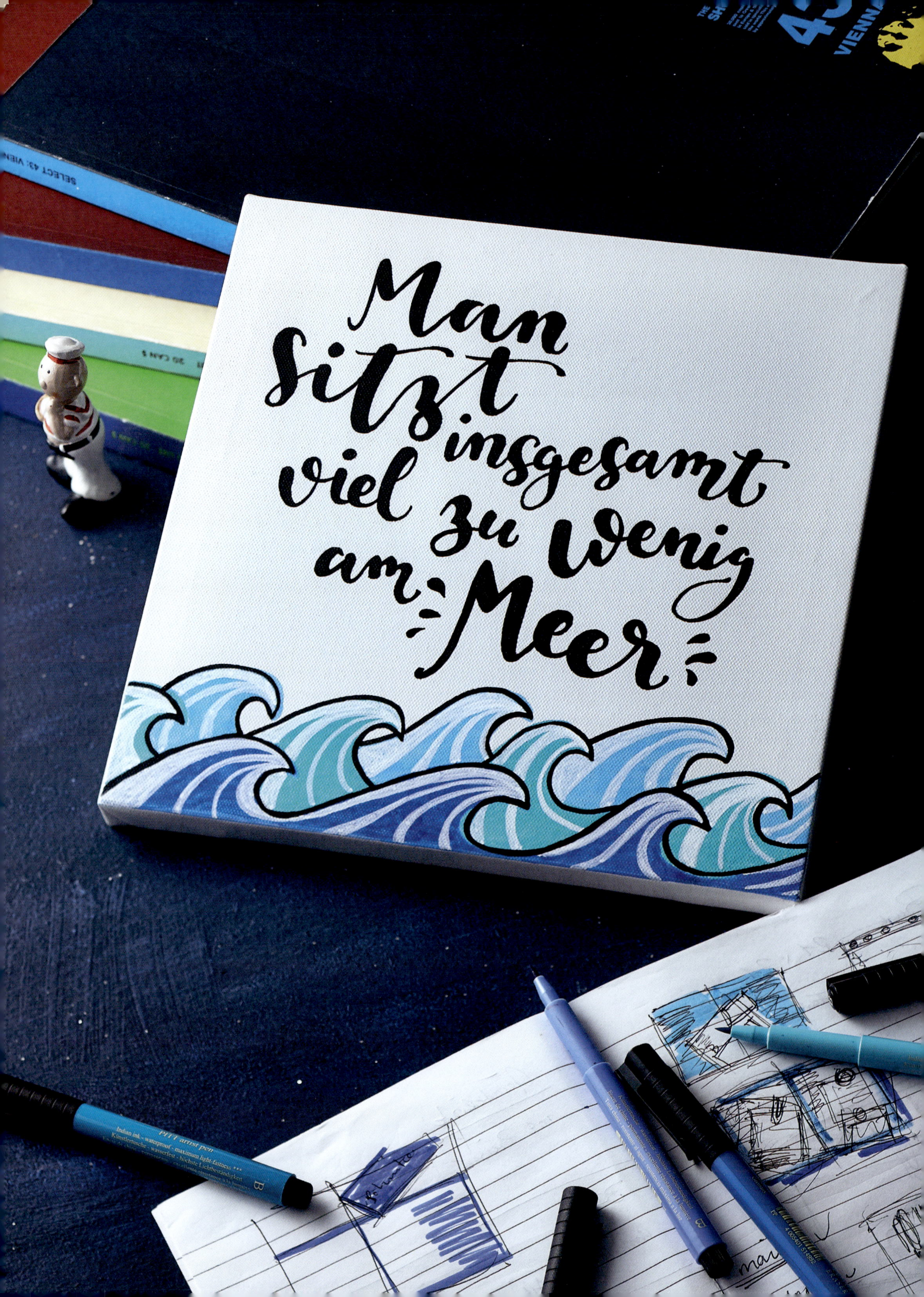
Man
sitzt
insgesamt
viel zu wenig
am Meer

Meeresliebe auf Keilrahmen

Bei diesem Motiv kannst du das Meer förmlich rauschen hören! Mit Acrylmarkern und einem passenden Keilrahmen ist es schnell gestaltet und bringt Sommerfeeling in deinen Tag.

MATERIAL

- Keilrahmen für Marker, 25 cm x 25 cm
- Acrylmarker in Schwarz, 2 mm
- Acrylmarker in Weiß und verschiedenen Blautönen, 2–4 mm
- DIN-A4-Papier für die Wellenschablone
- Schere
- Bleistift

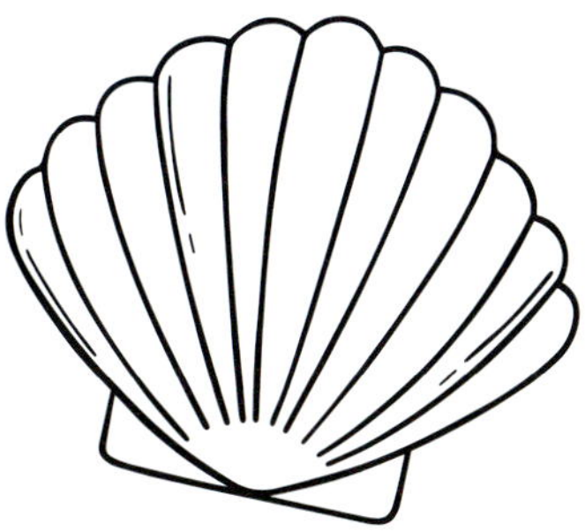

SO GEHT'S

I Schrift auf Keilramen zu bringen, gelingt mit Acrylmarkern besonders leicht, und auch Effekte wie Schattierungen oder Farbe verblenden lassen sich gut umsetzen. Bei diesem Bild entfällt das Grundieren, da es bei dem speziellen Keilrahmen für Marker nicht mehr nötig ist. Du kannst also direkt starten.

TIPP

Für das Arbeiten mit Acrylmarkern gibt es spezielle Keilrahmen. Die Struktur ihrer Leinwand ist viel glatter, sodass du darauf mit den Markern besonders sauber malen kannst. Wenn du einen normalen Keilrahmen verwendest, empfiehlt es sich, diesen zunächst zu grundieren, damit die Leinwandstruktur nicht zu rau ist.

2 Übertrage die Wellen von der Vorlage auf ein Blatt Papier und schneide diese aus. Zeichne nun mit der Wellenschablone drei Reihen Wellen im unteren Bereich des Keilrahmens auf, indem du die Schablone bei jeder Reihe etwas verschiebst und versetzt.

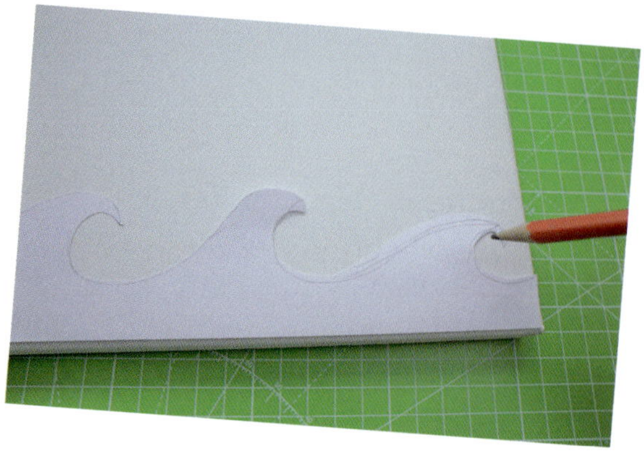

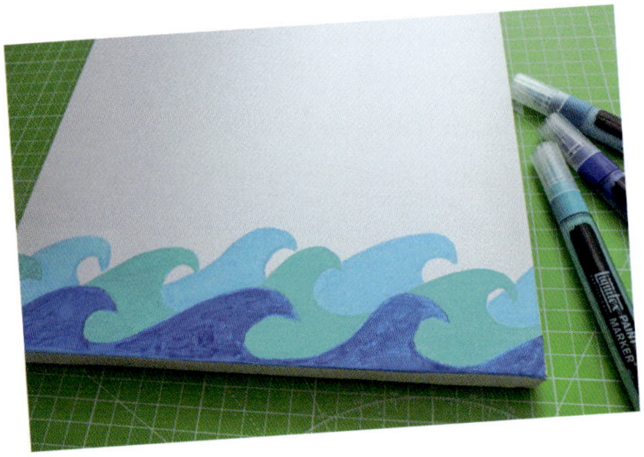

3 Anschließend die Wellen mit drei verschiedenen Blautönen ausmalen.

4 Übertrage jetzt die Spruch-Vorlage auf den Keilrahmen.

5 Die Schriftzüge mit einem feinen Acrylmarker nachziehen. Es empfiehlt sich, zunächst die Außenlinien nachzuziehen und dann die Flächen auszumalen.

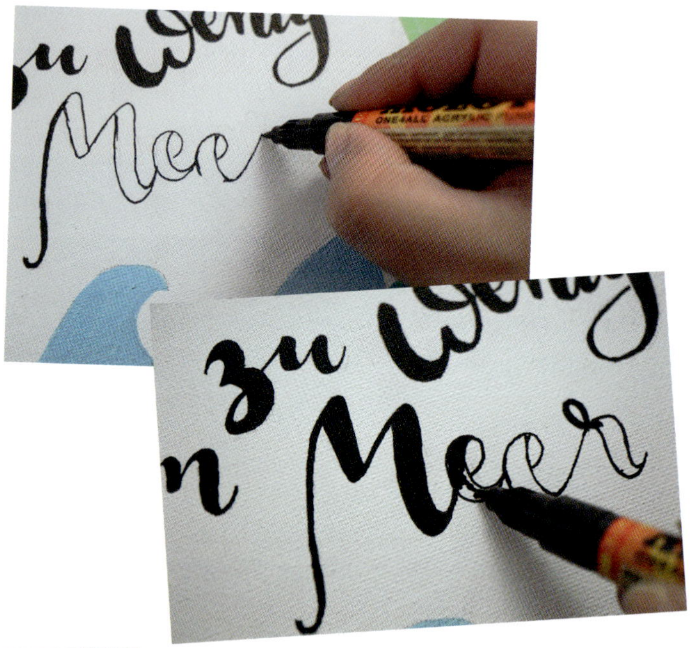

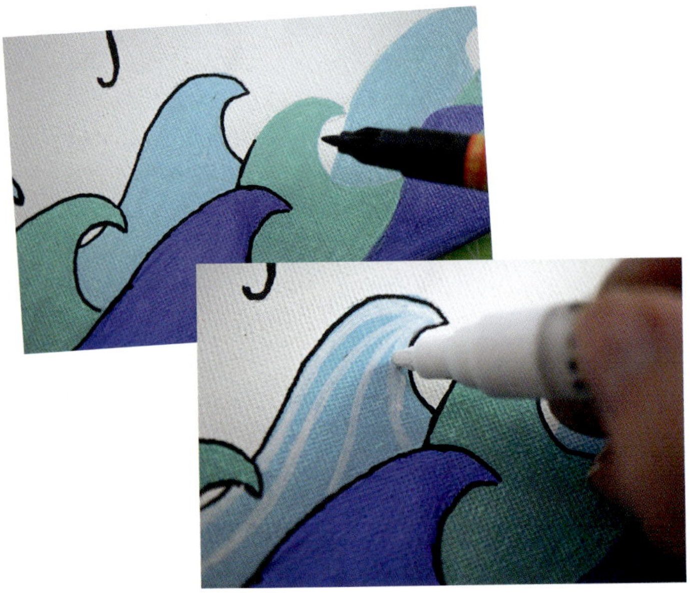

6 Ergänze zum Schluss an den Wellen schwarze Umrandungslinien und setze mit einem weißen Acrylmarker ein paar Lichteffekte.

NEUE WEGE

Mit farbigen Acrylmarkern kannst du sehr schön Farben verblenden und die Schrift auf diese Weise besonders gestalten.

Der Schriftzug wurde mit einem Grünton begonnen und dann zu einem Gelbton gewechselt. Während die Farbe noch feucht ist, kann man sie wunderbar auf dem Keilrahmen vermischen und schöne Farbübergänge erzielen. Auf die gleiche Art wurden die Federn gemalt und zuletzt mit einem feinen Acrylmarker in Schwarz die Umrandungen der Federn und die Schattierungen ergänzt.

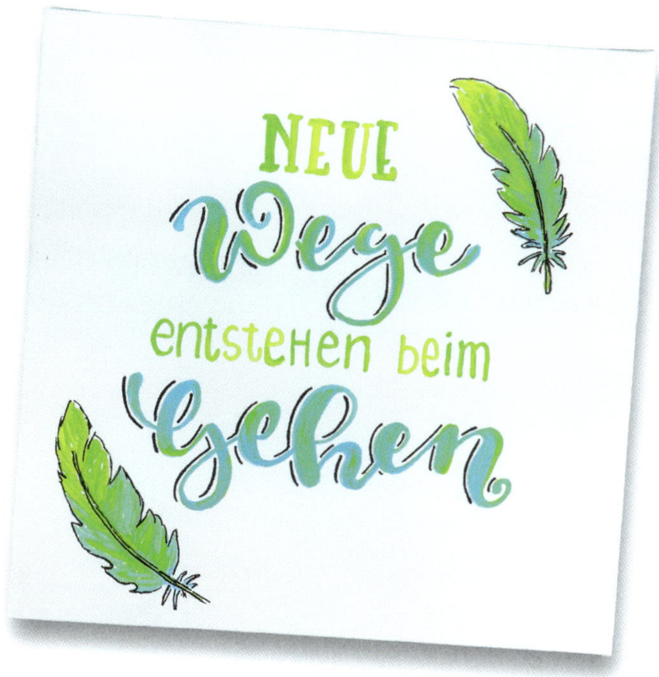

DIE BESTE ZEIT

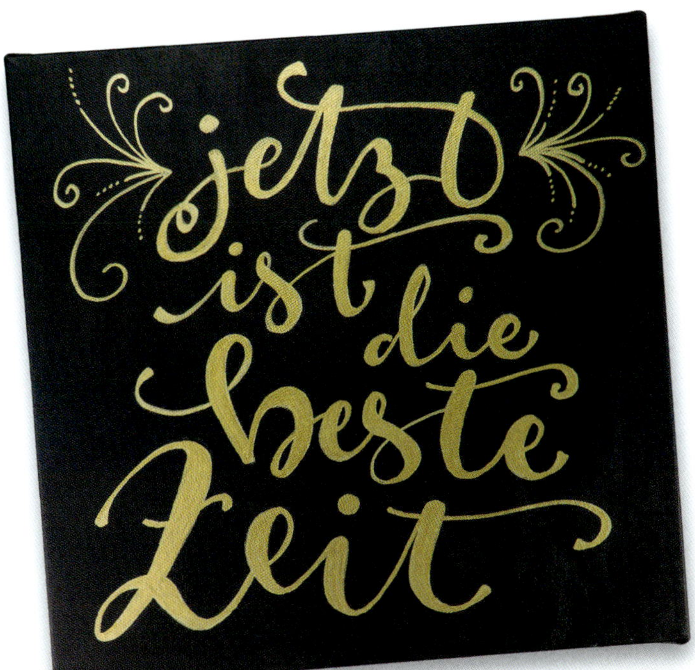

Auch auf farbig grundierten Keilrahmen lässt sich mit Acrylmarkern wunderbar arbeiten.

Einen edlen Look erzeugst du mit dem Einsatz von Markern in Gold oder Silber, die auf dunklem Untergrund besonders leuchten. Für dieses Bild den Keilrahmen zunächst mit schwarzer Acrylfarbe grundieren und das Motiv übertragen. Mit einem Acrylmarker in Gold den Schriftzug nachziehen. Um einen Kalligrafie-Effekt zu erhalten, dabei die Abstriche betonen. Zuletzt noch die Schnörkel ergänzen.

Bunte Ostergrüße

Diese bunt gestalteten Ostereier sind ein richtiger Hingucker. Entweder du hängst dir die kunstvollen Eier als Deko in dein Heim oder pimpst dein Ostergeschenk damit auf.

MATERIAL

- Hühnereier
- Acrylspray oder -farbe
- Trinkglas
- Bleistift
- Acrylmarker
- Holzspieß

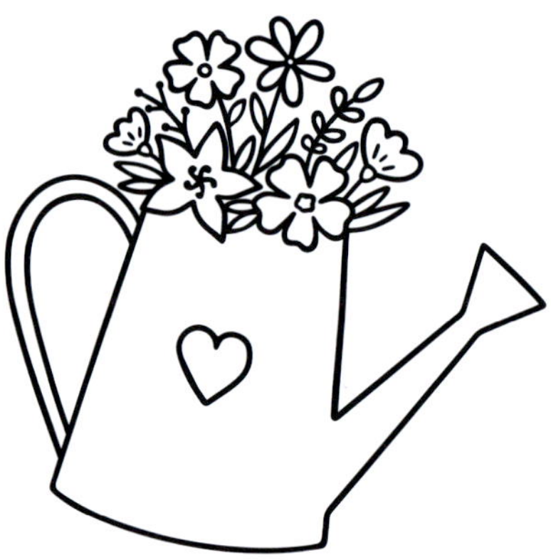

SO GEHT'S

1 Puste vorsichtig Hühnereier aus und stecke sie auf einen dünnen Holzspieß.

2 Grundiere deine ausgepusteten Hühnereier in einer Farbe deiner Wahl. Nutze dafür Acrylfarbe oder ein Acrylspray und halte sie dabei am Holzspieß fest. Stelle die Eier mit Abstand zueinander auf dem Holzspieß in ein Glas, damit sie ca. 1 Stunde trocknen können.

3 Skizziere dir erst mit einem Bleistift deinen Schriftzug mit Elementen auf dein buntes Ei.

4 Mit einem Acrylmarker kannst du nun deine Bleistiftstriche nachzeichnen. Stelle die Eier wieder auf einem Holzspieß in ein Glas, um die Farbe für eine weitere Stunde gut trocknen zu lassen.

TIPP

Hast du keine Acrylmarker zuhause, kannst du deine Vorlage auch mit einem schmalen Rundpinsel und Acrylfarbe nachziehen.

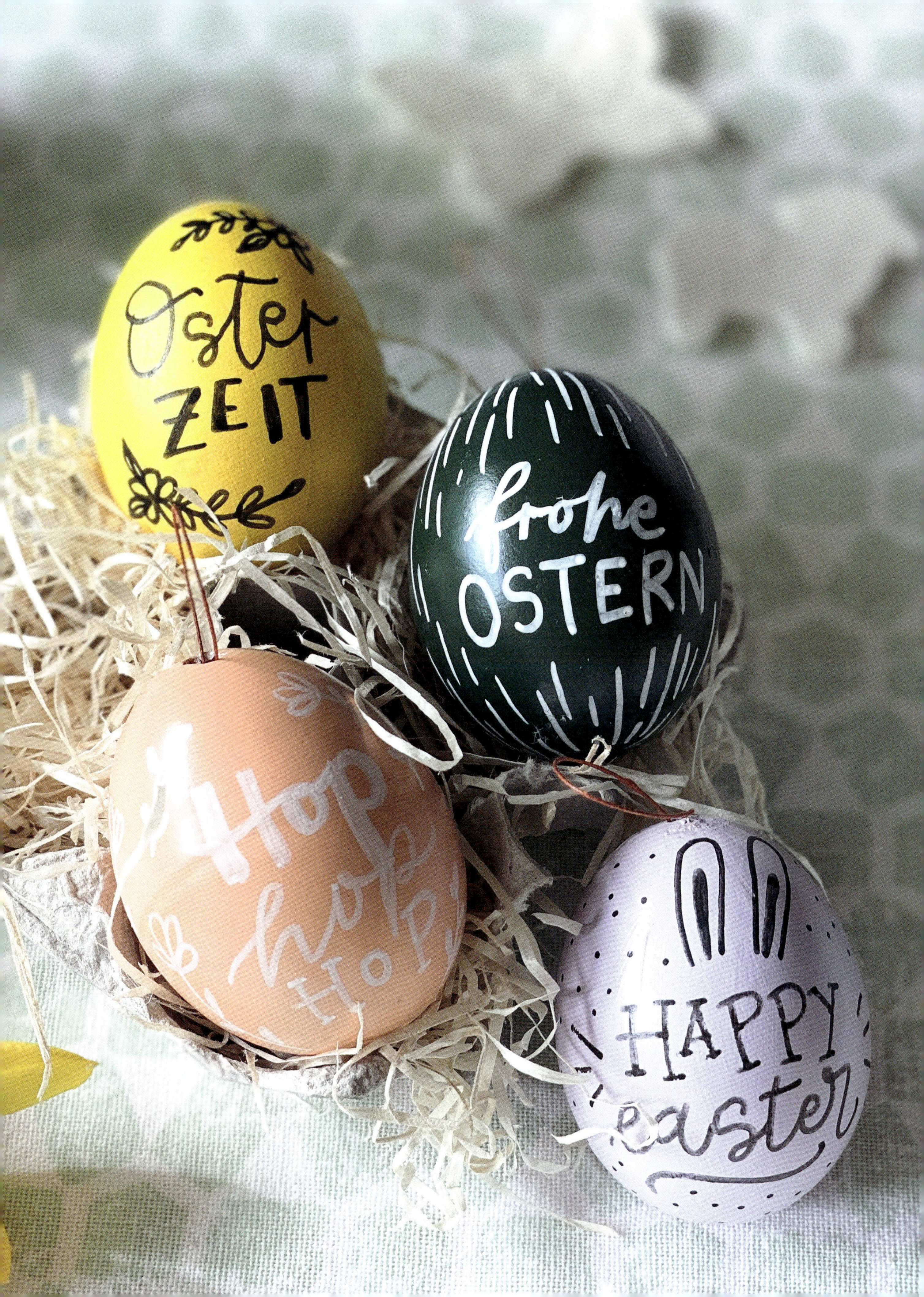
Oster
ZEIT
frohe
OSTERN
Hop
hop
HOP
HAPPY
easter

Geschenkpapier aus Packpapier

Du findest einfach nie das richtige Geschenkpapier? Hier gibt es eine schöne Möglichkeit, einfaches Packpapier selbst zu gestalten und deinen Freund:innen und der Familie eine Freude zu bereiten.

MATERIAL

- Packpapier
- Bleistift und Radiergummi
- Acrylfarbe oder Tinte in Weiß und Schwarz
- Wasser
- Rundpinsel, Gr. 4
- Fineliner in Schwarz, 0,5 mm

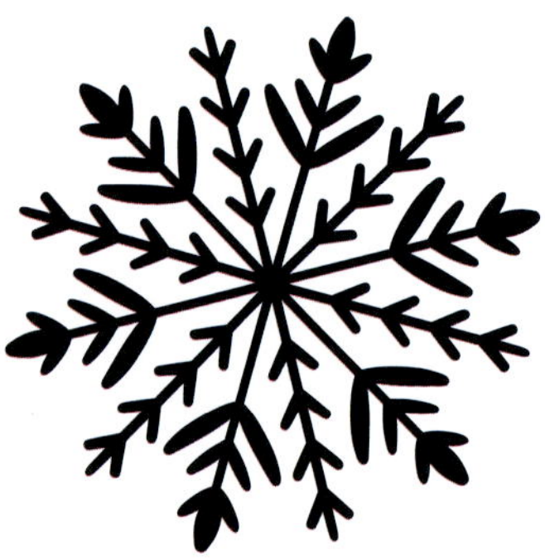

SO GEHT'S

1 Schneide von der Packpapierrolle so viel Papier ab, dass du dein Geschenk darin einwickeln kannst. Platziere das abgetrennte Papier auf dem Untergrund vor dir. Sollte sich das Papier zusammenrollen, beschwere die Enden mit Gegenständen.

2 Übertrage mit einem Bleistift eine weihnachtliche Vorlage auf dein Papier. Drück dabei nicht zu fest auf, damit sich die Striche später rausradieren lassen.

3 Nutzt du Acrylfarbe, solltest du die Farbe zuerst mit Wasser verdünnen. Mit Tinte kannst du in der Regel ohne Verdünnung schreiben.

4 Male nun mit deinem Pinsel die Wörter nach. Du kannst ein geschlossenes Lettering gestalten oder die Wörter so oft wiederholen, dass ein Endlosmotiv entsteht.

5 Ist dein Packpapier getrocknet, kannst du nun dein Geschenk darin einwickeln.

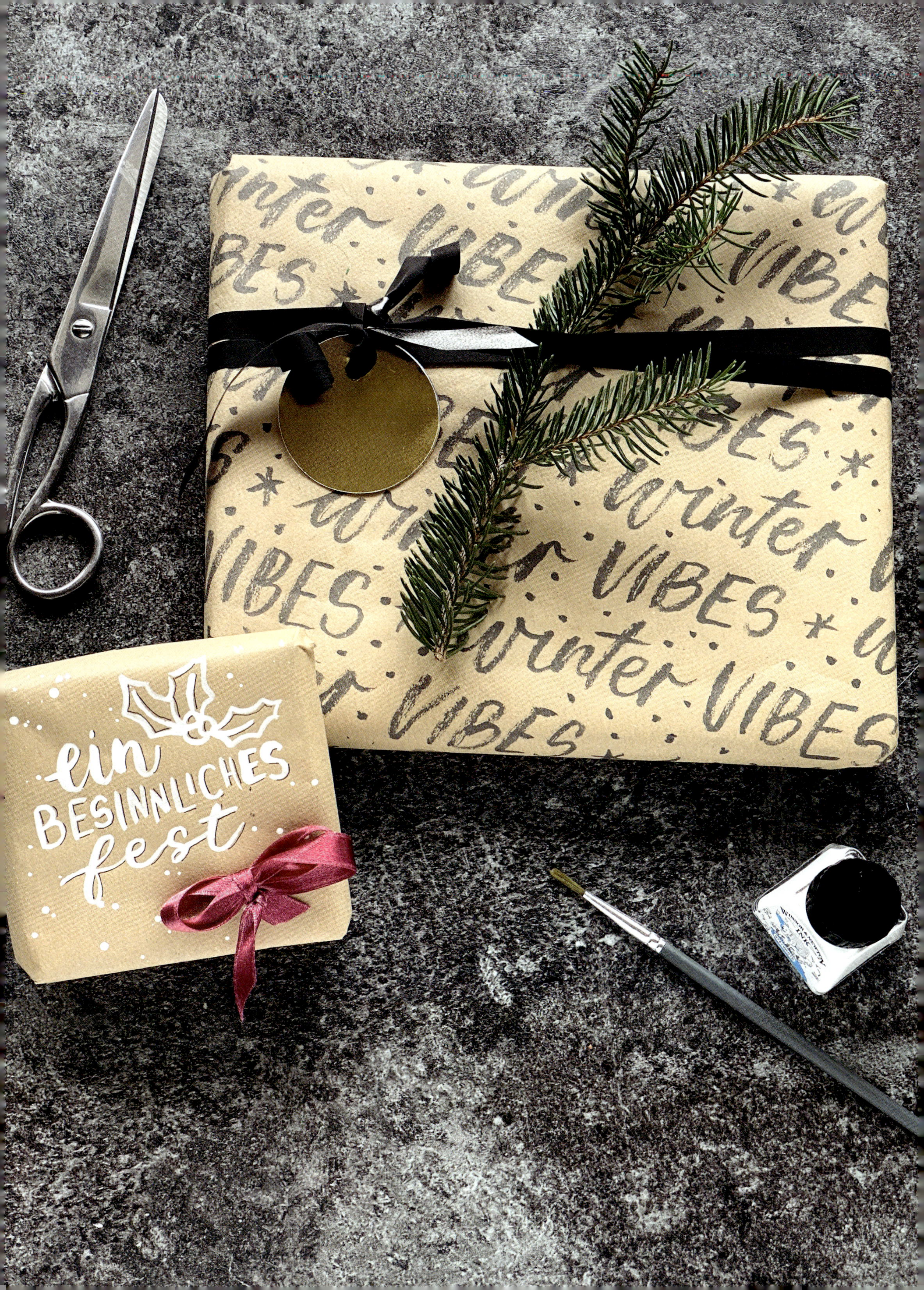
winter VIBES
ein BESINNLICHES fest

Weihnachtliche Geschenkanhänger

An Heiligabend machen wir unseren Lieben gern eine Freude. Schön verpackt gehören bei den meisten kleine Geschenke dazu. Diese individuellen Geschenkanhänger pimpen dein nächstes Weihnachtsgeschenk mit Sicherheit auf.

MATERIAL

- Bunter Tonkarton
- Schere oder Stanzer
- Locher
- Bleistift
- Fineliner in Schwarz, 0,3 und 1,0 mm
- Gelroller in Weiß

SO GEHT'S

1 Zeichne auf deinem Tonkarton Tannenbäume und Sterne auf. Schneide diese mit der Schere aus. Natürlich kannst du auch entsprechende Stanzer verwenden.

2 Loche die Anhänger jeweils einmal am Rand.

3 Übertrage die weihnachtlichen Vorlagen auf die ausgeschnittenen Anhänger.

4 Zeichne nun mit Fineliner und Gelroller deine Buchstaben nach.

5 Füge kleine Details wie Punkte, Schatten und Striche hinzu.

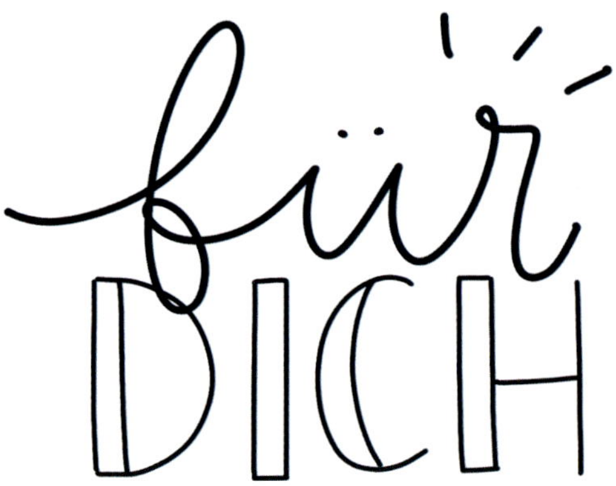

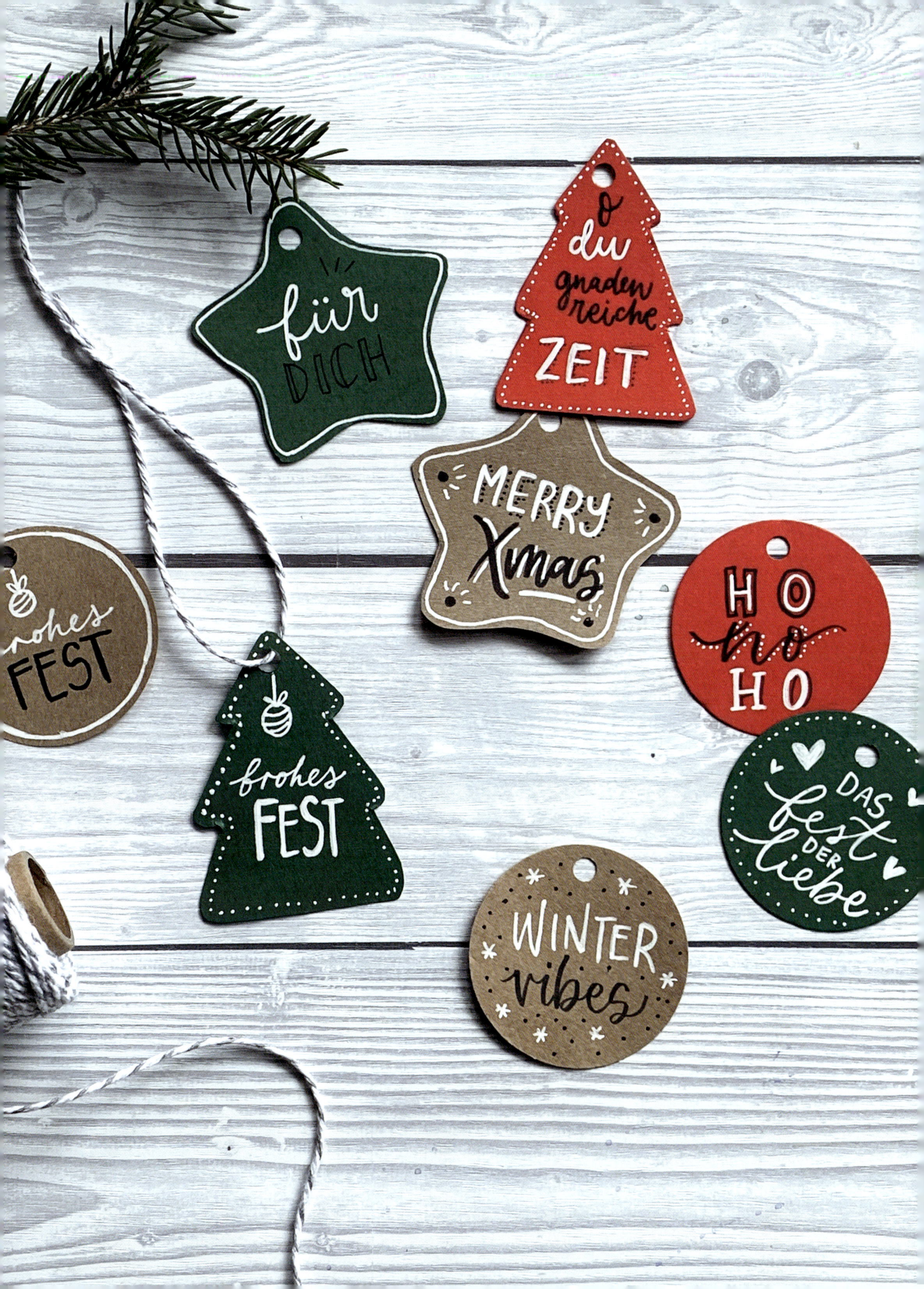

für DICH
o du gnadenreiche ZEIT
MERRY Xmas
HO ho HO
frohes FEST
frohes FEST
DAS fest DER liebe
WINTER vibes

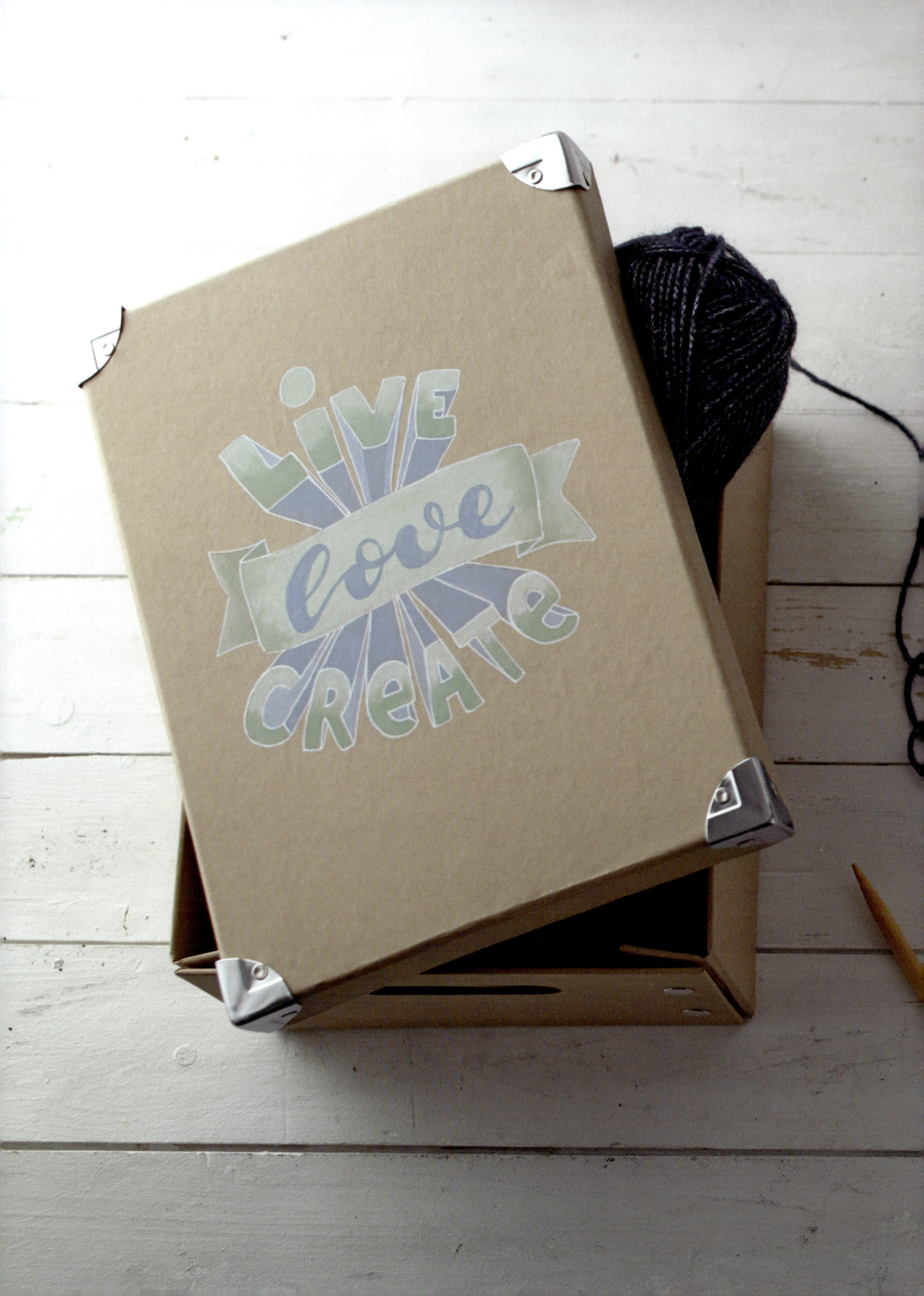
Live
love
Create

Kreativbox

Mit perspektivisch gestalteter Schrift kannst du dekorative Letterings entwerfen. Verwende für diesen Effekt kurze Sprüche oder einzelne Worte, die sich gezielt in Szene setzen lassen. In Kombination mit Acrylfarbe kannst du auf verschiedenen Untergründen ein deckendes Ergebnis erzielen.

MATERIAL

- Bleistift, HB
- Lineal
- Transferpapier
- Masking Tape
- Pappbox, 22 cm x 30 cm
- Acrylfarbe in Pastellblau, Pastellgrün und Weiß
- Acrylpinsel, Eckmaler, Größe 2
- Palette
- Acrylmarker, 1 mm, weiß
- Wasserglas
- Optional: Acryl Retarder

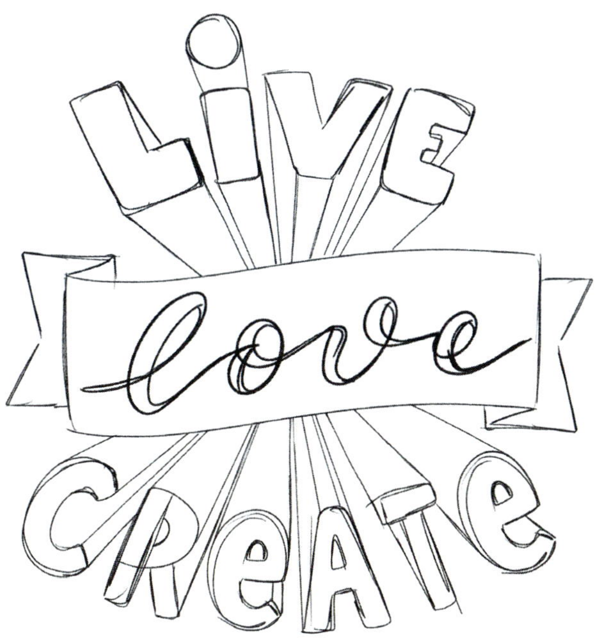

SO GEHT'S

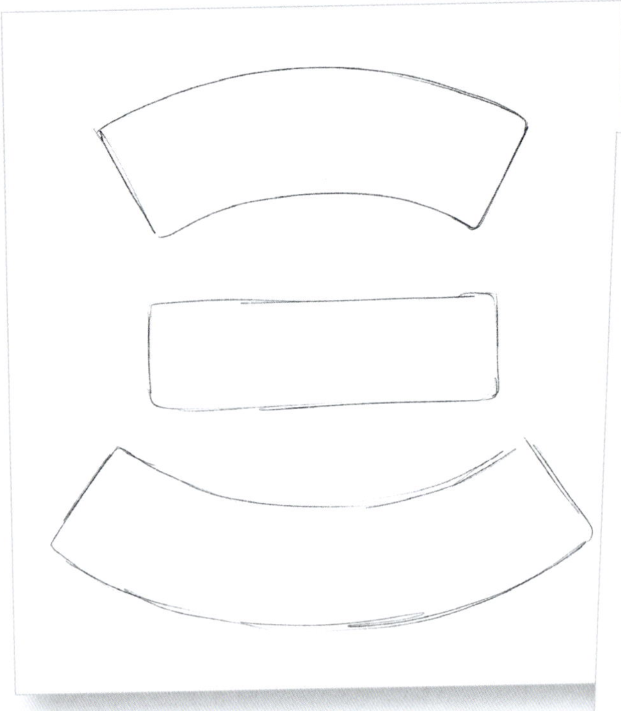

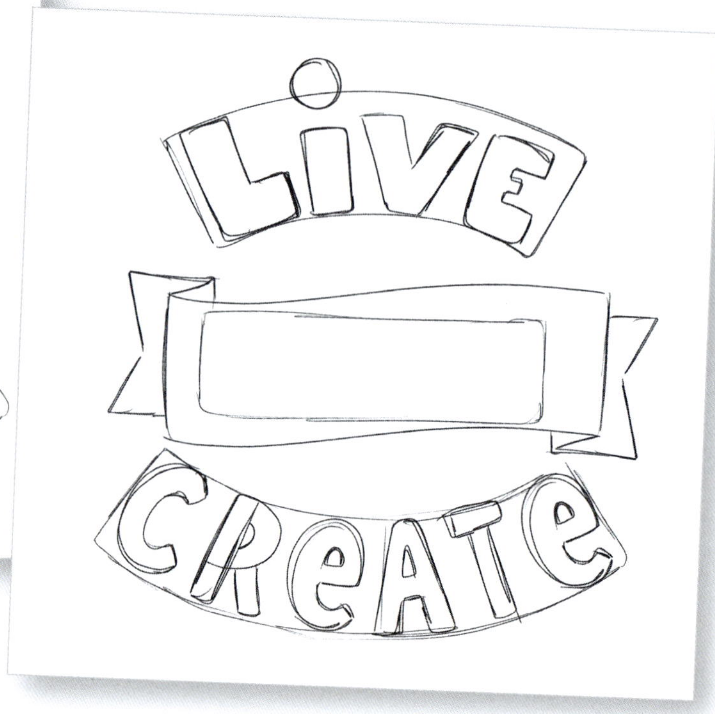

1 Skizziere zunächst das Lettering mit einem Bleistift vor. Um die gebogenen Buchstaben zu entwerfen, zeichne dir ein paar dünne Hilfslinien auf.

2 Lege mittig einen Fluchtpunkt fest und verbinde anschließend mit einem Lineal die Ecken der Buchstaben und den Fluchtpunkt. Bei Buchstaben mit Rundungen setze die Linie an die äußerste Stelle.

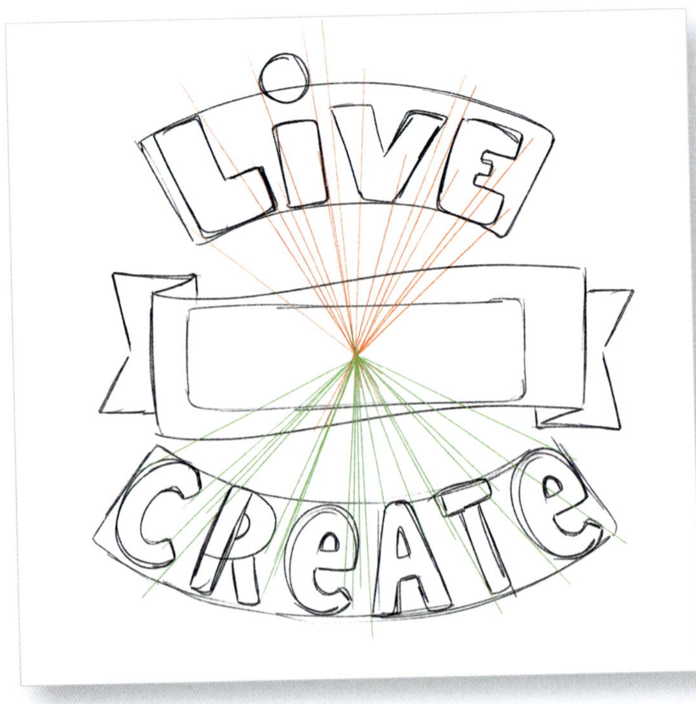

3 Konstruiere die Tiefe der Buchstaben, indem du dich an den Fluchtlinien orientierst. Male dann auch das Wort „love“ in das Banner und radiere die Hilfslinien weg.

4 Verwende Transferpapier, um das Lettering auf die Pappbox zu übertragen. Damit es nicht verrutscht, kannst du es leicht mit etwas Masking Tape festkleben.

5 Bereite nun die Farbe vor. Helle einen Teil des Pastellgrüns mit etwas weißer Farbe auf. Male zunächst die Wörter in Pastellgrün, nutze dann den aufgehellten Ton und verblende die beiden Farben.

TIPP

Mit einem Malmittel (Acryl Retarder), welches die Trocknung verzögert, ist es einfacher, die Farben zu mischen. Da die Deckkraft so etwas nachlässt, ist eventuell eine zweite Farbschicht notwendig.

6 Male anschließend die blauen Schattierungen. Töne auch hier den Blauton mit Weiß ab, sodass du zwei Farbabstufungen erhältst. Nutze den dunkleren Ton für die oberen Seiten, den helleren für die schrägen.

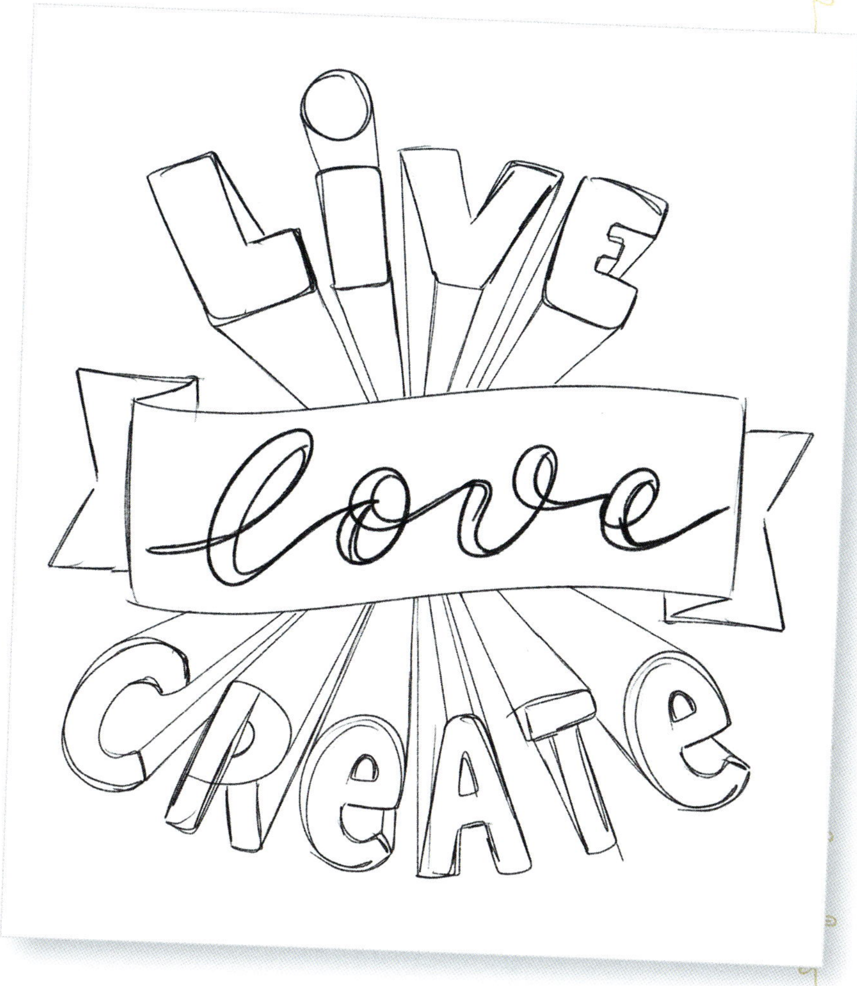

7 Im nächsten Schritt malst du das Banner mit dem hellen Grünton. Du kannst dieses an den Seiten auch ein wenig mit dem dunkleren Farbton schattieren. Ergänze die Schrift auf dem Banner in Blau.

8 Mit einem feinen weißen Acrylmarker kannst du Buchstaben und Elemente des Letterings abschließend noch umranden.

Taufkerze

Du suchst nach einem besonderen Geschenk für eine Taufe?
Deine selbstgeletterte Taufkerze ist garantiert einzigartig und
wird einen besonderen Platz bekommen.

MATERIAL

- Stumpenkerze
- Seidenpapier
- Buntstifte
- Schere
- Backpapier
- Heißluftföhn

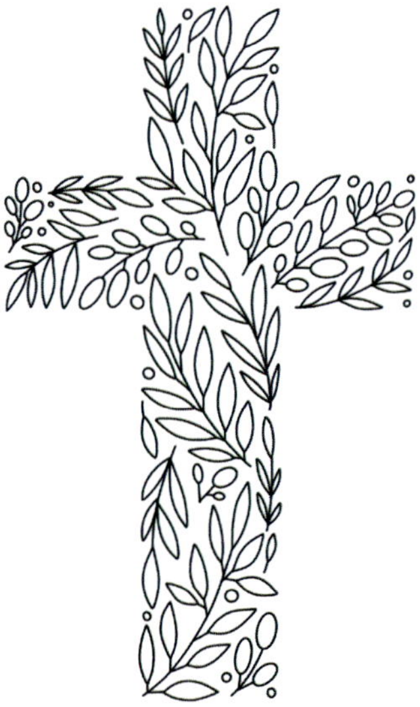

SO GEHT'S

1 Male dein Motiv vorsichtig auf das Seidenpapier. Male am besten auf die glatte Seite des Papiers. Teste vorher auf einem Seidenpapierrest, wie sehr du mit den Stiften aufdrücken kannst.

2 Schneide nun das Motiv aus. Lass um das Motiv etwas Rand stehen.

3 Positioniere es auf der Kerze und umwickle nun alles fest mit Backpapier. Achte darauf, dass das Seidenpapier nicht verrutscht.

4 Föhne mit dem Heißluftföhn entlang deines Seidenpapier-Motivs. Achte darauf, dass du nicht zu lange auf die gleiche Stelle föhnst, da das Wachs sonst zu weich wird und die Kerze sich verformt.

5 Nach kurzer Zeit kannst du beobachten, wie das Wachs weich wird und mit deiner Zeichnung verschmilzt. Es sollte am Ende eine dünne Schicht Wachs auf deinem Bild sein.

6 Ziehe das Backpapier vorsichtig ab. Sollten dabei Wachsreste hängen bleiben, föhne kurz heiß nach.

HINWEIS

Die Kerze ist eher zu dekorativen Zwecken geeignet. Wenn du die Kerze brennen lassen willst, sei immer dabei!

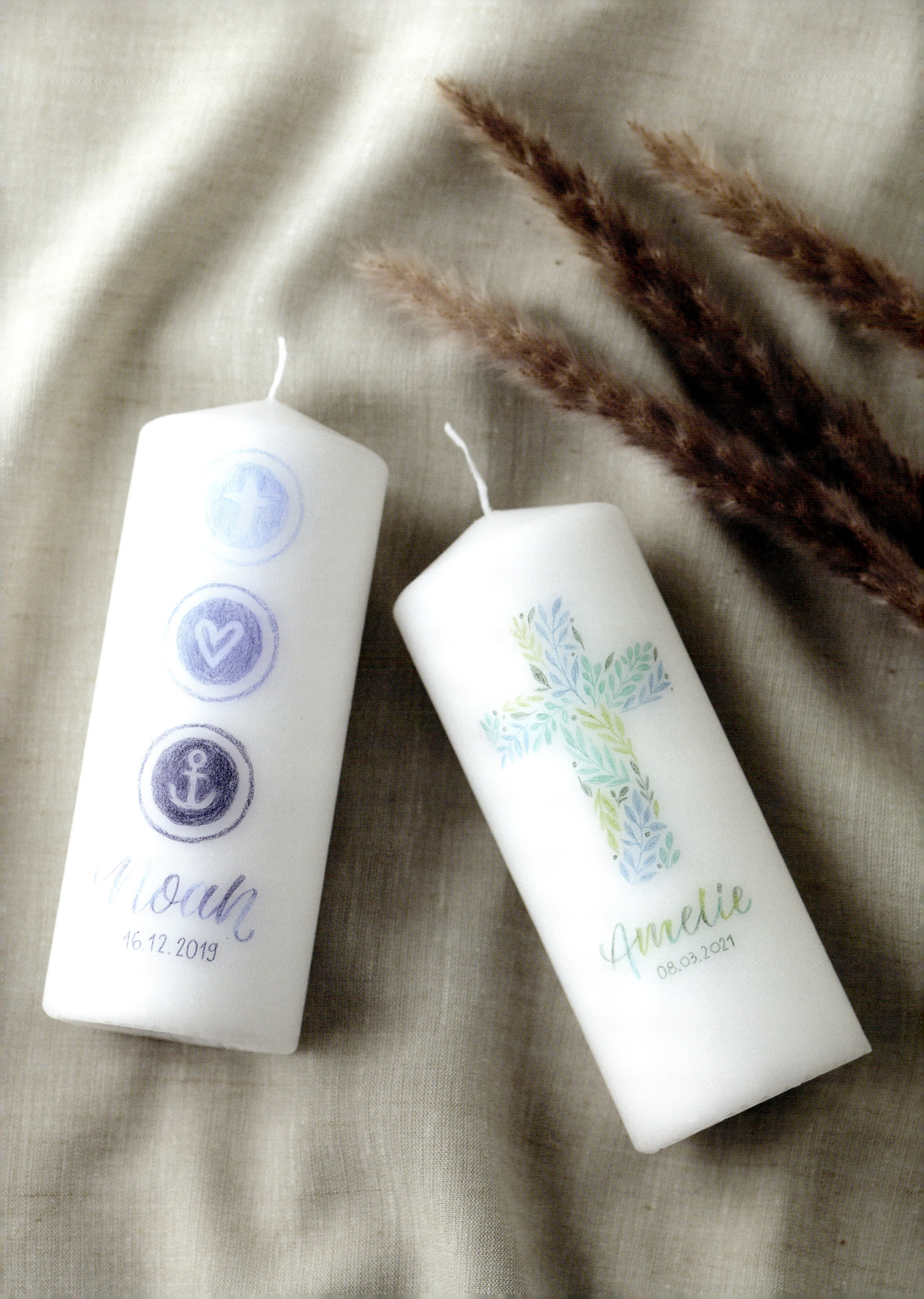
Noah
16.12.2019
Amelie
08.03.2021

Tasse Vatertag/ Muttertag

Klar, ein auswendig gelerntes Gedicht gehört zum Mutter- oder Vatertag einfach dazu. Genauso schön sind aber selbstgebastelte Geschenke von den Kleinen, wie zum Beispiel diese Tassen.

MATERIAL

- Tasse aus Porzellan oder Emaille
- Porzellan-Malstifte
- Backofen
- Bleistift

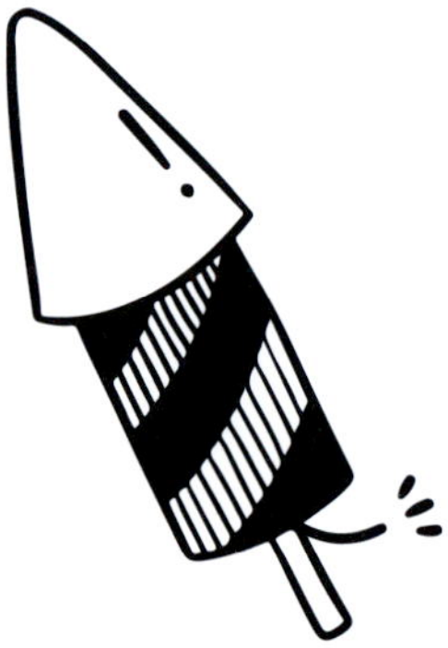

SO GEHT'S

1 Bevor du das Motiv auf die Tasse malst, reinigst du die Tasse gründlich mit Spülmittel oder in der Spülmaschine, bis sie frei von Staub und Fettresten ist.

2 Übertrage das Motiv auf die Tasse. Dafür schraffierst du die Rückseite des Papiers deiner Vorlage und fixierst es auf der Tasse. Fahre nun auf der Vorderseite die Konturen nach.

3 Male dann das Motiv mit den Porzellan-Malstiften auf die Tasse.

4 Die Farbe auf den Tassen fixierst du im Backofen. Halte dich dabei an die Vorgaben, die du auf deinen Stiften findest.

TIPP

Zwar halten die Motive auch ein paar Gänge in der Spülmaschine aus, aber damit Mama oder Papa länger Freude an der Tasse haben, sollte sie besser von Hand gespült werden.

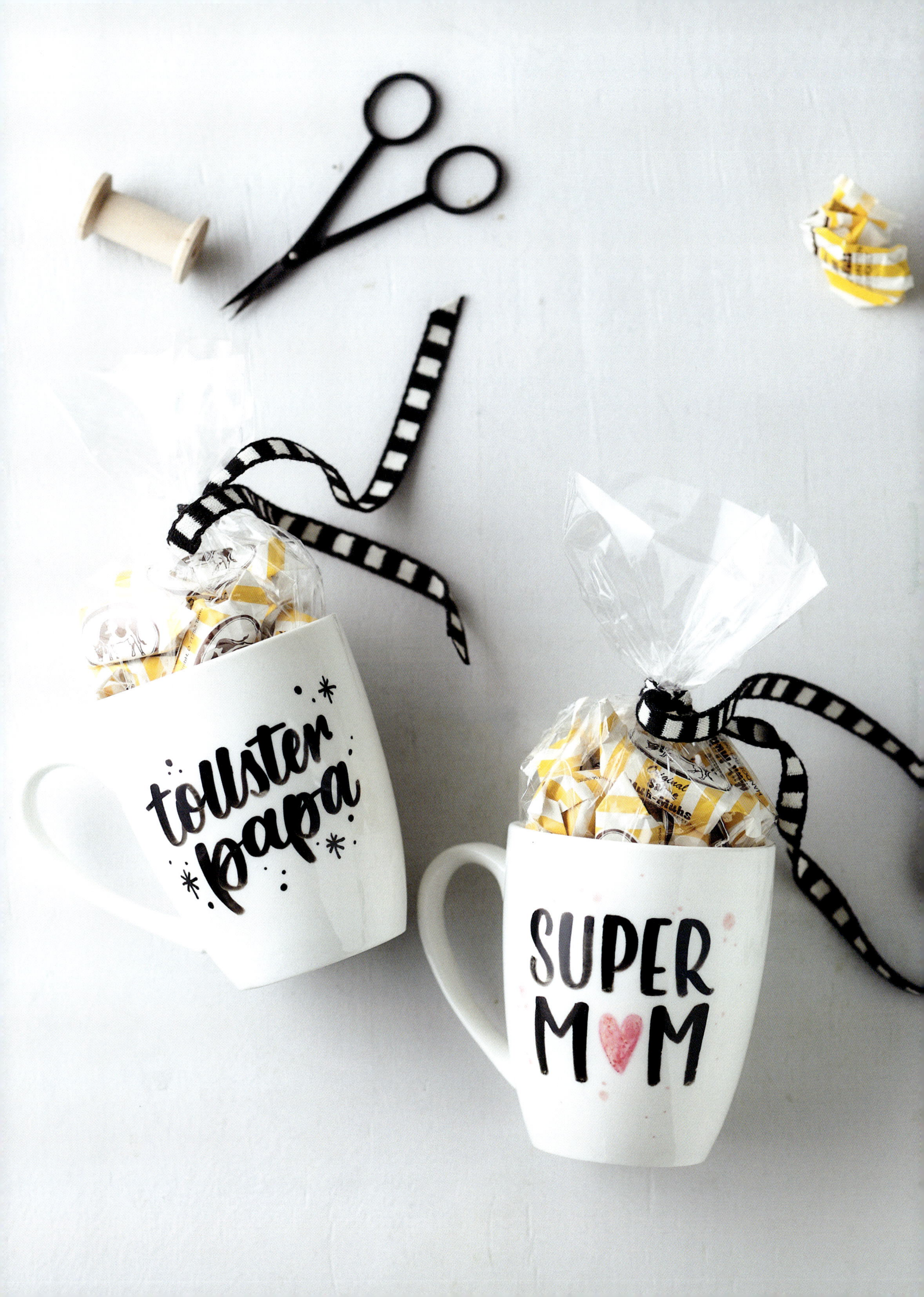
tollster
papa
SUPER
M♥M

Wundertüte mit Glückwünschen

Wundertüten sind nicht nur bei den Kleinsten absolut beliebt – auch die Großen erfreuen sich an kleinen Aufmerksamkeiten. Mit einem schön gestalteten Mitbringsel kann man nicht nur seine Glückwünsche zum Ausdruck bringen, sondern auch wahre Freundschaften pflegen.

MATERIAL

- Brot-Tüte
- Buntes Tonpapier
- Lineal
- Schere
- Bleistift
- Gelroller in Weiß
- Fineliner 1,0 und 0,3 mm
- Mehrzweckklammer

SO GEHT'S

1 Miss die Brot-Tüte mit einem Lineal aus und wähle ein Maß, das entsprechend kleiner ist als deine Tüte. Übertrage das Maß auf dein farbiges Papier.

2 Schneide das Papier zurecht und übertrage deine Vorlage mit einem Bleistift.

3 Mit einem Fineliner, farbigen Brush Pens und Gelrollern kannst du nun dein Lettering nachfahren.

4 Füge noch Details wie Schatten hinzu.

5 Befülle deine Wundertüte und platziere dein gestaltetes Papier an der Öffnung. Verschließe die Tüte mit einer Mehrzweckklammer.

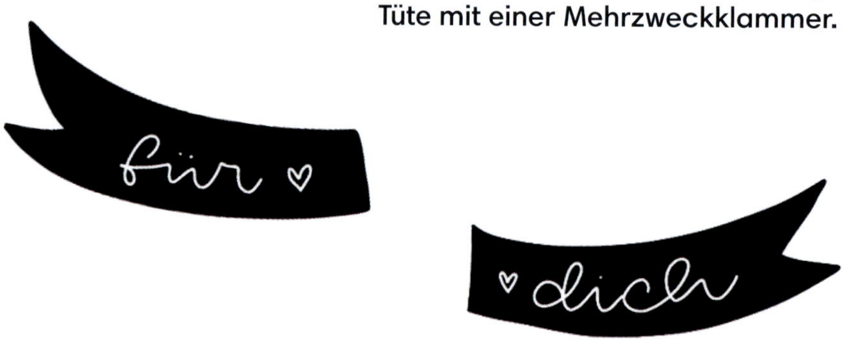

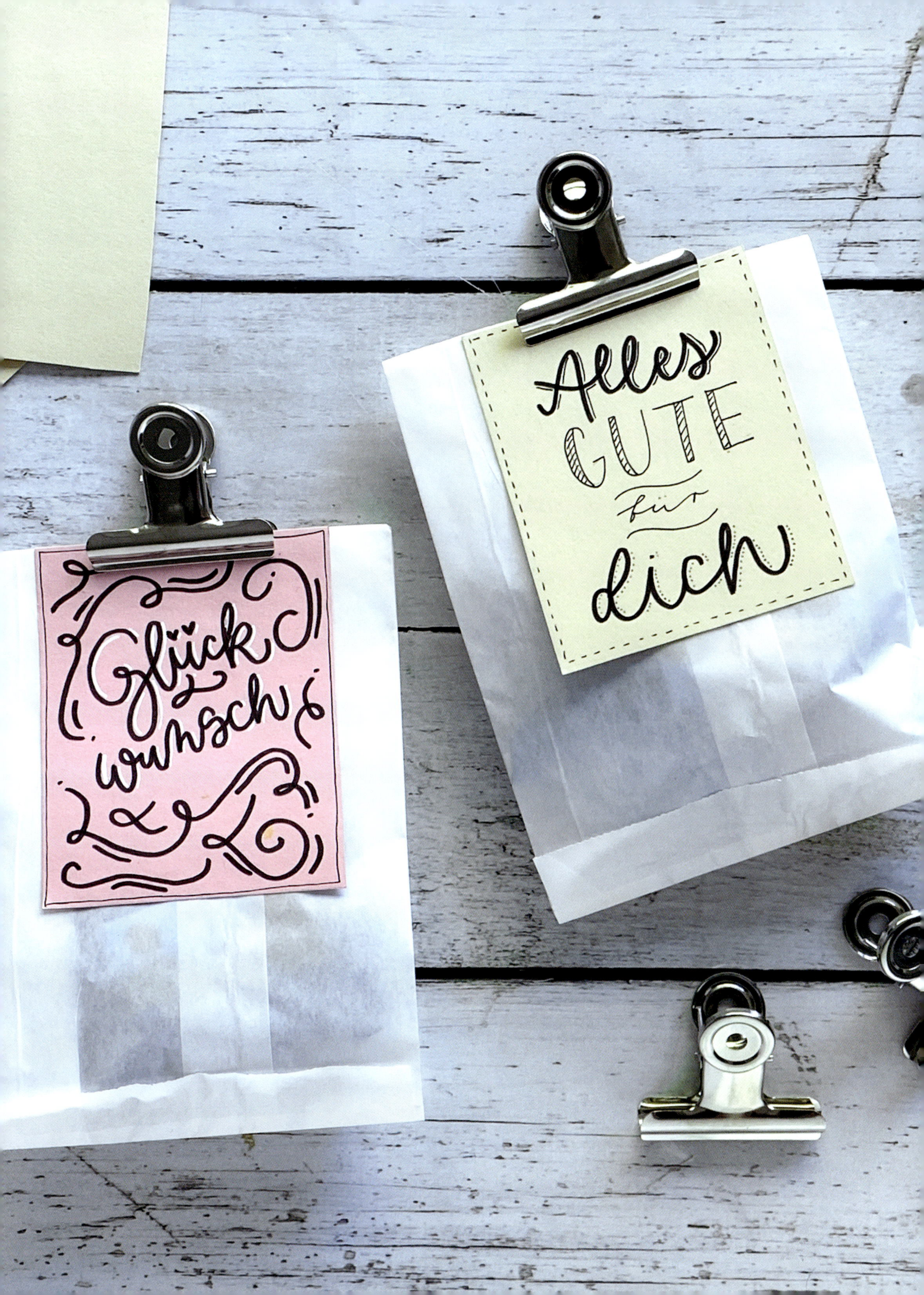
Glückwunsch
Alles GUTE für dich

Hochzeitswünsche

Dieses Lettering im Rahmen kommt von Herzen und ist eine schöne Erinnerung an einen besonderen Tag.

MATERIAL

- Holzbilderrahmen, DIN A4, mind. 3,5 cm tief
- Aquarellpapier, DIN A4 (z.B. Tombow Aquarellblock, satiniert)
- wasserfester Fineliner in Schwarz, 0,2 mm
- kleiner Brush Pen in Schwarz
- großer Brush Pen in Rosa und Pink
- Klarsichtfolie
- Zerstäuber mit Wasser
- Druckerpapier in Rosa und Rot
- Schere
- Cutter
- Schneidematte
- Metalllineal

1 Zeichne mit dem Bleistift einen 6 cm langen Schlitz auf die Oberseite des Bilderrahmens ein. Hier müssen später die Herzen durchpassen.

2 Nimm den Bilderrahmen auseinander und schneide mit Cutter und Lineal den Schlitz aus. Das kann etwas dauern, fahre dazu deine Linien immer wieder mit dem Cutter nach, bis du das Stück Holz heraustrennen kannst.

3 Als Nächstes trägst du mit den beiden großen Brush Pens versetzt Farbe auf die Klarsichtfolie auf, sodass du eine etwa 6 x 6 cm große Fläche erhältst.

4 Sprühe nun etwas Wasser mit dem Zerstäuber auf. Dabei sollten keine Wasserlachen entstehen.

5 Drücke jetzt das Aquarellpapier mittig auf die Klarsichthülle und streiche vorsichtig über die Rückseite. Dann hebe das Papier vorsichtig wieder ab und lege es zum Trocknen.

6 Anschließend kannst du mit Lineal und Bleistift deine Hilfslinien vorzeichnen und dein Lettering skizzieren.

7 Radiere vorsichtig wieder alle Linien weg, sodass sie nur noch sehr leicht zu sehen sind, und zeichne mit Brush Pen und Fineliner dein Lettering und deine Schmuckelemente ein.

8 Füge mit den bunten Brush Pens noch ein paar farbige Highlights hinzu.

9 Zum Schluss schneide aus dem farbigen Druckerpapier 6 x 6 cm große Herzen aus. Hierauf werden später die Glückwünsche geschrieben. Fertig!

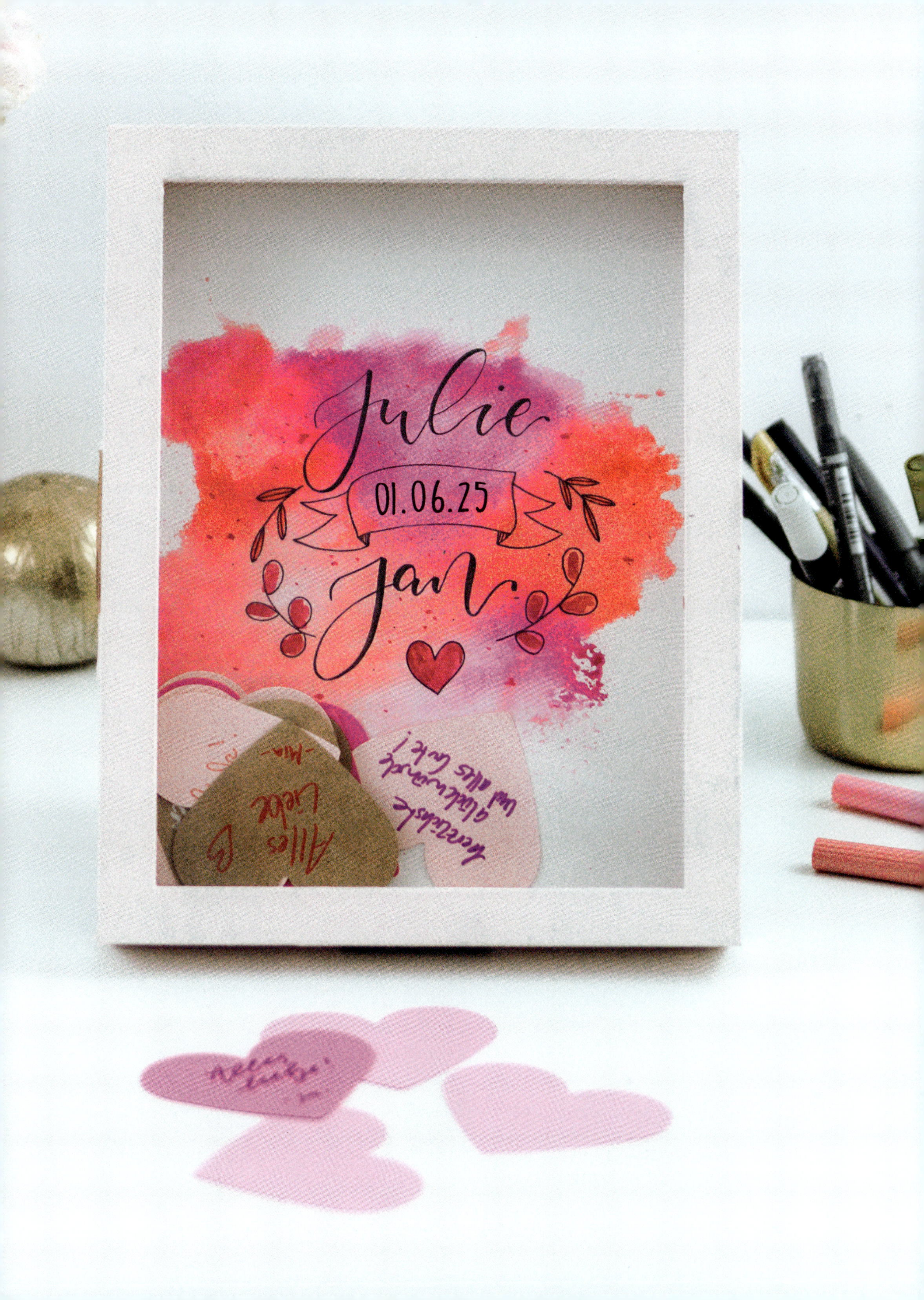
Julie
01.06.25
Jan
Alles Liebe

Geburtstagskarte

Bei einer Geburtstagsfeier dreht sich alles um das Geburtstagskind selbst. Mit dessen Lächeln auf der Einladung wird das bestimmt nicht vergessen.

MATERIAL

- 2 Karten aus Papier (ca. 300 g/m²) in DIN A6
- Bleistift
- Skalpell
- Foto, 10 cm x 15 cm
- Brush Pen
- Musterbeutelklemme

TIPP

Du kannst natürlich auch farbiges Papier verwenden und an Stelle des Fotos gemustertes Papier oder ein gemaltes Bild nehmen. Alles, was zum Thema deiner Feier passt, ist erlaubt!

SO GEHT'S

1 Übertrage die Geburtstagszahl auf die erste Karte. Eine Vorlage unterschiedlicher Zahlen findest du in der Digitalen Bibliothek.

2 Schneide nun die Zahl vorsichtig mit dem Skalpell aus.

3 Auf die zweite Karte kommen alle Informationen rund um deine Geburtstagsparty.

4 Lege abschließend die drei Seiten übereinander (Zahl – Foto – Text) und stanze an der oberen Kante ein kleines Loch für die Musterbeutelklemme aus.

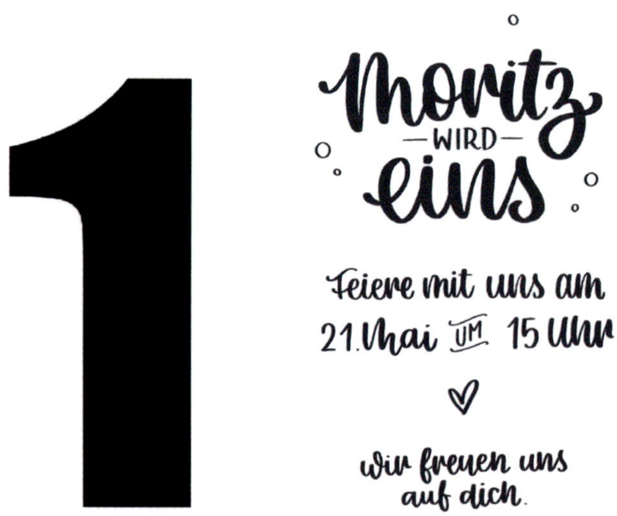

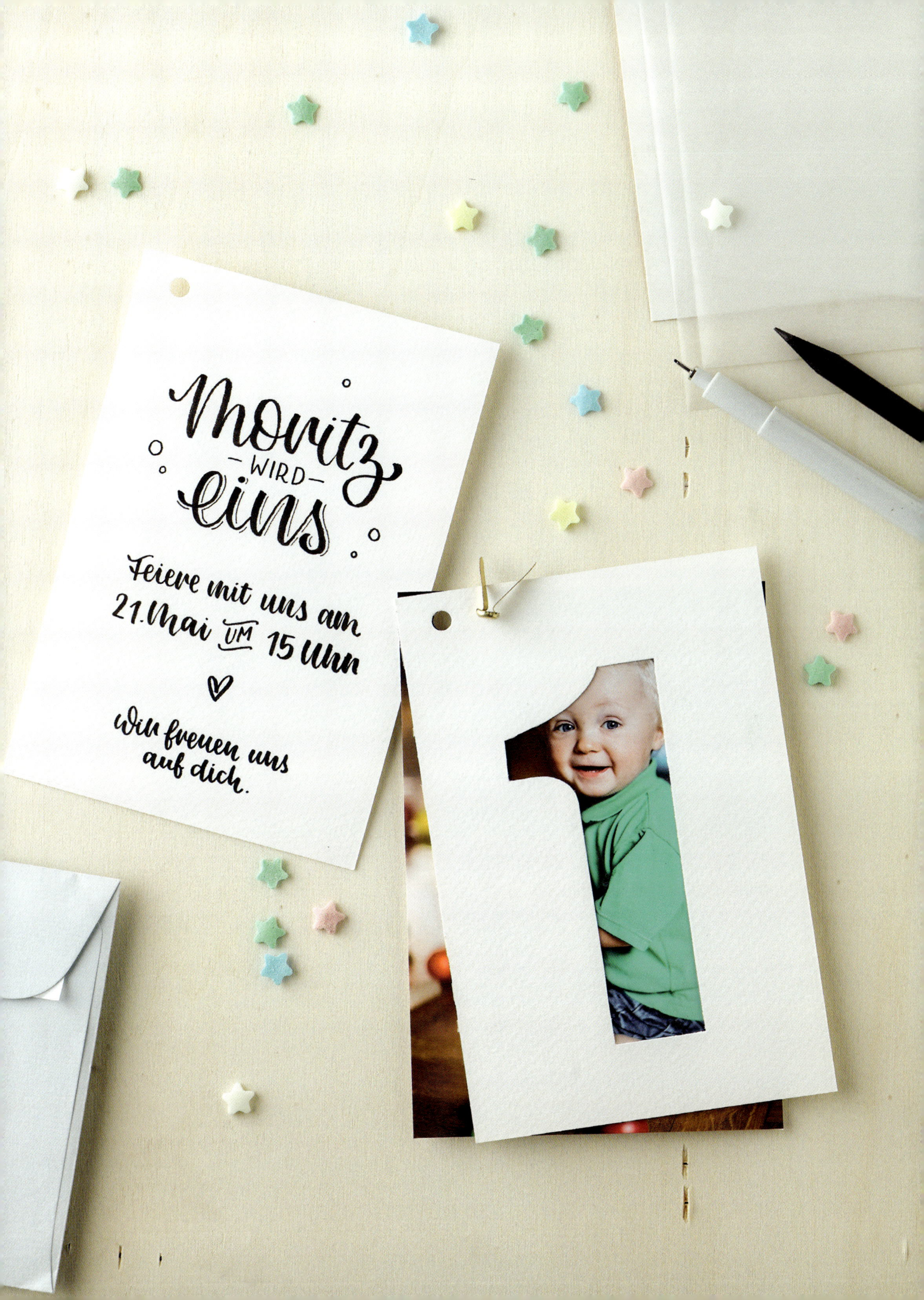
Moritz
WIRD
eins
Feiere mit uns am
21. Mai UM 15 Uhr
Wir freuen uns
auf dich.

Zauberstäbe für die Kinderparty

Viele Kinder lieben es, sich zu verkleiden und in magische Welten von Feen und Elfen abzutauchen. Überrasche die Kleinen beim nächsten Kindergeburtstag doch mal mit selbstgebastelten Zauberstäben.

MATERIAL

- Box mit Papieroberfläche und Deckel, ca. 18 x 10 x 3 cm
- Buntes Tonpapier
- Bleistift
- Schere
- Fineliner, Brush Pens
- Doppelseitiges Klebeband
- Schleifenband, ca. 6–8 cm lang
- Schaschlik-Spieße

SO GEHT'S

1 Gestalte deine Box. Wenn du eine bedruckte Box hast, die dir nicht gefällt, kannst du sie mit farbigem Papier beziehen.

2 Übertrage das Geburtstagslettering mit einem Bleistift auf den Deckel. In der Digitalen Bibliothek findest du Vorlagen für weitere Zahlen, um dein Lettering anzupassen. Ziehe die Linien und Buchstaben mit Brush Pens und Fineliner nach.

3 Zeichne mit einem Bleistift Sterne auf buntes Tonpapier. Dafür kannst du entweder die Vorlage nutzen oder eigene Formen kreieren. Pro Zauberstab benötigst du jeweils zwei große und zwei kleine Sterne.

4 Schneide die Sterne aus und klebe die kleineren Sterne auf die größeren.

5 Schreibe den Namen des Kindes auf den kleineren Stern. Dafür kannst du dir die Alphabete zur Hilfe nehmen, die du auf den Seiten 22–71 findest.

6 Nimm zwei Doppelsterne und klebe zunächst das Schleifenband auf die Rückseite des ersten Sterns. Klebe den Schaschlik-Spieß auf die Rückseite des zweiten Sterns und klebe die beiden am Ende in der Mitte zusammen.

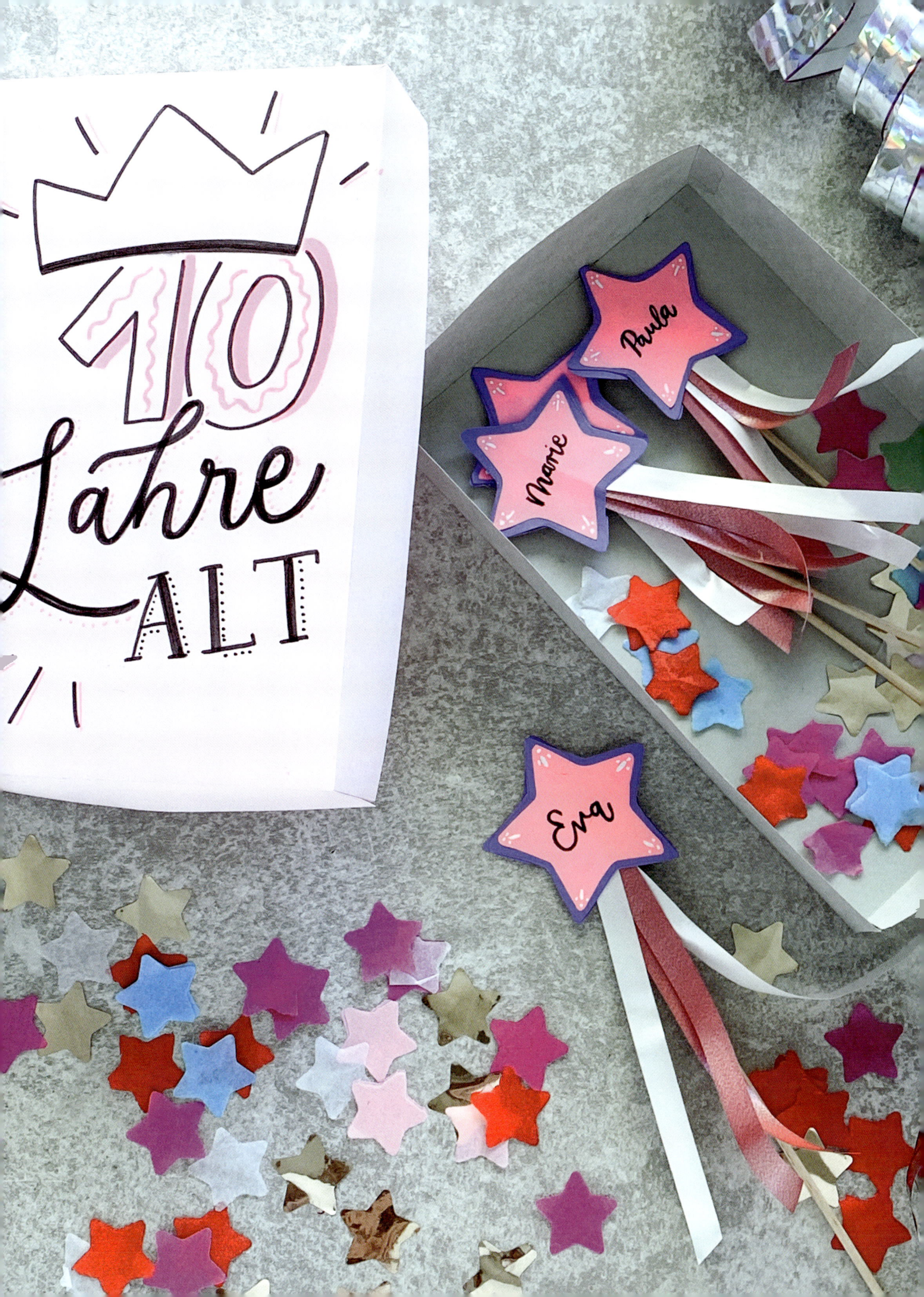
10
Jahre
ALT
Paula
Marie
Eva

Eis-Topper

Mit Cake-Toppern lassen sich selbstgebackene Kuchen leicht personalisieren und Glückwünsche verteilen. Aber auch mit süßen Eisbechern kannst du kleine Grüße an deine Lieben weitergeben.

MATERIAL

- Buntes Tonpapier
- Schere
- Bleistift
- Marker in Schwarz, 1 mm
- Gelroller in Weiß
- Klebeband
- Schaschlik-Spieße

SO GEHT'S

1 Schneide unterschiedliche Formen aus deinem Tonpapier aus.

2 Übertrage mit einem Bleistift Gruß-Vorlagen.

3 Zeichne mit Marker und Gelroller die Buchstaben nach. Füge noch Details wie Schatten hinzu.

4 Befestige mit Klebeband den Schaschlik-Spieß an der Rückseite deines Toppers.

5 Nun kannst du die Topper in deine selbstgemachten Eisbecher stecken.

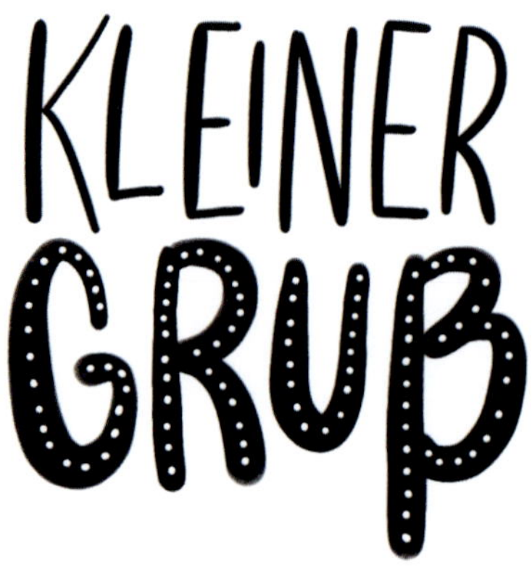

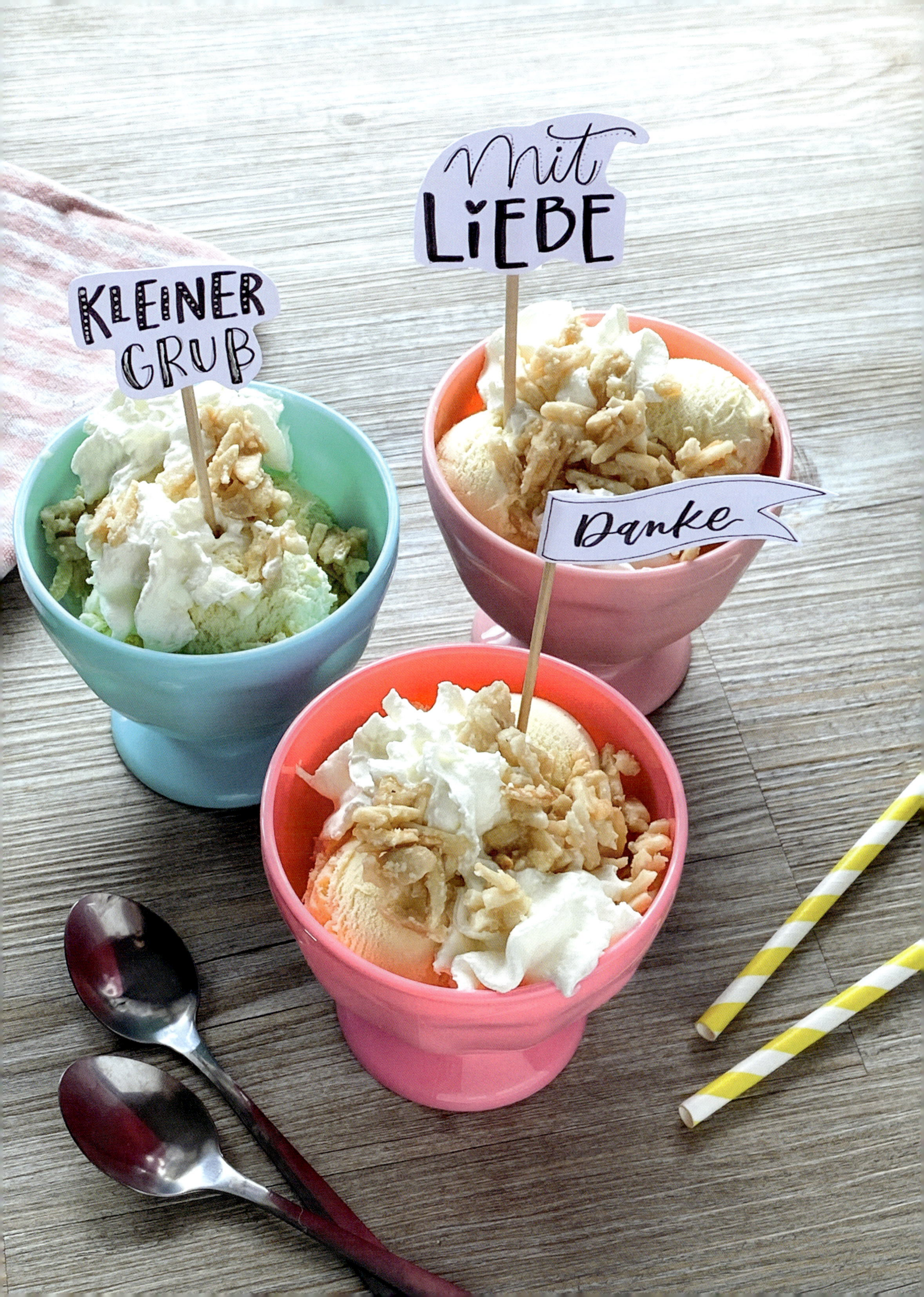
Mit
LiEBE
KLEINER
GRUß
Danke

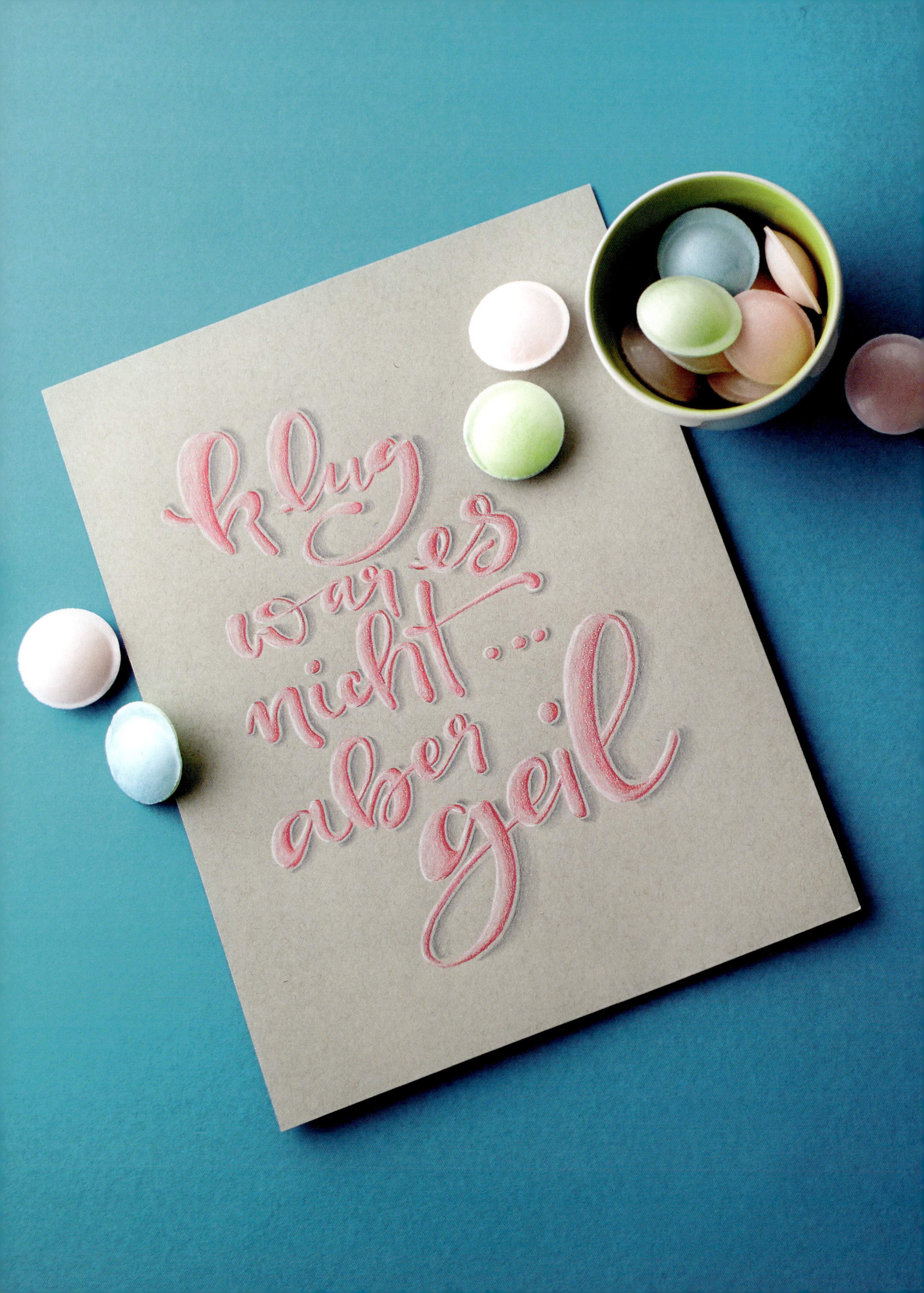
klug
war es
nicht …
aber
geil

Lettering mit Wow-Effekt

Bei diesem Lettering wirken die Buchstaben durch die unterschiedlichen Schattierungen besonders dreidimensional. Ein leichter zusätzlicher Schatten lässt die Buchstaben noch stärker hervortreten.

MATERIAL

- Zeichenpapier in Grau, 23 cm x 30,5 cm
- Buntstifte in Hellrosa, Dunkelrosa, Pink, Elfenbein, Weiß, Dunkelgrau, Hellgrau
- Bleistift, HB

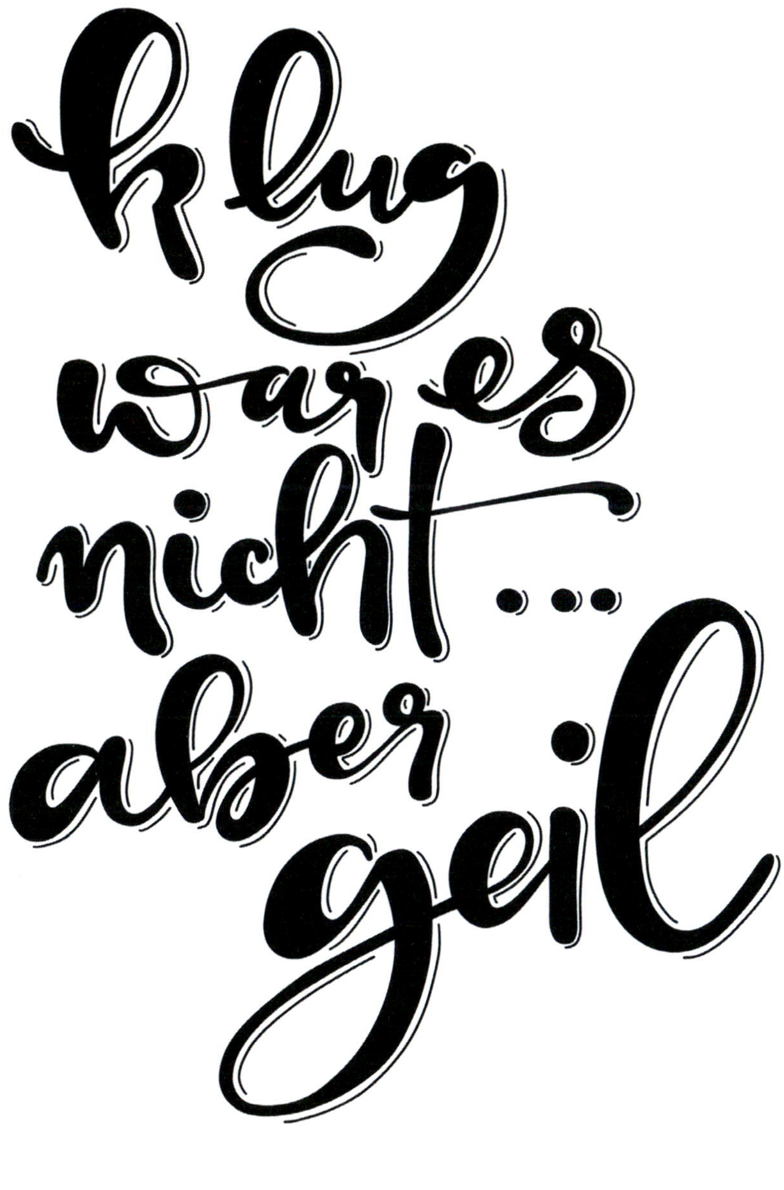

SO GEHT'S

1 Skizziere dein Lettering mit ganz zarten Bleistiftlinien, die sich auch gut wieder wegradieren lassen. Die Buchstaben werden mit der Faux-Calligraphy-Technik (siehe Seite 11) gemalt. Das heißt, alle Linien, die nach oben führen, werden dünn gemalt, Linien, die nach unten führen, werden breiter betont.

2 Nun kannst du die Buchstaben farbig gestalten. Beginne mit dem hellsten rosafarbenen Ton. Zeichne zunächst nur mit wenig Druck, da die Farben im weiteren Schritt noch vermischt werden.

3 Stell dir nun vor, dass eine Lichtquelle von links auf die Buchstaben scheint. Dadurch erscheint die linke Seite der Buchstaben hell, während die rechte Seite dunkler schattiert wird. Betone dementsprechend mit Dunkelrosa die dunkleren Seiten. Achte auf weiche Farbübergänge. Dafür kannst du auch noch einmal den helleren Stift verwenden und die Farben verblenden.

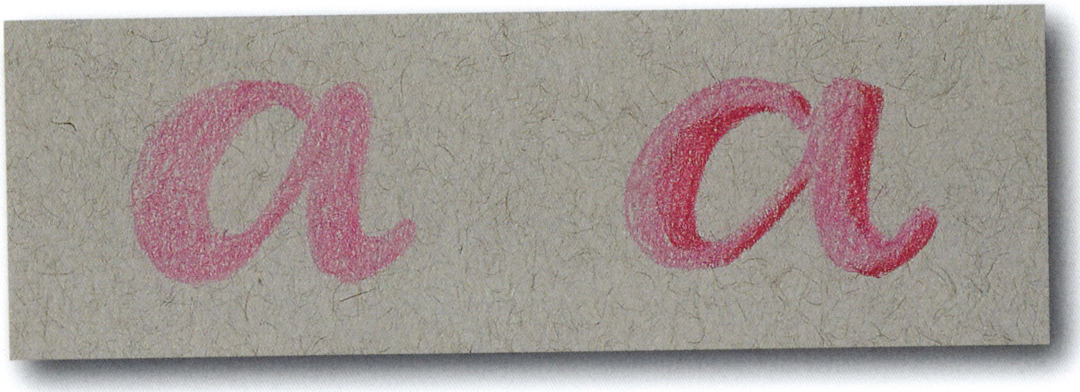

4 Verblende die linken Seiten der Buchstaben mit Elfenbein, um sie etwas aufzuhellen. Male auch hier weiche Übergänge.

5 Verstärke die Schattierung mit dem dunkelsten Farbton am rechten Rand der Buchstaben.

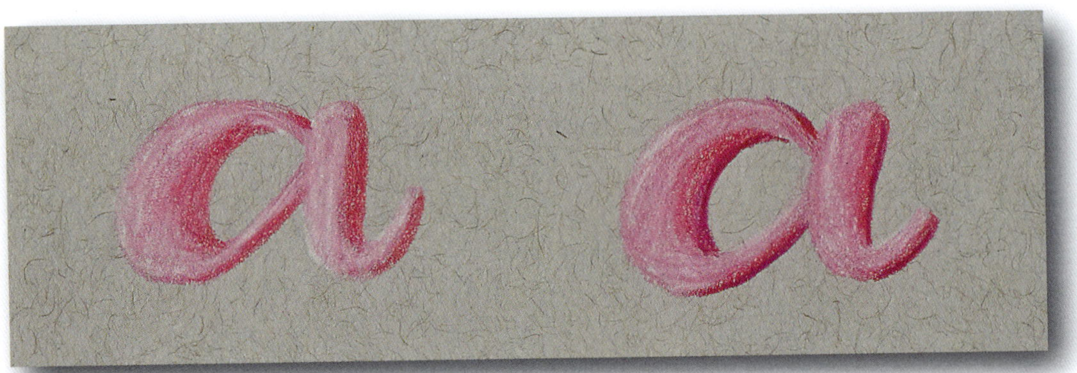

6 Setze mit einem weißen Buntstift einen Lichtakzent an den linken Rand der Buchstaben.

7 Zum Abschluss gestaltest du den Schatten mit etwas Abstand zum Buchstaben. Beginne dafür mit dem dunkelsten Grauton. Zeichne zunächst mit viel Druck am Rand des Schattens und lasse den Druck dann etwas nach, damit die Schattierung weich ausläuft.

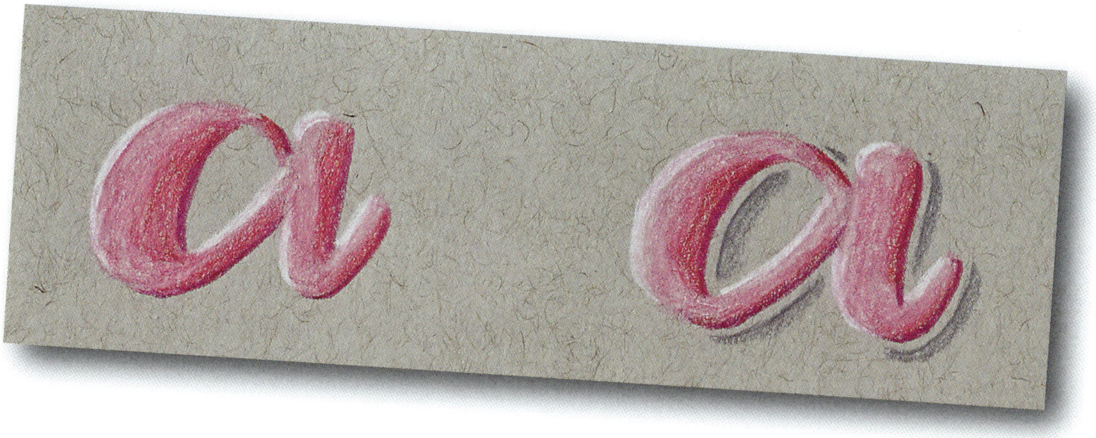

8 Verblende die Schattierung noch mit einem helleren Grau. Durch das graue Zeichenpapier wirkt der Übergang zusätzlich besonders weich.

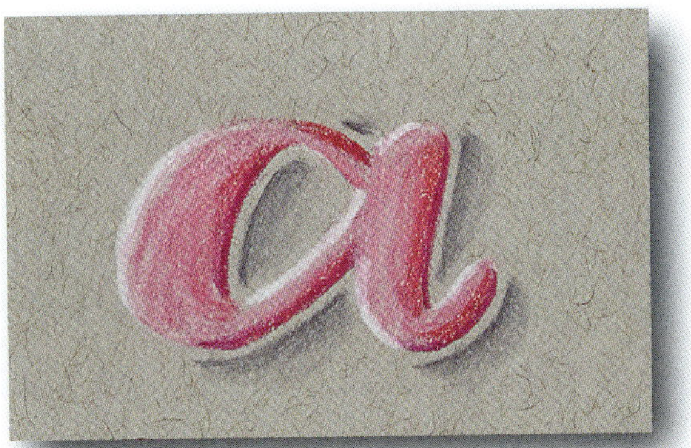

#TOPPPROJEKT

Die eigene Kreativität zeigen: TOPPprojekt mit anderen Kreativen teilen und Teil der Gemeinschaft werden.

DIY-begeistert und auf Instagram? Dann unbedingt mitmachen! Hier gibt's Tipps und Feedback zu den eigenen Projekten. Außerdem verlosen wir jeden Monat ein Überraschungspaket. Um am Gewinnspiel teilzunehmen, einfach ein Bild vom Kreativ-Projekt aus unseren Büchern mit #TOPPprojekt posten und unserem Account @frechverlag folgen. Mehr Infos auf TOPP-kreativ.de/TOPPprojekt

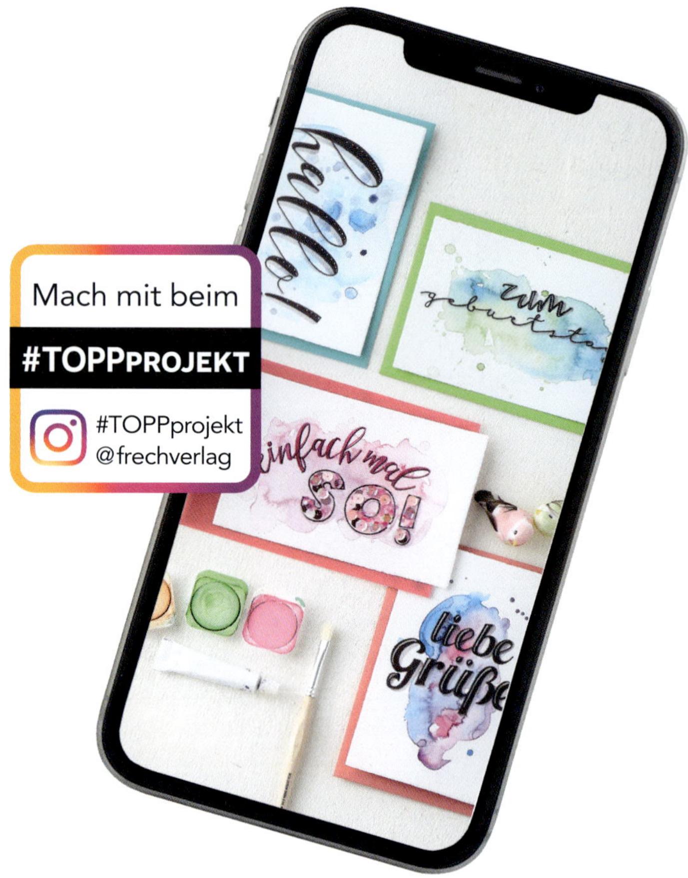

Website

Auf TOPP-kreativ.de kannst du ein riesiges Angebot von über 1.000 Kreativbüchern, Sets & mehr entdecken.

Newsletter

Gleich anmelden unter: TOPP-kreativ.de/newsletter und immer als Erstes von unseren Neuheiten und Sonderaktionen erfahren.

Instagram

@frechverlag

Pinterest

pinterest.com/frechverlag

Facebook

facebook.com/frechverlag

DigiBib

Hier findest du zusätzlich zu vielen unserer Bücher digitale Extras, wie Video-Tutorials, Plotter-Dateien, Vorlagen, Übungsblätter & vieles mehr. Einfach im Impressum deines TOPP-Buchs den Freischalte-Code nachschlagen und exklusive Inhalte freischalten. TOPP-kreativ.de/digibib

Youtube

youtube.com/frechverlag

Wer wir sind, wie wir arbeiten, was wir lieben …

Auf Instagram, Facebook und Pinterest findest du mehr über uns und unsere Arbeit und wirst immer schnell und einfach mit den neuesten Infos versorgt.

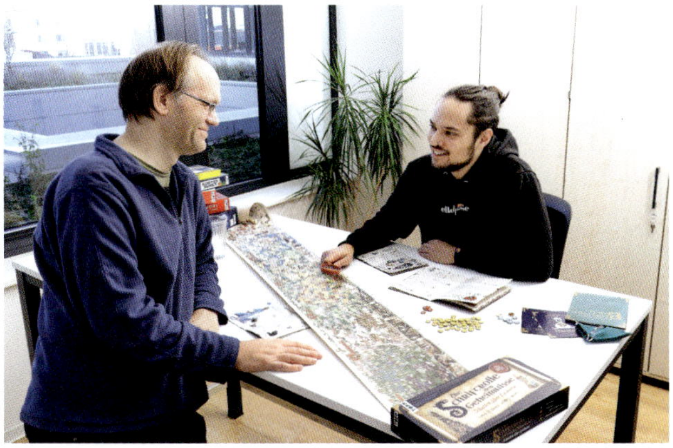

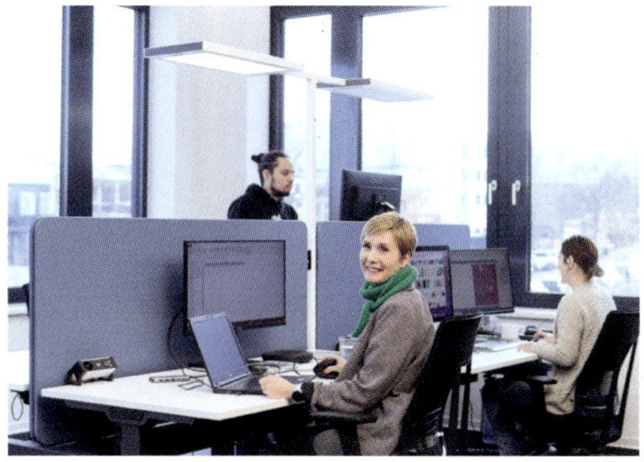

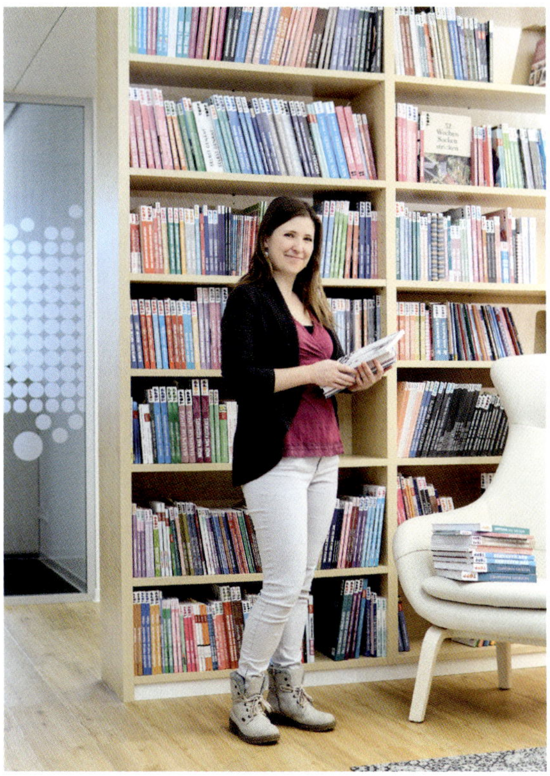

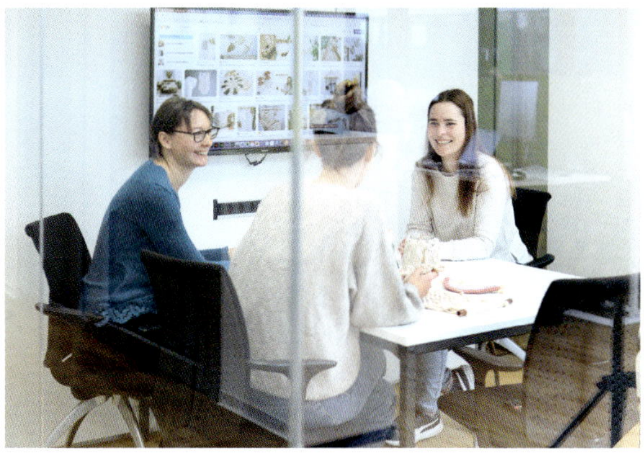

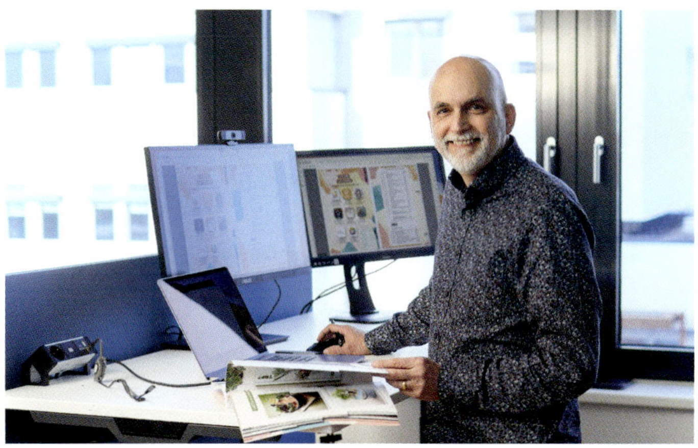

Alle News, alle Infos und alle Links findest du auf www.TOPP-kreativ.de

Buchempfehlungen für dich

Noch mehr Kreativ-Bücher zum gleichen Thema gesucht?

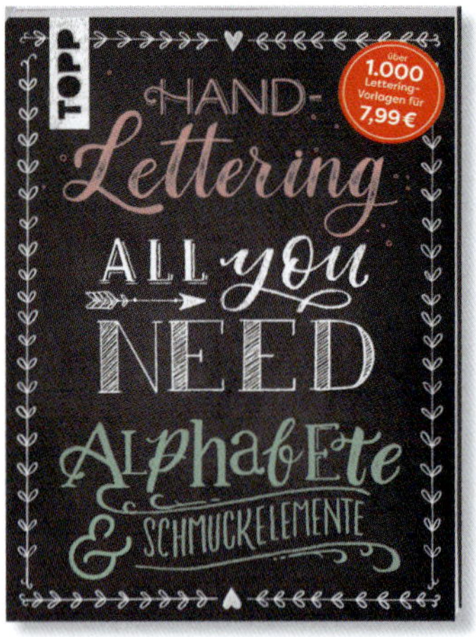

ISBN 978-3-7724-8375-2

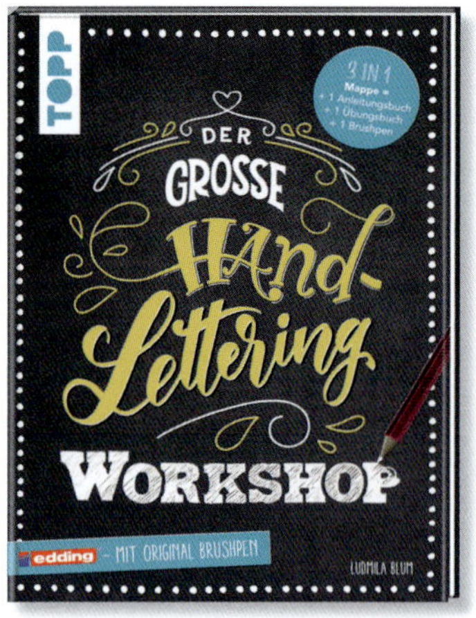

ISBN 978-3-7724-8341-7

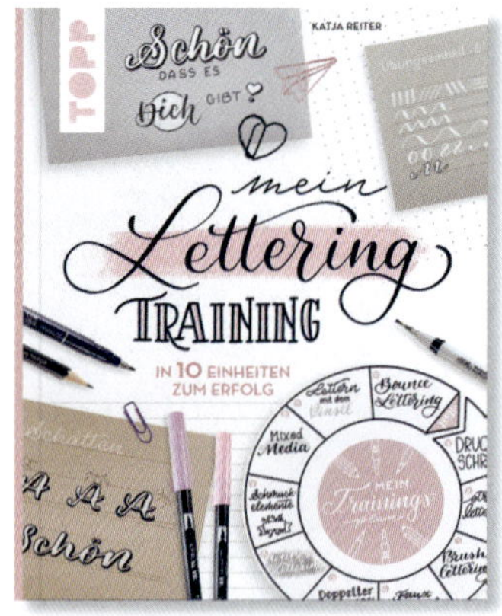

ISBN 978-3-7358-8010-9

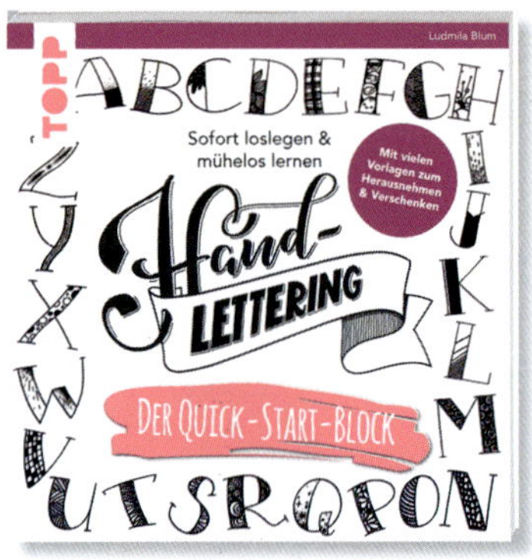

ISBN 978-3-7724-8335-6

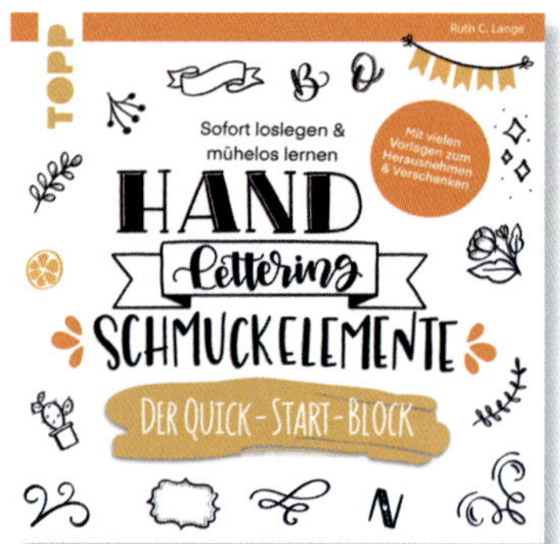

ISBN 978-3-7724-8397-4

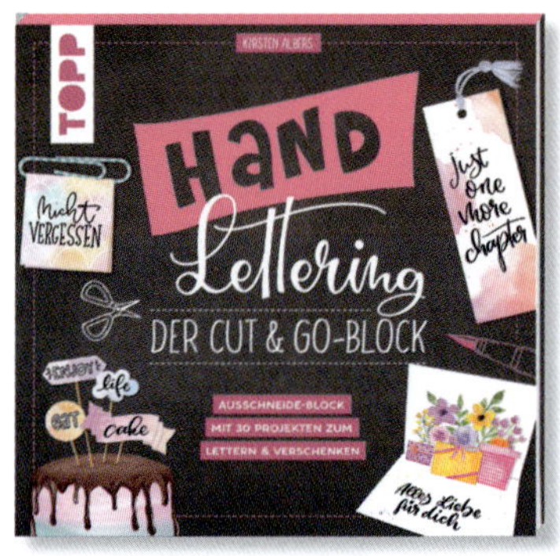

ISBN 978-3-7724-4738-9

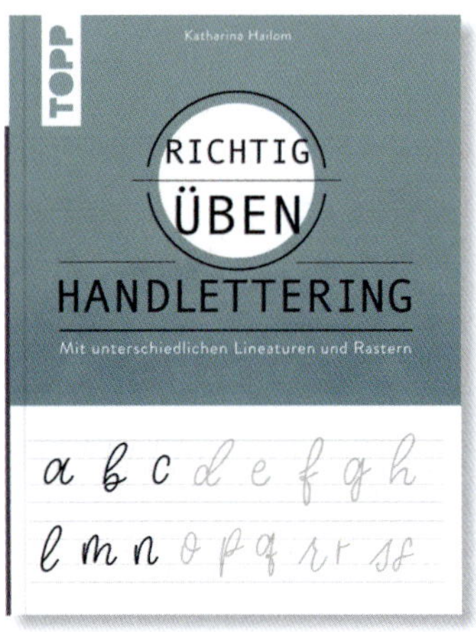

ISBN 978-3-7724-4708-2

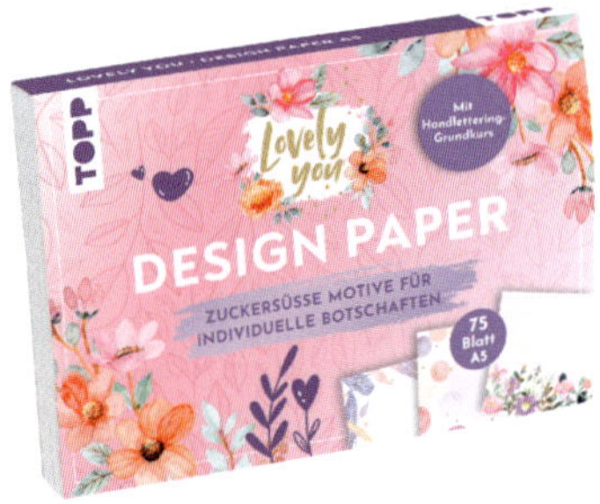

GTIN 4007742185329

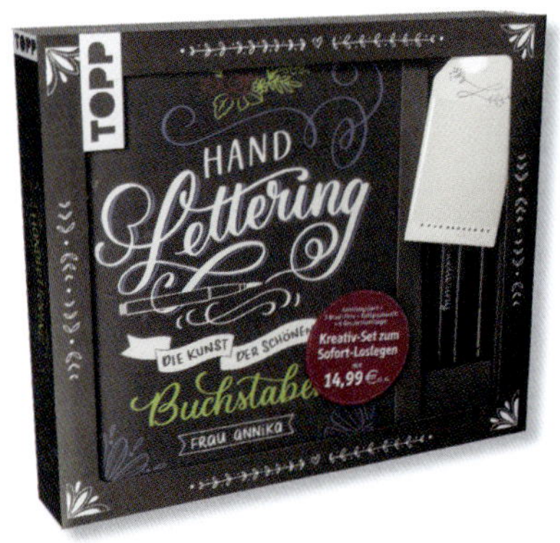

ISBN 978-3-7724-4336-7

Weitere spannende Titel zum Malen und Zeichnen

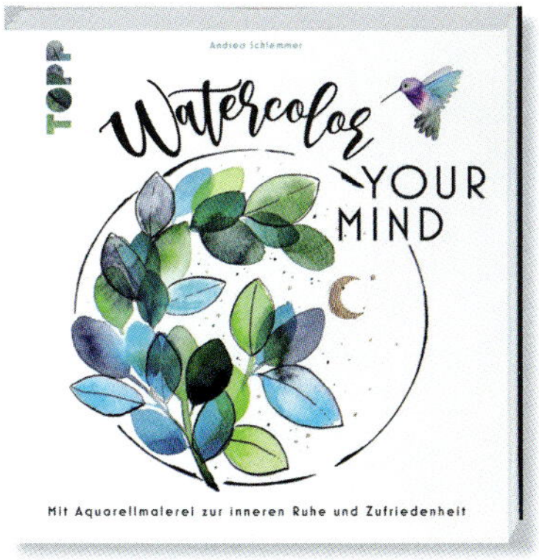

ISBN 978-3-7358-8122-9

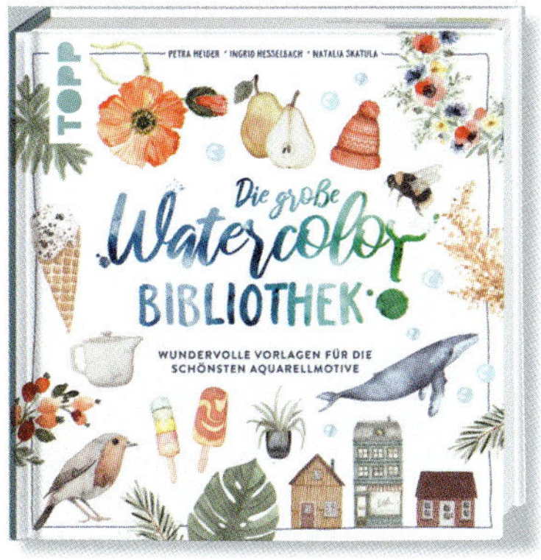

ISBN 978-3-7358-8020-8

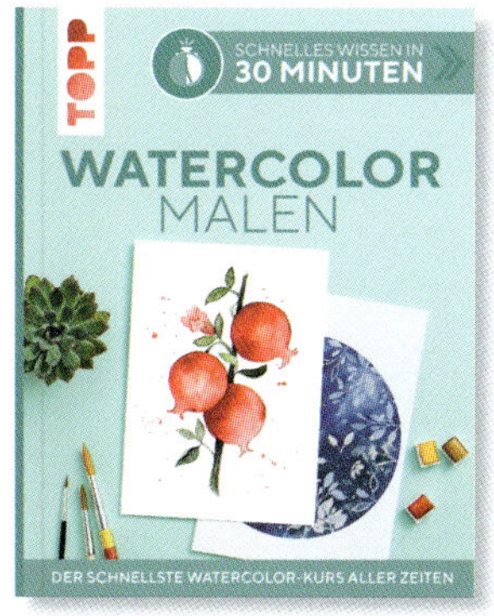

ISBN 978-3-7724-6874-2

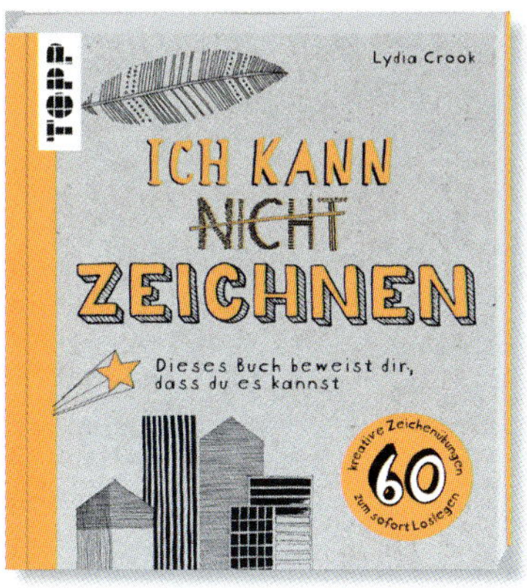

ISBN 978-3-7724-4791-4

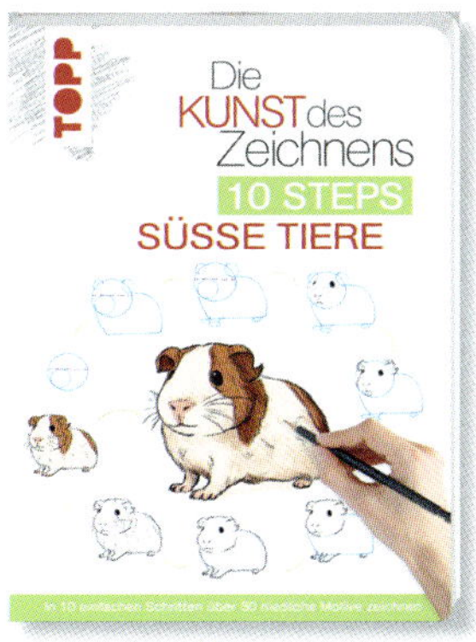

ISBN 978-3-7358-8103-8

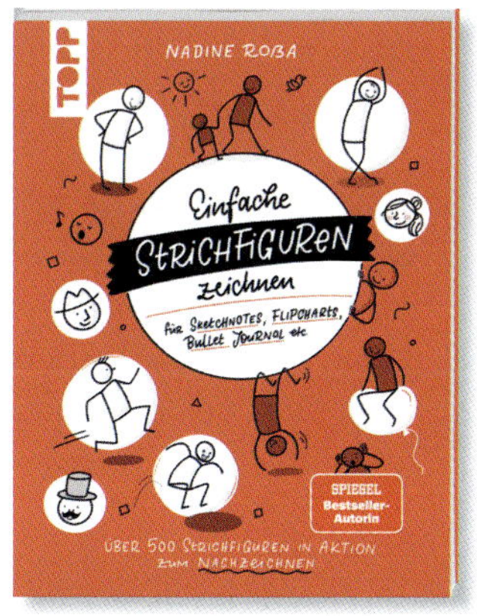

ISBN 978-3-7358-8073-4

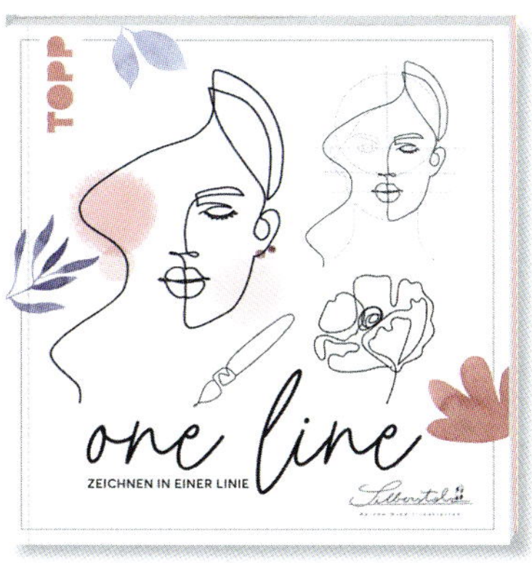

ISBN 978-3-7724-4792-1

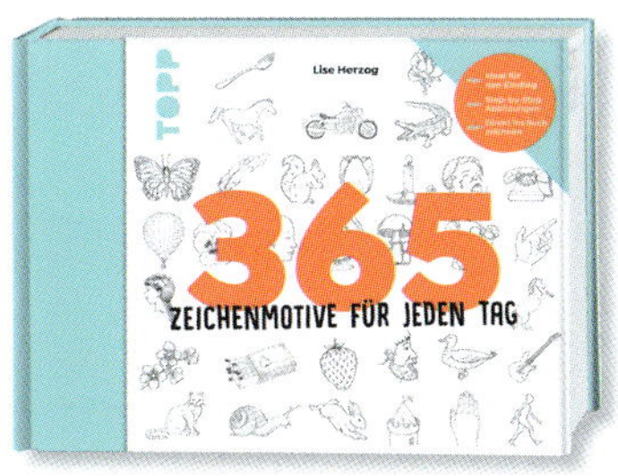

ISBN 978-3-7358-8145-8

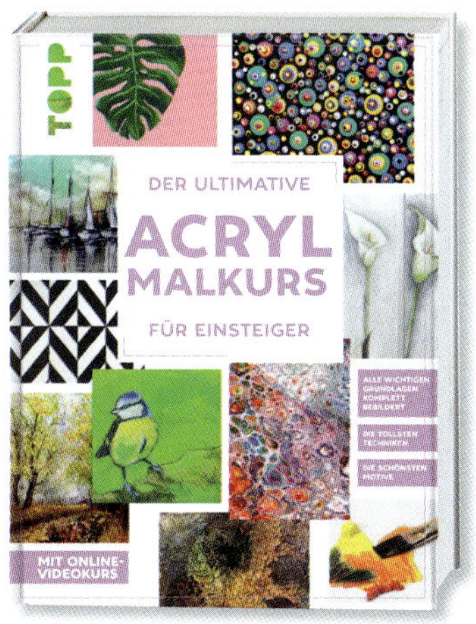

ISBN 978-3-7358-8186-1

Viele weitere Kreativ-Bücher findest du auf www.TOPP-kreativ.de

Service-Hotline

Gern helfen wir dir auch persönlich weiter. Ruf uns an oder schreib uns eine E-Mail:

Telefon: **0711 / 123 757 20***

*normale Telefongebühren

E-Mail: **hilfe@frechverlag.de**

Weitere Informationen zum Verlag und zu unserem gesamten Programm findest du unter: www.topp-kreativ.de

Die DigiBib – Alle Updates für dich

Hier findest du alle aktuellen Infos zu deinem Produkt, außerdem Extras, Videos, Vorlagen und mehr!

www.topp-kreativ.de/digibib

Freischaltcode: 57554

Impressum

FOTOS: frechverlag GmbH, 70499 Stuttgart; lichtpunkt, Michael Ruder, Stuttgart (S. 133, 141,159, 169, 171, 172, 175, 182, 187, 189, 195,200); Kirsten Albers (S. 174), Judith Bohnert (S. 162, 193), Katharina Hailom (S. 113, 117, 121, 125), Christin Stapff (S. 157, 161, 167, 177, 179, 181, 191, 197, 199)

TEXTE UND VORLAGEN: Kirsten Albers (S. 6–19, 22–29, 58–61, 86, 111 oben rechts und unten links, 112 unten links, 114–116, 118–120, 122–124, 126/127, 158/159, 172–175, 182–185, 200–203), Katharina Hailom (S. 32–39, 110, 111 oben links und unten rechts, 112 oben, Mitte und unten rechts, 113, 117, 121, 125), Christin Stapff (S. 51, 55–57, 128–131, 134–139, 144–147, 156/157, 160/161, 166/167, 176–181, 190/191, 196–199), Judith Bohnert (S. 40/41, 162–165, 192/193), Sabina Wieners (S. 42–50), Petra Heider (S. 52–54, 132/133, 140–143, 148–153, 168–171, 186–189, 194/195), Frau Mesas (S. 69–71, 85), Dots & Stripes (S. 62–64), Petra Mayer (S. 65–68); Illustrationen Shutterstock: Eva Rohuleva (S. 74), redchocolate (S. 75/76, 88, 94), Saibarakova Ilona (S. 77, 82), Anastasiia Veretennikova (S. 78, 80 schwarze Elemente), MG Drachal (S. 79, 81), mhatzapa (S. 80 graue Elemente, 83, 102), AngieYeoh (S. 84), Hulinska Yevheniia (S. 87), Qilli (S. 89, 90, 92, 96), Ksenica (S. 91), Wanchana365 (S. 93, 105), Bibadash (S. 95), AnyaLis (S. 97–101, 104, 106, 107), Polina Tomtosova (S. 103)

PRODUKTMANAGEMENT: Nicole Mering

LEKTORAT: Betz Lektorat + Redaktion, Tübingen

COVERGESTALTUNG: Eva Hook

LAYOUT: Carina Scheffel

SATZ: Fotosatz H. Buck

DRUCK UND BINDUNG: DZS Grafik, Slowenien

Materialangaben und Arbeitshinweise in diesem Buch wurden von den Autorinnen und den Mitarbeiter:innen des Verlags sorgfältig geprüft. Eine Garantie wird jedoch nicht übernommen. Autorinnen und Verlag können für eventuell auftretende Fehler und Schäden nicht haftbar gemacht werden. Das Werk und die darin gezeigten Modelle sind urheberrechtlich geschützt. Die Vervielfältigung und Verbreitung ist, außer für private, nicht kommerzielle Zwecke, untersagt und wird zivil- und strafrechtlich verfolgt. Dies gilt insbesondere für die Verbreitung des Werkes durch Fotokopien, Film, Funk und Fernsehen, elektronische Medien und Internet sowie für die gewerbliche Nutzung der gezeigten Modelle. Bei Verwendung im Unterricht und in Kursen ist auf dieses Buch hinzuweisen.

2. Auflage 2025

© 2024 frechverlag GmbH, Dieselstr. 5, 70839 Gerlingen, einem Unternehmen der Penguin Random House Verlagsgruppe GmbH, München

produktsicherheit@frechverlag.de

ISBN 978-3-7358-8160-1 • Best.-Nr. 28160

MIX Papier | Fördert gute Waldnutzung FSC® C106600

Penguin Random House Verlagsgruppe FSC® N001967